조선의 마에스트로

대왕 세종

조선의 마에스트로
MAESTRO

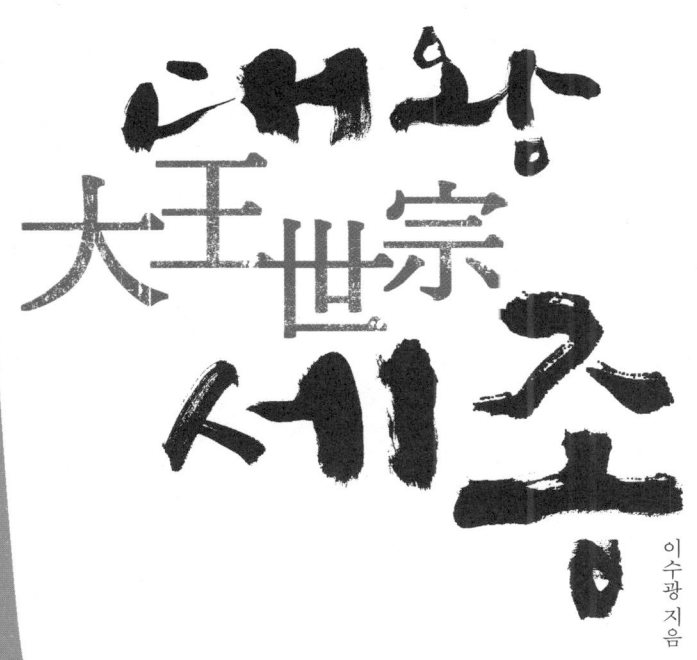

大王世宗
대왕 세종

이수광 지음

샘터

책머리에
성군의 덕을 기려 해동요순이라 부르다

세종시대를 어떻게 평가해야 할 것인가. 조선시대의 인물들 중에 만인이 성군이라고 부르는 세종처럼 다루기가 어려운 인물은 없을 것이다. 세종은 어떤 면에서 재위 기간 중 가장 평탄한 임금이어서 국난도 없고, 역모나 대규모의 정치적인 옥사도 없었다. 위기에 처하여 목숨을 걸고 싸운 일도 없고 사대부들과의 치열한 대립도 없었다. 게다가 궁중 암투에 휘말려 부인을 폐비시키는 일도 하지 않았고 대신들이 붕당을 하여 당쟁을 일삼지도 않았다. 그런데도 그는 한글 창제를 했고, 4군 6진을 개척하고, 과학을 발전시키고, 집현전을 설치하여 조선의 르네상스를 이끌었다.

세종은 성품조차 파악하기 어려운 인물이다. 실록을 몇 번씩 들여다보면서 그가 말한 진의를 찾아야 하고 세종시대 전체를 살피지 않으면 그의 내면을 파악할 수 없다. 세종은 그만치 접근하기가 어려운 인물이지만 예(禮)에서만은 다르다.

왕후가 나아오고 물러갈 때에 전하께서 반드시 일어서시어 공경하고 예로 대하셨다.

세종은 자신의 부인인 소헌왕후가 들어오고 나갈 때 일어서서 맞이하고 배웅했다. 이는 세종이 예에 철저했던 인물이라는 사실을 말해 주고 있다. 예는 조선을 다스리는 국시(國是)와 같은 것이다. 세종은 부친인 태종을 한 번도 거스르려고 하지 않았다. 사랑하는 부인 소헌왕후 심씨의 부친 심온이 억울하게 죽었는데도 태종이 판결한 일이라며 대신들이 신원해 줄 것을 요구해도 끝내 사면해 주지 않았고 장모인 안씨도 복권해 주지 않았다. 세종이 태종의 그림자 안에서 할 수 있었던 것은 소헌왕후 심씨가 몇십 년 만에 그 모친을 만나게 해준 것뿐이었다. 세종을 성군이라고 부르고 해동의 요순이라고 평가한 것은 죽을 때까지 효를 다하고 그 효가 예에 속해 있기 때문이었다.

인륜에 밝았고 모든 사물에 자상하니, 남쪽과 북녘이 복종하여 나라 안이 편안하여, 백성이 살아가기를 즐겨한 지 무릇 30여 년이다. 거룩한 덕이 높고 높으매, 사람들이 이름을 짓지 못하여 당시에 해동요순(海東堯舜)이라고 불렀다.

세종이 54세로 동별궁에서 죽었을 때 사관이 남긴 기록이다. 동양 최고의 군주는 요임금과 순임금이다. 요임금은 천자의 자리조차 아들에게 물려주지 않고 어진 인물인 순에게 물려주어 애민 사상의 극치를 보여준다. 요순은 초가집에서 살며 여름에는 베옷으로, 겨울에는 녹피 한 장을 옷으로 입고 지내고 자신이 배고픈 것보다 백성들이 배고픈 것을 더 아파한 인물이다. 이런 인물들이니 백성들은 그들의 치세 기간에 등 따습고 배가 불러 함포고복(含哺鼓腹)을 노래하며

격양가를 불렀다.

> 해 뜨면 들에 나가 일을 하고
> 해가 지면 집에 돌아와 쉰다
> 우물을 파서 물을 마시고
> 밭을 갈아 곡식을 먹으니
> 내가 살아가는데 임금의 힘이
> 무슨 필요가 있으리

요순시대에 불렸다는 격양가다. 동양의 모든 군주들이 그러했듯이 세종도 요순시대와 같은 태평성대를 꿈꾸었다. 태평성대는 백성을 사랑하는 애민(愛民)으로부터 시작된다. 세종은 백성들이 글을 몰라 법조문이 있어도 죄를 짓는 것을 가슴 아파하여 한글을 창제했다.

> 비록 백성들로 하여금 다 율문을 알게 할 수는 없을지나, 따로 큰 죄의 조항만이라도 뽑아 적고, 이를 이두문〔吏文〕으로 번역하여서 민간에게 반포하여 보여, 우부우부(愚夫愚婦)들로 하여금 범죄를 피할 줄 알게 함이 어떻겠는가.

세종의 한글 창제에 숨어 있는 깊은 뜻이다. 세종은 학문의 요람 집현전을 설치하고, 이천과 장영실을 중용하여 조선의 과학을 부흥시켰으며, 박연, 맹사성과 함께 조선의 음악을 정비하여 조선의 르네상스를 이끌었다. 후대의 문사들은 장영실과 박연 등을 일컬어 세종의 이름을 빛나게 하기 위해서 하늘이 낸 인재들이라고 평가했다. 이런 인물들이 오케스트라의 연주자들이라면 세종은 이들을 지휘한 마에스트로였다. 악기 하나하나와 연주자를 파악하고 조율하는 지휘자처럼 세종은 개개인의 능력을 최대한 발휘하게 하여 조선의 태평성대를 이끌어 낸 것이다. 그러나 세종이 더욱 높이 평가되는 것은 이 모든 업적이 병마와 싸우면서 일구어낸 것이라는 사실이다. 세종은 30대 초에 풍질과 안질, 소갈증을 앓았고 40대 초에는 한걸음 앞에 있는 사람의 얼굴도 알아볼 수 없을 정도로 시력이 떨어졌다. 그런 어려운 상황에서도 책을 놓지 않았던 집념의 인물 세종은 장장 20여 년에 걸쳐 4군 6진을 설치했고, 10여 년의 연구를 통해 한글을 창제했다. 세종은 가장 고통스럽고, 가장 열악한 환경 속에서 역경을 극복하고 조선의 르네상스를 일구어낸 성군이었다.

古泫 이수광

用字例

初聲ㄱ。如:감爲柿。굴爲蘆。ㅋ。如우케爲未舂稻。콩爲大豆。ㆁ。如러울爲獺。서에爲流澌。ㄷ。如뒤爲茅。담爲墻。ㅌ。如고티爲繭。두텁爲蟾蜍。ㄴ。如노로爲獐。납爲猿。ㅂ。如불爲臂。

| 차례 |

책머리에 · 5

1 뿌리 깊은 나무는 바람에 흔들리지 않는다

현모양처를 넘어선 여걸 **원경왕후 민씨** · 16
지상에서 가장 긴 하루 **제1차 왕자의 난** · 27
하늘 아래 두려울 것이 그 무엇이냐 **태종 이방원** · 39
모두가 내 아들이니 **태조의 양위** · 49

2 샘이 깊은 물은 마르지 않는다

태종, 대망의 권좌에 오르다 **제2차 왕자의 난** · 62
세자 양녕의 어린 시절 **양녕대군 이제** · 77
학업에 매진하는 왕자 **충녕대군 이도** · 84
전위 파동과 태종의 분노 **민무구 형제의 옥사** · 89
조선 절세의 미인, 어리(於里) **양녕의 파행** · 99
전제론과 택현론 **폐세자 양녕대군** · 105

3 백성은 나의 스승이다

세종, 보위에 오르다 **태종의 양위** · 118
장인의 비극을 목도하다 **심온의 옥사** · 126
세종의 시대가 열리다 **상왕정치의 종막** · 141
대마도를 정벌하라 **태종과 이종무** · 147

4 나무를 보지 않고 숲을 보다

성군을 키운 석학들 **이수, 유관, 맹사성** · 164
조선 최고의 학자들을 모으다 **집현전** · 170
세종이 사랑한 학자(1) **신숙주** · 178
세종이 사랑한 학자(2) **성삼문** · 183
학문의 요람, 집현전 **집현전의 역할** · 194

5 천심이 민심이오, 민심이 천심이다

근원을 캐 보아야 하겠다 **풍수지리 연구** · 212
세종조의 사회 풍경(1) **조선의 사기꾼** · 217
세종조의 사회 풍경(2) **음부 유감동 사건** · 222
세종조의 사회 풍경(3) **천민들의 처벌** · 229
한글을 창제하다 **훈민정음** · 234

6 조선의 르네상스를 이끌다

조선의 법을 세우다 **흠휼정책** · 248
하늘이 내린 조선의 인재(1) **장영실** · 257
하늘이 내린 조선의 인재(2) **박연** · 264
여진과 전쟁을 선포하다 **4군 6진의 개척** · 271

7 세종, 그는 누구인가

세종의 리더십과 용인술 · 290
세종의 집념 · 302
세종의 일생 · 306

에필로그 · 316   참고문헌 · 325

뿌리 깊은 나무는
바람에 흔들리지 않는다

현모양처를 넘어선 여걸 **원경왕후 민씨**

지상에서 가장 긴 하루 **제1차 왕자의 난**

하늘 아래 두려울 것이 그 무엇이냐 **태종 이방원**

모두가 내 아들이니 **태조의 양위**

世宗

해동에 여섯 성인이 나시어,
하시는 일마다 모두 하늘이 주신 복이니,
이는 중국의 옛 성군들과 같사옵고,
뿌리 깊은 나무는 바람에 흔들리지 아니하므로,
꽃이 좋고 열매가 많이 열립니다.
샘이 깊은 물은 가뭄에도 끊이지 아니하므로,
시내를 이루어 바다로 흘러갑니다.

조선 건국을 찬양한 《용비어천가》에 있는 노래다. 태조 이성계에 의해 건국된 조선에서 대왕 세종과 같은 인물이 탄생되었고, 세종은 한글을 창제했다. 한글 창제는 우리 5천년 역사에서 가장 중요한 업적이라고 할 수 있을 것이다. 세종대왕은 한글 창제뿐만 아니라 국방, 과학, 음악 등 다방면에서 문화를 증진시켜 조선의 르네상스를 일군 탁월한 군주였다. 그러나 이러한 군주가 탄생하기 위하여 역성혁명, 왕자의 난과 같은 피바람이 일어났고, 선디가 일으킨 피의 토대 위에서 세종은 조선의 문화를 찬란하게 꽃피웠다.

※ 용비어천가(龍飛御天歌)
　　세종 27년(1445) 편찬, 세종 29년에 간행된 조선왕조의 창업을 송영(頌詠)한 노래.
　　모두 125장에 달하는 한국 최초의 한글 서사시이다.

현모양처를 넘어선 여걸 | 원경왕후 민씨

위인들에게는 아버지의 역할도 중요하지만 어머니의 영향도 지대하다. 세종대왕의 어린 시절에 중요한 영향을 미친 인물은 어머니 원경왕후 민씨였다. 세종대왕은 어릴 때의 이름이 외자로 도(祹)였다. 1397년(태조 6) 4월 10일에 한양의 북부 준수방(俊秀坊:경복궁 옆 지금의 효자동) 잠저에서 당시는 평범한 왕자에 지나지 않던 정안군 이방원(李芳遠)의 셋째 아들로 태어났다. 태종은 4남4녀를 낳았는데 세 아들이 잇따라 죽었다고 실록에 기록되어 있으므로 실제로는 7남4녀를 민씨와의 사이에서 낳았다. 1397년은 이성계가 조선을 건국한 지 불과 6년밖에 안 된 해였고 제1차 왕자의 난이 일어나기 1년 전의 일이었다.

태종 이방원의 부인인 원경왕후 민씨는 이방원을 능가하는 여걸이었다. 그녀는 조선의 건국과 태종의 등극에 지대한 공을 세웠으나 왕비로서는 드물게 자존심이 강한 여인이었다. 태종이 여러 명의 후궁과 궁녀들을 가까이하자 제왕으로서 옳지 못하다고 질책하여 부부 사이가 냉랭했다. 그럼에도 7남4녀를 두었을 정도로 애증이 교차하고는 했는데, 그녀의 친가 4형제가 모두 죽음을 당할 정도로 부부

사이가 악화되고 자신도 폐비를 당할 위기에 몰리기까지 했다.

이방원은 강경한 무인이었다. 판전객시사 조영규(趙英珪) 등에게 선죽교에서 정몽주(鄭夢周)를 격살하게 하고 이성계를 즉위시키는 역성혁명에 결정적인 역할을 했다. 민씨는 본관이 여흥으로 1357년(공민왕 7) 문과에 급제하여 고려 때 이미 예문관 제학을 지낸 민제(閔霽)의 딸이었다. 명문세가의 딸답게 용모가 단정했을 뿐 아니라 나름대로 책략까지 갖추고 있었다. 위기에서 남편을 구하고 어린 아들을 성군으로 키운 현모양처였다. 특히 그녀는 순종형의 현모양처가 아니라 장애물을 돌파하고 앞으로 나아가는 진취적인 성품을 갖고 있었고 훗날 세종에게도 지대한 영향을 미친다.

세종이 탄생한 것은 태조 이성계의 첫 번째 부인인 신의왕후 한씨가 죽고 두 번째 부인인 신덕왕후 강씨의 소생인 제8왕자 이방석(李芳碩)이 세자로 책봉되어 정도전 등이 이방원 등 신의왕후 소생의 왕자들을 제거하려는 급박한 시기였다. 이방원은 조선을 건국하는 데 가장 큰 공을 세웠으나 생모인 한씨가 죽자 강비의 음모로 세자로 책봉되지 못하고 오히려 숙청당할 위기를 맞이하게 된 것이다.

"어젯밤 새벽녘 꿈에, 내가 신교(新敎)의 옛집에 있다가 보니, 태양이 공중에 있었는데, 아기 막동(莫同:세종의 어릴 때 이름)이가 해 바퀴 가운데에 앉아 있었으니, 이것이 무슨 징조인지 모르겠어요."

1397년 어느 날 부인 민씨가 이방원에게 말했다. 이는 단순한 꿈 이야기가 아니다. 이방원은 이방석과 정도전의 세력에 의해 숙청당할 위기에 있었는데 민씨는 꿈 이야기로 남편을 격려하고 있는 것이다. 원경왕후 민씨는 이때 서른두 살로 원숙한 여인이 되어 있었다.

그녀는 강비의 아들인 이방석이 세자가 되는 것이 탐탁지 않았다. 조선 건국에 결정적인 역할을 한 이방원이 세자에 책봉되지 못한 것이 억울했다. 이방원은 태어날 때부터 영기가 있었고 자라면서 문무에 출중하여 고려의 명문세가들이 부러워했다는 인걸이었다.

"세자는 적자가 되어야 한다."

민씨는 기회가 있을 때마다 자신을 따르는 수하들에게 말했다. 그러나 태조 이성계의 계비 강씨도 만만한 여자는 아니었다.

조선을 건국할 때 강비도 이성계에게 지대한 영향을 미쳤다. 당시 태조 이성계의 세력은 역성혁명(易姓革命)의 기회를 노리고 있었다. 고려는 원나라의 오랜 지배와 지도층의 부패와 무능으로 쇠락하고 있었다. 부패가 워낙 만연했기 때문에 개혁은 불가능했다. 파계승, 혹은 개혁주의자로 알려진 신돈(辛旽)은 고려왕실을 쥐고 흔들었다. 민초들은 오래전부터 부패한 고려를 대신할 새로운 세상을 원하고 있었다. 이러한 시기에 태조 이성계는 동북면의 무장으로 많은 전쟁에 참여하여 명성을 떨치고 중앙에 진출하여 정몽주와 쌍벽을 이루는 거물이 되어 있었다. 이성계가 해주에서 사냥을 할 때 무당 방울(方兀)은 다음과 같이 예언했다.

공(公)의 이번 행차는, 비유하건대 사람이 백척(百尺)의 높은 다락〔樓〕에 오르다가 실족(失足)하여 떨어져서 거의 땅에 이르나, 이를 기회로 활용하면 만인(萬人)이 모여서 받들게 될 것입니다.

실록에 있는 기록이다. 방울은 이성계가 죽지 않고 위기를 벗어나면 임금이 될 것이라고 예언했고 강비는 이를 근심했다. 술사이자 무당인 방울을 천거한 것이 강비였다. 이성계가 백 척의 다락에 올랐을 정도로 명성을 쌓았으나 실족하여 땅에 떨어지는 것은 목숨이 위태롭다는 뜻이다. 임금이 되는 것은 위기에서 벗어나야 가능한 일이다. 강비는 무당의 말을 빌어 이성계의 사냥을 만류했다. 그러나 강비의 만류에도 불구하고 이성계는 사냥을 나가다가 실족하여 부상을 당했다. 정몽주는 이성계의 동정에 촉각을 곤두세우고 있었다. 그는 조준(趙浚), 정도전(鄭道傳) 등이 역성혁명을 일으켜 이성계를 추대하려는 움직임을 보이자 이 기회를 노려 이성계를 제거하려는 음모를 꾸몄다. 그러나 이방원은 즉시 이성계를 개경으로 돌아오게 하고 정몽주가 문병을 왔다가 돌아가는 길에 조영규를 보내 선죽교에서 정몽주를 살해하는 데 성공하여 고려의 왕권을 빼앗아 오는 결정적인 계기가 된 것이다.

　　강비는 이성계의 총애를 받고 있는 틈을 타 유력한 세자 후보였던 이방원을 밀어내고 자신의 아들 이방석을 세자에 옹립하는 데 성공할 정도로 정치적이고 야심이 많은 여자였다.

　　그렇다면 세종의 어머니 원경왕후 민씨는 어떤 여자인가. 조선은 개국 초부터 치맛바람이 드세게 불었다. 강비가 적자들을 밀어내고 서자인 자신의 아들을 세자에 옹립했듯이 민씨는 권력의 중심에서 멀어진 이방원을 조선의 왕으로까지 끌어올린 탁월한 지략가이자 여걸이었다. 세자에 이방석을 옹립하는 데 성공한 정도전은 강력한 중앙집권정치를 실현하기 위해 왕자들이 갖고 있던 사병들을 모두 해산하려고 했다. 정도전은 이방원과 함께 조선을 개국한 1등 공신이다. 그런 그가 이방원에게 등을 돌린 것은 태조가 강비의 첫째 아들인 무안군 이방번을 세자로 세우려고 했기 때문이었다.
"무안군은 성격이 광망하고 경솔합니다. 차라리 정안군을 세우소서."
정도전과 배극렴은 정안군 이방원을 세자로 책봉할 것을 이성계에게 요구했다. 그러나 이성계는 강비를 총애하고 있었기 때문에 공신들이 반대하는데도 불구하고 뜻을 굽히지 않았다.
"여러분들이 나를 도와 주셔야 돼요. 이는 전하의 뜻입니다."
강비가 정도전, 남은 등에게 말했다. 정도전은 강직한 인물이다.
"무안군은 불가합니다."
정도전이 강씨에게 말했다.
"어째서 불가하다는 것이오?"
"세자는 장차 보위에 올라야 하는 막중한 자리인데 무안군은 성품이 광패합니다."
"그렇다면 방석은 어떻소?"
"방석은 어립니다."
"전하께서는 방번에게 뜻이 있소. 여러분들이 방석을 밀지 않으면 나는 방번을 세자로 책봉해 달라고 전하에게 주청을 드릴 것이오. 나는 어떤 일이 있어도 내 아들을 세자로 책봉하게 할 것이오."
강비가 서릿발이 내리는 목소리로 정도전을 몰아세웠다. 강비의 눈이 표독해지자 정도전의 낯빛이 하얗게 변했다.
'어린 것은 학문을 열심히 하게 하여 보좌할 수 있다. 그러나 성품이 사나운 왕자가 세자가 되었다가 보위에 오르게 되면 나라가 망

하게 될 것이다.'

정도전은 결국 강비에게 굴복하여 그녀와 손을 잡고 말았다. 태조 이성계는 정도전, 배극렴 등이 천거하자 이방번 대신 이방석을 세자로 책봉했다. 이방석의 세자 책봉은 신생 조선의 조정과 왕실에 어두운 그림자를 던졌다. 조정의 대신들은 많은 무장을 거느리고 있는 이방원을 주목했다. 태조 이성계는 정안군 이방원이 조선을 건국할 때 많은 공로를 세웠기 때문에 이성계의 가둔에 대대로 전해져 내려온 동북면 가별치(加別赤:사병) 500호(戶)를 상으로 하사하고, 그 후에 여러 왕자들을 공신으로 책봉하여 각도의 절제사(節制使)로 임명하여 시위하는 병마를 나누어 맡게 했다. 전라도는 이방원, 동북면은 무안군 이방번이 맡았다. 태조가 가별치를 이방원에게 하사한 것은 건국에 가장 큰 공이 있는데도 세자로 책봉하지 않은 미안함 때문이었다.

"태조께서 하사하신 가별치를 이방번에게 양보하십시오."

이방원의 부인 민씨가 말했다.

"아버님께서 나에게 하사한 가별치인데 어찌 양보한다는 말이오?"

이방원은 민씨의 말을 대수롭지 않게 생각했다. 가별치 500호라면 그에 딸린 식솔들까지 모두 이방원이 거느릴 수 있었다. 그들을 수하에 두면 세력이 더욱 커질 수 있다. 그러나 민씨는 이들을 이방번에게 주라는 것이었다.

"그 가별치는 우리에게 충성하는 사람들이 아닐뿐더러 우리가 많은 사병을 가지고 있으면 적들의 의심을 받게 됩니다."

"적들이라니? 나에게 무슨 적이 있소?"

"당신은 건국의 제1공신이고 세자는 어립니다. 어린 세자를 보좌하는 정도전, 남은 일파는 반드시 당신을 제거하려고 할 것입니다."

민씨의 말에 이방원은 정신이 번쩍 들었다. 세자 쪽에서는 막대한 사병을 거느리고 있는 이방원이 반역을 일으킬지 모른다고 의심하고 있었다. 이방원의 형제들은 적자인데도 세자 자리를 이방석에게 빼앗겼다고 불만을 갖고 있었다. 세자 쪽에서도 이방원 형제들의 불만을 눈치 채고 항상 경계했다. 곰곰이 생각에 잠겨 있던 이방원은 민씨의 말이 옳다고 생각하여 태조가 하사한 가별치를 모두 이방번에게 내주었다.

정도전과 남은은 태조에게 충성을 하는 인물들이었다. 그들은 이방원이 세자로 책봉되어야 한다고 생각했으나 태조와 강비의 반대에 부딪치자 차선책으로 이방석을 세자로 천거했다. 그러나 이방석은 불과 11세의 어린 소년이었다. 태조가 갑자기 죽거나 병이 들면 이방원 형제들이 어떤 일을 저지를지 알 수 없었다. 태조는 1335년에 출생했기 때문에 이미 58세였다. 조선을 건국했으나 언제 죽을지 알 수 없는 상황이었다. 이방원의 형제들은 이성계를 따라다니면서 많은 전쟁을 했고 조선을 건국하면서 피바람을 일으킨 인물들이다. 강비의 소생인 이방번과 이방석과는 다르다.

'잘못하면 초평왕(楚平王 : 춘추전국시대 초나라 평왕이 태자 건을 폐하고 작은 아들 진을 태자로 책봉하여 초나라가 어지러워지고 춘추전국시대 최고의 영웅 오자서가 등장한다)의 전철을 밟게 된다.'

정도전은 이방원의 형제들이 두려웠다. 잘못하면 형제가 형제를 죽이는 골육상쟁이 일어나고 개국한 지 얼마 되지 않는 조선이 일대 혼란에 빠진다. 정도전과 남은은 세자의 지위를 굳건하게 하기 위해 이방원과 맞설 수 있는 세력을 규합하기 시작했다. 먼저 가문이 변변치 못한 심효생의 딸을 부덕이 있다고 칭찬하여 이방석의 세자빈으로 만들었다. 아울러 세자의 동모형(同母兄) 이방번과 매형 흥안군 이제(李濟)와 모의하여 이방원의 형제들을 견제하기 시작했다.

"이방원의 형제들을 지방으로 축출하지 않으면 필시 변란이 일어날 것이다."

정도전은 내시 김사행을 사주하여 왕자들을 지방으로 보낼 것을 태조에게 간청했다.

"외간에서 너희들을 경계하고 있으니 마땅히 여러 형제들을 타일러 조심해야 될 것이다."

태조는 정도전 등이 한씨가 낳은 왕자들을 지방으로 축출하려고 하자 행동에 조심하라고 이방원에게 경고했다. 이방원은 태조의 경고를 받자 소름이 끼치는 듯한 기분이 들었다. 태조가 경고를 할 정도라면 정도전 쪽에서 모종의 계획을 세우고 있는 것이 분명하다고 생각했다. 세자와 정도전 쪽에서 노골적으로 자신을 숙청하려고 하자 이방원은 긴장했다. 그러나 세자와 정도전과 싸우려면 아버지인 태조 이성계의 벽을 넘어야 했다. 아버지에게 반기를 들면 패륜아가 된다. 이성계가 비록 늙었다고 하지만 동북권의 군벌을 만든 무서운 인물이다. 그를 따르는 군대의 장수들도 많았다. 이방원은 은인자중하면서 무장들을 포섭하여 정도전의 도발에 대비했다. 정도전은 이방원 등을 제압하기 위해 그들이 거느리고 있는 막강한 사병들을 해산시켜야 한다고 생각했다.

"왕자들이 사병을 거느리면 변란의 여지가 있습니다. 왕자들의 사병을 해산시켜야 합니다."

정도전은 산기상시 변중량(卞仲良)을 사주하여 태조에게 왕자들의 병권을 빼앗아야 한다고 여러 차례 간청했다. 이방원은 정도전이 사병들을 해산하려고 하자 불안했다. 그는 어떻게 하던지 자신의 힘의 원천인 사병 해산만은 막아야 한다고 생각했다.

"대궐을 호위하는 것은 왕자들의 힘입니다. 왕자들의 사병을 해산하면 신하들의 권한이 커져 군주가 핍박을 당합니다."

이방원이 태조에게 아뢰었다. 태조는 정도전의 청을 윤허하지 않았다. 개국 초였기 때문에 공신들보다 자식을 믿으려고 했다. 정도전은 이방원이 반대를 하는데도 불구하고 집요하게 사병 해산을 주장하여 마침내 왕자들이 거느린 사병들을 해산시키라는 태조의 윤허를 받아내는 데 성공했다.

"사병을 해산시키면 우리는 어떻게 되는 것입니까? 이대로 정도전 일파에게 당하고 말 것입니다."

민씨의 형제인 민무구(閔無咎), 민무질(閔無疾) 형제가 분통을 터뜨렸다. 이방원의 오른팔인 하륜(河崙)과 이숙번(李叔蕃), 강상인(姜尙仁)도 긴장하여 달려왔다. 그들은 준수동 이방원의 사랑에 모여 대책회의를 열었다. 사병 해산은 그들의 날개를 꺾는 일이었다. 왕자의 난은 정도전 등이 사병 해산을 추진하면서 비롯된 측면이 있다.

"사병을 해산시키면 우리는 언제 죽을지 모를 것입니다. 절대로 이를 용납해서는 안 됩니다."

　이방원의 부인 민씨가 돌이 지난 셋째 아들 도를 안고 말했다. 얼음 가루가 날릴 것 같은 차가운 목소리였다.
　"전하께서 내리신 영인데 거역하면 반역이 되는 것이오."
　이방원이 침중한 목소리로 말했다. 방 안에 무거운 긴장감이 감돌았다. 사병 해산을 거부하면 반역이 된다. 누구도 선뜻 반역을 해야 한다는 말을 주장하지 못했다.
　"사람이 호랑이 등에 업혀 가도 정신만 차리면 살 수 있다고 했습니다. 사병은 언제든지 부르면 올 수 있는 곳에 머물러 있게 하시고, 병장기를 태우라는 영은 저에게 일임해 주십시오."
　민씨가 이방원에게 말했다. 이방원은 일단 사병을 해산시키고 병장기를 한곳에 모으라는 영을 내리고 불을 질렀다.
　"세자의 이모형(異母兄) 중에서 천명을 받을 사람이 하나뿐이 아닙니다."
　술사(術士 : 점치는 사람) 안식(安植)이 정도전에게 은밀하게 말했다. 안식은 이방원 형제들의 움직임을 낱낱이 파악하고 있었다. 겉으로는 조용하지만 이방원 형제들이 물밑에서 부산하게 움직이고 있었다.
　"내 이미 알고 있다. 곧 제거할 것인데 무슨 근심이 있겠는가?"
　정도전이 웃으면서 안식에게 말했다. 정도전은 이방원이 사병을 해산하고 병장기를 불태웠다는 말을 듣고 회심의 쾌재를 불렀다. 그는 이방원이 사병을 해산한 이상 언제든지 숙청할 수 있을 것이라고 생각했다. 왕자들을 숙청하는 것은 태조의 윤허를 받아야 한다. 그러나 태조가 병을 앓아 의식이 혼미할 때는 선참후계를 할 수도 있다.

정도전은 이방원의 형제들을 제거할 기회만을 노렸다. 때마침 사병을 해산한 지 열흘이 안 되어 태조가 병을 앓아눕게 되었다. 정도전은 남은, 심효생과 더불어 이방원의 형제들을 제거할 계획을 세우기 시작했다. 정국은 양쪽에서 변란을 준비하자 살얼음을 걷는 것 같은 긴장감이 감돌았다. 정도전 일파는 송현(松峴)에 있는 남은의 첩 집에 매일 같이 모여서 계획을 세웠다.

"전하의 병이 위중하다고 하여 여러 왕자들을 대궐로 불러들인 뒤에 내노(內奴)와 갑사(甲士)를 동원하여 공격하고 우리는 군사를 동원하여 밖에서 호응하는 것이 좋겠소. 어떻소?"

정도전이 좌중을 둘러보면서 무겁게 입을 열었다.

"좋습니다. 왕자들이 대궐에 들어오면 한칼에 목을 벱시다."

좌중에서 누군가 소리를 질렀다.

"방원의 목숨이 바람 앞에 등불과 같이 되었소."

남은의 말에 좌중이 일제히 웃음을 터뜨렸다.

"그러면 거사는 언제 단행합니까?"

심효생이 긴장한 낯빛으로 물었다.

"기사일에 거사할 것이오."

정도전이 혈광이 쏟아지는 듯한 눈빛으로 좌중을 돌아보면서 말했다. 기사일은 1398년 8월 26일이었다.

지상에서 가장 긴 하루 | 제1차 왕자의 난

1398년 음력 8월 26일은 가을이 깊어 있었다. 조선의 도읍 한양을 둘러싼 산들은 타는 듯이 붉고 들판은 오곡이 황금빛으로 물들어 있었다. 해 질 무렵, 이방원의 부인 민씨는 이날 셋째 아들 도를 안고 이방원의 사랑방에 있었다. 대궐로부터 태조가 위독하니 왕자들에게 들어와 숙위하라는 영이 내려져 있었다. 대궐에 들어가면 여차하면 목숨을 잃는다. 왕자들의 사병은 해산되었고 오로지 정도전 일파만 군사들을 거느리며 무장하고 있었다. 정도전 일파는 대궐에 비상령을 내려 삼엄하게 경비를 하고 있었다. 이방원은 명령을 받자 바짝 긴장하여 처남인 민무구에게 이숙번을 불러오라고 지시했다.

"전하의 병이 위독하니 대궐에 들어가 보지 않을 수 없소."

이방원이 민씨에게 말했다.

"저들이 어쩌면 이 기회를 노려 목숨을 느릴지 모릅니다."

"허나 전하께서 위독한데 아들인 내가 들어가지 않으면 진정한 효도를 한다고 할 수 없을 것이오."

"그렇다면 대궐로 들어가되 첩이 부르면 속히 돌아오십시오."

민씨가 이방원의 손을 잡고 말했다. 이방원은 대궐의 영을 거역하지 못해 단신으로 대궐로 들어갔다. 대궐 주위는 무장한 군사들이 배치되어 삼엄한 경비를 하고 있었다. 경복궁의 근정전 옆 행랑에는 방원의 친형제인 방의, 방간과 청원군 심종, 상당군 이백경, 의안군 이화와 이제 등이 모여 숙위를 하고 있었다. 말이 숙위지 인질이나 다름없는 상황이었다. 대궐에 들어왔어도 태조는 만날 수 없었다. 이방원은 대궐에 잘못 들어왔다는 생각을 했으나 마땅히 대궐을 빠져나갈 방법이 없었다.

이때 민씨는 동생 민무질을 불러 오랜 상의 끝에 종 김소근을 불렀다. 이방원이 인질이 되어 있는 것이 분명했다. 이방원을 구출하지 않으면 그들의 일가는 처참한 죽음을 당하게 될 것이다. 민씨는 등줄기로 식은땀이 흐르는 듯한 기분이었다.

"네가 빨리 대궐에 들어가서 나리를 모시고 나오너라."

민씨가 김소근에게 지시했다.

"여러 왕자님들이 모두 근정전 행랑에 모여 있는데 소인이 무슨 말로 아뢰어 모시고 오겠습니까?"

김소근이 난처한 표정으로 대답했다.

"꾀를 쓰도록 해라. 내가 갑자기 쓰러져서 목숨이 위태롭다고 하면 나리께서 즉시 돌아오실 것이다."

민씨가 김소근을 다그쳤다. 김소근이 황급히 말을 끌고 경복궁에 들어가 행랑에 나아가서 민씨가 말한 대로 고했다.

"부인이 위독하다고 하니 빨리 가서 병을 치료하라."

태조의 이복동생 의안군 이화가 청심환과 소합환 등의 약을 주면서 말했다. 이화는 이방원을 지지하고 있었다. 이방원이 형제들의 눈

치를 살피다가 비로소 사저로 돌아왔다. 이방원의 사랑방에서 긴급하게 대책회의가 열렸으나 묘책이 없었다.

"선즉제인(先則制人) 후즉인제(後則人制)입니다. 이제 대궐에 들어가시면 안 됩니다."

민씨가 중국의 고사를 들어 방원에게 말했다. 먼저 손을 쓰면 제압할 수 있으나 나중에 손을 쓰면 제압을 당한다는 뜻으로 진나라가 어지러워지자 항량이 항우를 시켜 은통이라는 회계군수의 목을 베고 거병을 한 고사에서 비롯된 말이다. 이방원은 비장하게 눈을 부릅떴다.

"어찌 죽음을 두려워하여 대궐에 들어가지 않을 수 있겠소! 더구나 여러 형들이 모두 대궐 안에 있으니 사실을 알리지 않을 수가 없소. 만약 변고가 있으면 내가 마땅히 나와서 군사를 일으켜 나라 사람들의 마음을 살펴보아야 될 것이오. 뒷일은 부인이 처리하시오."

이방원이 옷소매를 떨치며 나가자 민씨가 지게문 밖에까지 뒤따라오면서 당부했다.

"조심하고 또 조심하세요."

이방원은 대궐을 향해 총총 걸음을 놓았다. 어느 사이에 날이 어두워져 있었다. 민씨는 이방원이 대궐에 들어가 있는 사이에 바쁘게 움직였다. 그녀는 어린 아들을 유모에게 맡긴 채 민무구, 민무질에게 무장을 하라고 지시하고 이숙번과 이무에게도 집안의 종들에게 무장을 하여 데리고 오라는 지시를 내렸다. 이방원의 사랑방에는 아연 긴장감이 감돌았다. 때마침 죽성군 박포(朴苞)가 군사들을 거느리고 달려왔다. 민씨는 민무구에게 지시하여 이숙번으로 하여금 군사들을 거느리고 이방원의 집 앞에 있는 신극례(辛克禮)의 집에 유숙하면서 명령을 기다리게 했다. 종 김소근에게는 대궐에 들어가 근정전 행랑 뒤에서 말을 묶어놓고 대기하게 했다. 초경이 되자 근정전 행랑에서 숙위를 하던 왕자들에게 내관이 나와서 영을 전했다.

"전하께서 병이 위중하니 여러 왕자들은 빨리 안으로 들어오되 종자는 모두 밖에서 기다리게 하시오."

이화, 심종, 이제가 먼저 나가서 뜰에 서고, 방원은 방의, 방간 등과 함께 지게문 밖에 잠시 서서 안의 동정을 살폈다. 대궐 안은 불이 꺼진 채 조용했다.

"옛 제도에 궁중의 여러 문은 밤에 반드시 등불을 밝혔는데 지금 보니 궁문에 등불이 없소."

방원이 긴장하여 형제들에게 은밀하게 속삭였다. 마침내 이화와 이제, 심종은 먼저 안으로 들어갔으나 방원은 배가 아프다고 말하면서 행랑 밖으로 나와 뒷간에 들어가 숨어서 기다렸다. 그때 방의와 방간이 달려 나오면서 방원을 두 번이나 불렀다.

"형님들이 어찌 큰소리로 나를 부르는 것이오?"

이방원이 큰소리로 외쳤다.

"저들이 갑사를 매복시켜 우리를 죽이려고 한다."

방의와 방간이 사색이 되어 소리를 질렀다.

"저들이 우리를 죽이려고 하니 우리라고 앉아서 죽음을 기다릴 수는 없소."

이방원은 김소근이 대기하고 있던 말을 타고 즉시 경복궁의 서문으로 나갔다. 방의와 방간도 다투어 달아났다. 이방원이 집 근처에

있는 군영 앞길에 이르러 말을 멈추고 이숙번을 불렀다. 이숙번이 장사 두 사람을 거느리고 갑옷 차림으로 나왔다. 익안군(방의), 상당군(이백경), 회안군(방간) 부자도 또한 말을 타고 달려왔다. 이거이(李居易), 조영무(趙英茂), 신극례(辛克禮), 서익(徐益), 문빈(文彬), 심귀령(沈龜齡) 등도 수하들을 이끌고 달려왔다. 이들은 모두 이방원을 추종하는 인물들이었다. 이때 민무구, 민무질도 달려왔으나 기병은 겨우 10명뿐이고 보졸은 9명뿐이었다. 그들은 병기도 제대로 갖추고 있지 않았다. 이에 민씨가 비밀리에 숨겨 두었던 철창(鐵槍)을 꺼내 그 절반을 군사들에게 나누어 주었다. 여러 왕자의 종들과 이방원을 따르는 사람들의 노복(奴僕)이 10여 명인데 모두 몽둥이를 들고 있었고 김소근만이 검을 들고 있었다.

"오늘의 일은 어찌하면 되겠는가?"

이방원이 말을 달려 둑소(纛所 : 원수기(元帥旗)가 있는 곳)의 북쪽 길에 이르러 이숙번에게 물었다.

"일이 이미 이 지경에 이르렀으니 적을 두려워할 필요가 없습니다. 왕자님께서 군호(軍號 : 암호)를 내려주십시오."

이숙번이 눈에서 살기를 뿜으면서 외쳤다. 이방원을 추종하던 무장들도 일제히 군사를 일으킬 것을 주장했다. 이방원이 마침내 '산성(山城)'이란 두 글자로 명령을 내리고 삼군부(三軍府)의 문 앞에 이르러 군사들을 동원하라는 영을 내렸다. 전령들이 어둠 속에서 신속하게 각 군영으로 달려갔다. 이방원은 바짝 긴장한 채 어둠을 노려보았다. 그러는 동안 이방원을 지지하는 군사들이 속속 몰려들었다. 대궐의 문은 굳게 닫혀 있었다. 세자 이방석은 변란이 일어났다는 보고를 받고 군사 예빈소경 봉원량(奉元良)을 불렀다. 이때 이방원의 부인 민씨는 이방원이 적은 군사로 시위대와 대치하고 있다는 말을 듣고 불안했다.

"세(勢)로서 기선을 제압해야 한다."

민씨는 남장을 하고 집안의 모든 가솔들을 동원하여 횃불을 들게 했다. 왕궁을 시위하는 군사들에게 이쪽의 군사가 많다는 사실을 과시하기 위해서였다. 이숙번은 자기 휘하의 군사들을 동원하여 경복궁을 에워쌌다. 세자 이방석의 명령을 받은 봉원량은 대궐의 남문에 올라가 반란군의 기세를 살피고 깜짝 놀랐다.

"광화문으로부터 남산에 이르기까지 정예한 기병이 꽉 찼습니다."

봉원량은 황급히 이방석에게 달려가 보고했다. 봉원량의 보고를 받은 세자 이방석은 두려워서 감히 궐 밖으로 나와 반란군을 진압하지 못했다. 반란군을 진압하려고 군사를 움직여도 왕명을 받아야 한다. 이방석은 아직도 어렸고 상황이 급박한데도 어쩐 일인지 태조에게 보고하지 않았다. 이때부터 양쪽 군은 도성에서 팽팽한 대치를 하게 되었다. 이방원은 이숙번과 부인 민씨의 활약으로 시간을 벌게 되었다. 실록에서는 이방석이 소수의 반란군을 진압하지 못한 것은 이방원 쪽으로 보면 신의 도움이라고 기록하고 있다. 이방석이 이때 군사들을 이끌고 이방원을 진압했다면 조선왕조 5백 년 역사가 바뀌었을 것이다.

"어찌하면 좋겠는가?"

이방원이 이숙번에게 물었다. 언제까지나 왕궁 시위대와 대치하고 있을 수는 없었다. 장내는 거사의 성공이냐 실패냐가 한순간에 결정되기 때문에 무거운 긴장감이 감돌고 있었다. 거사가 실패하면 참여한 자들은 모두 참수형을 당하고 가족들은 노예로 전락한다.

"정도전, 남은, 심효생 등은 대궐에 없습니다. 간당(姦黨)이 모인 장소에 찾아가서 그들을 모조리 죽이면 적들은 우두머리가 없어서 우왕좌왕할 것입니다. 그러면 우리에게 승산이 있습니다."

이숙번이 결의에 찬 목소리로 주장했다.

"좋다. 즉시 정예병을 데리고 가서 정도전 일파를 주살하라! 이숙번과 김소근, 강상인은 나를 따르라."

이방원은 민무질 형제에게 시위대와 대치하게 하고 정예병을 빼내어 송현으로 달려갔다. 송현에 있는 남은의 첩 집에는 밤이 이경이 되었는데도 정도전, 남은, 심효생 등이 모여서 술을 마시고 있었다.

"이곳이 남은의 첩 소동(小洞)의 집입니다."

이숙번이 이방원에게 말했다. 이방원이 말을 멈추고 먼저 보졸과 김소근 등 10여 명으로 하여금 집을 포위하게 했다. 이숙번이 옆집에 불을 지르자 정도전, 남은 등이 깜짝 놀라서 뛰어나왔다.

"불이다!"

정도전을 호위하는 갑사들과 종복들도 일제히 소리를 지르면서 병기를 들고 뛰쳐나왔다.

"역적들을 모조리 죽여라!"

이방원이 칼을 뽑아 들고 명령을 내렸다. 이방원의 갑사들과 정도전의 갑사들은 치열하게 전투를 전개했다. 생사를 건 일전이었다. 피가 난무하고 비명소리가 어둠을 산산이 찢어발겼다. 시간이 흐르면서 이방원의 갑사들이 승기를 잡기 시작했다. 정도전과 남은은 피투성이가 되어 달아나고 심효생을 비롯하여 그곳에 모여 있던 많은 사람들이 살해되었다. 정도전을 죽이지 못한 이방원의 갑사들은 마을을 샅샅이 수색하기 시작했다.

"배가 불룩한 사람이 내 집에 들어왔습니다."

전 판사 민부(閔富)가 이방원에게 달려와서 보고했다. 이방원이 김소근에게 지시하여 그를 잡아 오게 했다. 김소근이 갑사들을 이끌고 민부의 집으로 달려가자 정도전이 침실 안에 숨어 있었다.

"정도전은 나오라!"

김소근이 벼락을 치듯이 소리를 지르자 부상을 당한 정도전이 엉금엉금 기어 나왔다. 김소근이 한칼에 베어 죽이려고 하자 정도전이 칼을 버리고 눈을 감았다.

"청하건대 죽이지 마시오. 정안군에게 한마디만 말하고 죽겠습니다."

정도전이 사색이 되어 다급하게 외쳤다. 김소근은 정도전을 끌고 이방원에게 데리고 왔다.

"정도전입니다. 왕자님께 할 말이 있다고 해서 끌고 왔습니다."

김소근이 이방원에게 머리를 조아렸다.

"할 말이 무엇인가?"

이방원이 정도전을 노려보면서 물었다.

"예전에 공이 나를 살린 일이 있으니 지금도 또한 살려주시오."

정도전이 처연한 목소리로 이방원에게 말했다. 예전이란 것은 임신년 태조가 즉위하던 해를 가리킨 것이다.

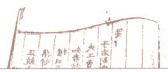

"네가 조선의 봉화백(奉化伯)이 되었는데도 도리어 부족하게 여기지 않았느냐? 나와 나의 형제들을 죽이려 하고도 어찌 살기를 바라느냐?"

이방원은 냉혹하게 목을 베라는 영을 내렸다. 정도전은 이방원의 영이 내려지자 갑사들에 의해 즉시 목이 베어졌다.

제1차 왕자의 난에서 안타깝게 희생된 인물은 정도전이다. 정도전은 1342년(충혜왕 복위 3)에 충청도 단양 삼봉(三峰)에서 태어났다. 아버지와 고려의 대학자 이곡(李穀)과 교우관계가 있어서 이곡의 아들 이색(李穡)의 문하에서 수학했다. 그는 어릴 때부터 총명하고 강직했다. 정몽주, 박상충, 박의중, 이숭인, 이존오 등 당대의 학자들과 교유했으며, 문장이 출중해 동료들의 추앙을 받았다. 1360년(공민왕 9)에 성균시에 합격하고, 2년 후에 진사시에 합격하여 성균관박사로 있으면서 정몽주 등 교관과 매일같이 명륜당에서 성리학을 수업하고 강론했다. 이듬해 태상박사(太常博士)에 임명되고 5년 동안 고려의 인사 행정을 담당했다. 1375년(우왕 1) 친원배명정책에 맞서다가 전라도 나주목 회진현에 유배되었다. 2년 후에 풀려나서 4년 동안 고향에 있다가 한양의 삼각산 밑에 초가집을 짓고 후학을 가르쳤으나, 서재를 철거당해 부평으로 이사했다. 그러나 부평에서도 권력자가 서재를 헐어버리는 바람에 정도전은 다시 유랑을 하게 되었다.

'조그마한 서재에서 후학을 가르치는 것도 힘이 있어야 한다는 말인가?'

정도전은 권세가가 초당을 헐어버리자 비통했다. 정도전은 1383년 9년간에 걸친 간고한 유배와 유랑 생활을 청산하고 당시 동북면

도지휘사로 있던 이성계를 함주 막사로 찾아가서 인연을 맺었다.

정도전이 이성계를 찾은 것은 자신의 정치적 신념을 실현시키기 위해서였다.

정도전은 이성계와 손을 잡으면서 정치가로서 명성을 떨치기 시작했다. 1384년 성절사 정몽주의 서장관이 되어 명나라에 다녀온 뒤에 남양부사를 역임하고, 이성계의 천거로 성균관대사성으로 승진했다. 1388년 6월에는 위화도회군으로 이성계가 실권을 장악하자 밀직부사로 승진해 조준 등과 함께 전제개혁안을 적극 건의하고, 조민수(曹敏修) 등 구세력을 제거해 조선 건국의 기초를 닦았다. 그러나 정몽주는 이성계가 반란을 일으킬 가능성이 높다고 판단하여 그를 제거하기 위해 정도전 등을 유배 보낸 뒤 자객을 보내 죽이려고 했다. 정도전은 정몽주가 이방원에 의해 격살되자 비로소 유배에서 풀려 나왔다. 정도전이 예전에 이방원이 자신을 살려주었다고 말한 것은 정몽주를 암살해서 자객에게 살해당할 위기에서 벗어난 일을 말하는 것이다.

정도전은 유배에서 풀려난 1392년 7월에 조준, 남은 등 50여 명과 함께 이성계를 추대해 조선 개국의 주역으로 활약했다. 조선 개국 후에는 1등 공신으로 문하시랑찬성사, 동판도평의사사사, 판호조사, 겸판상서사사, 보문각대학사, 지경연예문춘추관사, 겸의흥친군위절제사 등의 요직을 겸임해 조선의 조정과 병권을 장악했다.

1397년 9월에 진법훈련을 강화하면서 요동수복계획을 추진했으나 정치적으로 이방석의 편에 있다가 1398년 8월 26일 밤 이방원의 기습을 받아 목숨을 잃었다.

정도전은 정치적으로도 뛰어난 인물이었지만 《조선경국전(朝鮮經國典)》과 《고려사(高麗史)》 37권을 지어 올리는 등 역사서 편찬에도 많은 업적을 남겼다.

1396년 이른바 표전문(表箋文) 문제로 명나라에서 이를 트집 잡아 내정을 간섭하자, 전부터 추진해 오던 요동수복운동에 박차를 가해 군량미 확보, 진법훈련, 사병혁파를 적극적으로 추진했다. 그러나 이방원과 대립을 하다가 목숨을 잃어 요동수복정책이 끝내 실패로 돌아간 것은 많은 아쉬움이 남는다.

뜰 앞에 꽃다운 국화가 있어
수많은 풀 속에 가려 있네
봄을 만나 제각각 아름다움 다투니
뉘라서 외로운 너를 생각하랴
어느덧 가을이라 서리 내리니
쓸쓸하고 슬픈 바람이 부네
온갖 초목이 다 시들었는데
아름다운 빛 홀로 청정하구나
꽃을 따려 해도 차마 못 따고
그 앞을 배회하며 속으로만 느끼네
언제나 무서운 풍설이 와서
저 뭇 풀과 함께 시들까 근심하네

정도전이 남긴 〈뜰 앞의 국화〉라는 시다. 정도전은 문무를 겸비한 사상가이면서 학자이고 실천적인 정치가였다. 성격이 호방해 혁명가적 소질을 지녔으나 천재의 오만함도 갖고 있었다. 그는 개국 과정에서 자신의 위치를 중국의 한(漢)나라 장량(張良)에 비유하면서, 한고조가 장량을 이용한 것이 아니라, 장량이 한고조를 이용했다고 하면서 실질적인 개국의 주역은 자신이라고 강조했다. 이러한 그의 생각은 왕으로 등극한 태조 이성계까지 눈 아래로 보는 오만함이 있어서 필연적으로 이씨 왕조와 대립을 할 수 밖에 없었다. 결국 또 하나의 개국 주역인 이방원에 반대하다가 죽음을 당했으나 거인의 발자취를 남겼다고 할 수 있을 것이다.

하늘 아래 두려울 것이 그 무엇이냐
| 태종 이방원

왕자의 난은 일반적으로 볼 때 이방원과 이방석의 치열한 권력투쟁이다. 그러나 엄밀하게 따지면 세종대왕의 아버지인 태종 이방원과 정도전의 한판 승부였다고 볼 수 있다. 조선을 건국한 태조 이성계는 동북면의 무장이었다. 따라서 그의 아들들인 방우, 방과, 방의, 방간은 어릴 때부터 활쏘기와 말 타기를 배웠다. 이들은 무장의 아들답게 기골이 장대하고 용맹했다. 그러나 무예는 출중했으나 학문은 깊지 않았다. 다섯째 방원과 여섯째 방연은 이성계가 동북면의 무장에서 고려의 실력자가 되어 개경으로 올라와 있었기 때문에 학문을 할 수 있었다. 특히 이방원은 당대의 대학자인 이색(李穡)에게 학문을 배워 1383년(우왕 9)에 문과에 급제했다.

> 바람 쐬는 자리에 앉아서는 밝은 달 생각하고
> 처마 밑에서 시를 읊을 때는 바람이 그립구나
> 스스로 대나무 깎아 종이 붙여 둥근 부채 만든 뒤엔
> 청풍명월이 손 가운데 있노라

태종 이방원이 지은 〈부채(扇)〉라는 시다. 이방원은 이성계의 아들들 중에 처음으로 과거에 급제했을 정도로 학문이 높았다. 사서오경을 읽어 학문적인 소양이 문신들에게도 결코 뒤떨어지지 않았다.

일찍이 문사(文士)로서 대업을 이룬 자는 있지 아니하였고, 문장이 또한 이와 같이 기교(奇巧)한 제왕도 있지 아니하였다. 그 사물을 인용하여 비유한 것과 함축된 의취(意趣)는 성인이 아니면 할 수 없을 것이다.

조선 중기의 학자 성현(成俔)이 《용재총화(慵齋叢話)》에 남긴 기록이다. 태종이 문과에 급제했을 때 장원은 장차 양녕대군의 세자빈 아버지가 되는 김한로(金漢老)였고 2등이 세자 이방석의 세자빈 아버지가 되는 심효생이었다. 이방원은 10등이었다. 그러나 무장 집안에서 문과 급제자가 나왔기 때문에 이성계는 감격의 눈물을 흘리기까지 했다. 이방원이 벼슬에 올라 제학이 되자 너무나 기뻐서 사람을 시켜 임명장을 세 번이나 크게 읽게 했다.
"저 아이를 어찌 내가 낳지 않았는가?"
이방원의 글 읽는 소리가 낭랑했기 때문에 이성계의 두 번째 부인 신덕왕후 강씨도 탄식을 했다. 태종은 이처럼 문무를 겸비했던 인물이었다. 그러한 까닭에 혼탁했던 고려를 무너뜨리고 조선을 건국하는 데 주도적인 역할을 했으나 강비의 아들이 세자가 되면서 왕자의 난을 일으키게 된 것이다.
이성계가 조선을 건국하고 세자를 책봉할 때 정도전은 이방원을 밀었다. 그러나 이성계가 강비를 총애하여 이방번을 세자로 세우려고 하자 차선책으로 이방석을 지지하면서 이방원은 물론 원경왕후 민씨와도 등을 돌리게 되었다.

이방원의 부인 민씨는 제1차 왕자의 난에서 눈부신 활약을 한다. 그녀는 정도전이 왕자들의 힘을 약화시키기 위해 사병을 혁파했을 때 병기를 불태우지 않고 숨겨 두었다가 위기가 닥치자 갑사들에게 숨겨두었던 병기를 꺼내 무장하게 하는 지혜를 발휘한다. 운명의 8월 26일에는 지략을 써서 대궐에서 숙위하고 있는 이방원을 사저로 돌아오게 만들고 시위대와 대치할 때는 군사들과 함께 행동한 열혈 여인이었다. 이방원의 휘하 갑사 최광대(崔廣大) 등이 극력으로 간(諫)하여 이를 만류했으나 듣지 않았다.

"군(君)이 죽으면 내가 어찌 살겠는가. 나는 나의 남편과 생사를 함께 할 것이다."

민씨는 단호하게 선언하여 군사들이 숙연해지기까지 했다. 이방원의 종 김부개(金夫介)가 정도전의 갓과 칼을 가지고 돌아오자 민씨는 그때서야 정도전이 죽었다는 사실을 확인하고 사저로 돌아갔다. 이때는 이숙번이 군기감을 장악하고 난 뒤의 일이었다.

> 신은 왕명을 받았으니 오래 머물 수 없습니다. 안산 군수 이숙번(李叔蕃)이 정릉(貞陵) 이안군(移安軍)을 거느리고 서울에 올 것이니, 이 사람에게 큰일을 부탁할 만합니다. 신도 또한 진천(鎭川)에 가서 머물러 기다리겠사오니, 만약 일이 이루어지면 신을 급히 부르십시오.

이는 태종의 책사인 하륜이 변란을 일으키기 며칠 전에 태종에게 한 말이다. 실록에는 이숙번이 종자 두 사람을 거느리고 왔다고 했으나 이긍익(李肯翊)의 《연려실기술(練藜室記述)》은 이숙번이 이안군을 거느리고 한양으로 올라간다고 밝히고 있다. 이안군은 신덕왕후 강비의 능 공사를 하는 군사들이었다.

정도전은 아들이 넷이 있었는데, 정유(鄭游)와 정영(鄭泳)은 변고가 났다는 말을 듣고 구원하러 가다가 유병(遊兵)에게 살해되고, 정담(鄭湛)은 집에서 자기의 목을 찔러 자살했다.

정도전이 죽으면서 그들의 일파는 사분오열되었다. 남은은 반인(伴人: 수행원) 하경과 최운 등을 거느리고 도망해 숨고, 이직(李稷)은 지붕에 올라가서 거짓으로 노복이 되어 불을 끄는 시늉을 하다가 도망쳤다. 한양은 한밤중에 일어난 변란으로 발칵 뒤집혔다. 곳곳에서 정도전 일파를 주살하는 이방원 일파의 칼바람이 매섭게 불었다. 이방원은 정권을 손아귀에 넣으려면 권신들을 포섭해야 한다고 생각했다. 무엇보다도 조정을 장악하고 있는 좌정승 조준을 자신의 편으로 끌어들이는 것이 중요했다.

"속히 좌정승을 불러 오라."

이방원이 박포와 민무질을 보내 좌정승 조준을 불러 오게 했다. 그러나 조준이 망설이면서 즉시 나오지 않아 이숙번이 창칼로 위협하여 재촉하고, 이방원이 중로까지 나가서 맞이했다. 조준이 우정승 김사형과 더불어 오는데 갑옷을 입은 반인들이 많이 따라왔다. 가회방 동구의 다리에 이르자 보졸이 창칼을 들고 막았다.

"호위무사들은 안 됩니다. 두 정승만 들어가십시오."

보졸들이 핏발이 선 눈으로 조준을 위협했다. 조준이 거느린 군사들과 이방원이 거느린 군사들은 옥신각신했다. 조준은 정도전 등이 이미 살해되었다는 말을 듣고 이방원과 대립해야 소용이 없다는 사실을 깨달았다. 조준은 호위무사들을 남겨 놓고 이방원을 만나러 갔다.

"경들은 어찌 이씨의 사직을 걱정하지 않는가?"

조준과 김사형 등이 말에서 내려 빠른 걸음으로 다리를 건너오자 이방원이 질책했다. 이방원의 눈에서 파랗게 서슬이 오르고 있었다.

"송구하옵니다."

조준과 김사형 등이 몹시 두려워하면서 말 앞에 꿇어앉았다. 조정에서 가장 높은 조준이 이방원에게 굴복하면서 대세는 이방원 쪽으로 완전히 기울었다. 이방원은 군사들로 경복궁을 에워싸고 막차에 앉아 있었다. 막차 하나는 비어 있었는데 사람들이 누구의 막차인지 알지 못했다. 나중에 하륜이 진천에서 올라와 비어 있는 막차에 앉자 비로소 그가 이방원의 책사라는 사실을 알 수 있었다.

실록의 제1차 왕자의 난은 정도전 일파가 이방원의 형제들을 제거하려고 했기 때문에 촉발되었다고 기록하고 있다. 그러나 《연려실기술》의 기록은 실록의 기록과 판이하게 다르다. 이방원이 처음에 왕자의 난을 일으킬 계획을 이숙번에게 말했다.

"손바닥 뒤집듯이 쉽사온데 무슨 어려움이 있겠습니까?"

이숙번은 조금도 주저하지 않고 말했다. 정도전 등으로부터 위협을 느낀 것은 사실일 수도 있으나 거사는 이방원이 먼저 일으킨 것이다. 정도전 등은 이방원이 거사를 일으키는 사실을 까마득하게 모른

채 남은의 첩 집에서 술을 마시고 있었다. 이방원의 군사가 기병과 보병 등 수십 명에 불과하다고 했으나 실제로는 이숙번의 정릉 이안군(移安軍 : 신덕왕후 강비의 능을 만드는 군사)이 거사의 주력부대로 활약했다. 성현의 《용재총화》에 있는 기록이다.

> 하륜이 태종을 모시고 궁중의 종과 이안군을 이끌고, 먼저 군기감(軍器監)을 빼앗아 갑옷을 입고 병기를 가지고 나와 경복궁을 둘러쌌다.

이방원은 이숙번의 이안군으로 군기감을 무력으로 장악하여 무장하고 경복궁을 완전히 포위했던 것이다. 이 기록을 살피면 이방원이 거사를 주도했고 계획은 하륜이, 실행은 이숙번이 맡은 것이다. 좌정승 조준과 우정승 김사형이 이방원에게 무릎을 꿇은 것은 그 당시 분위기가 살벌했다는 증거다. 경복궁을 제외한 한양은 이방원의 군사들에게 완전히 제압되었다. 정도전의 아들이 유병들에게 살해된 것도 도성이 완전이 이방원에게 장악되었다는 사실을 의미한다.

"정도전과 남은 등이 어린 서자를 세자로 세우려고 나의 동모형제들을 제거하고자 하므로, 내가 약자로서 선수를 쓴 것이다. 그러니 경들은 마땅히 그렇게 알고 조정과 논의하여 전하께 고하라."

이방원이 조준과 김사형에게 말했다.

"저들이 하는 짓을 우리들은 일찍이 알지 못했습니다."

조준이 머리를 조아리면서 말했다.

노석주와 변중량은 대궐 안에 있으면서 사람을 시켜 도승지 이문화(李文和)와 우승지 김육(金陸)을 그들의 집에서 불러 오게 했다.

"임금의 옥체가 어떠하신가?"

이문화가 노석주에게 물었다.

"임금의 병환이 위독하므로 오늘 밤 자시에 병을 피하여 서쪽의 작은 양정(凉亭)으로 거처를 옮기고자 한다."

노석주가 대답했다. 이에 여러 승지들이 모두 근정전으로 나아갔다. 그때는 벌써 사경(四更)이 되어 있었다. 이방원이 삼군부 앞에 있다는 말을 들은 사람들이 잇달아 와서 모였다. 찬성 유만수(柳曼殊)는 아들 유원지(柳原之)를 거느리고 말 앞에 와서 이방원에게 배알했다. 이방원이 거사에 성공할 조짐을 보이자 유만수가 스스로 찾아온 것이었다.

"무슨 이유로 왔는가?"

이방원이 유만수에게 물었다.

"듣건대 임금께서 장차 신의 집으로 옮겨 거처하려 하신다더니 지금 옮겨 거처하지 않으셨으며, 또 변고가 있다는 말을 듣고 급히 와서 시위하고자 한 것입니다."

유만수가 벌벌 떨면서 대답했다.

"갑옷을 입고 왔는가?"

이방원이 유만수에게 물었다.

"입지 않았습니다."

유만수가 주위의 눈치를 살폈다. 이방원이 즉시 그에게 갑옷을 주고 말 뒤에 서게 했다.

"유만수는 곧 정도전과 남은의 무리이니 죽이지 않을 수가 없습니다."

45

이천우가 이방원에게 낮게 말했다.

"죽이는 것만이 능사는 아니다."

이방원이 이천우의 말을 거절했다.

"이같이 급작스런 상황에는 여러 사람의 의견을 저지시킬 수 없습니다. 그가 언제 배신할지 알 수 없습니다."

이방간과 이천우가 말했다.

"형세로 보아 살려두기 어렵겠다. 유만수의 목을 베라."

이방원이 이숙번에게 명을 내리자 유만수가 즉시 말에서 내려 정안군이 탄 말의 고삐를 잡고 애원했다.

"소인이 마땅히 자백하겠습니다."

이방원이 종자를 시켜 말고삐를 놓게 했으나 유만수는 오히려 단단히 잡고 놓지 않았다. 김소근이 작은 칼로써 턱 밑을 찌르자 피가 분수처럼 튀면서 유만수가 고개를 쳐들고 거꾸러졌다. 갑사들이 유만수의 목을 베었다.

"너는 죄가 없으니 집으로 돌아가라."

이방원이 유원지에게 명령을 내렸다. 유원지는 얼굴이 하얗게 변해 집으로 돌아가기 시작했다. 그러나 이방간이 뒤따라가서 예빈시 문 앞에 이르러 유원지의 목을 베어버렸다.

"방석이 만약 시위하는 군사를 거느리고 궁문 밖에 나와서 교전한다면, 우리 군사의 수가 적으므로 장차 형세가 기울 것인데, 만약 조금 불리해진다면 합좌한 여러 정승들이 마땅히 저편 군사의 뒤에 있게 될 것이므로, 혹시 저편을 따를 지 알 수 없습니다."

하륜이 이방원을 향해 말했다.

"우리 형제가 노상에 있는데, 여러 정승들이 도당(都堂 : 고려 후기의 최고 정부기관)에 들어가 앉아있는 것은 옳지 못하다. 즉시 운종가 뒤로 옮기도록 하라."

이방원이 명령을 내리자 도당에 있던 정승들이 다시 나왔다. 이방원은 예조에 명령을 내려 백관들을 재촉해 운종가로 모이게 했다. 대궐의 호위군사를 거느리고 있는 친군위도진무 조온과 박위는 대궐에서 숙직을 하고 있었다. 이방원은 대궐을 시위하는 조온과 박위를 빼내 온다면 변란이 완전히 성공할 것이라고 생각했다.

"조온은 올지 모르지만 박위는 오지 않을 것입니다."

이숙번이 이방원에게 보고했다. 이방원이 사람을 시켜 조온과 박위를 부르자 조온은 명령을 듣고 즉시 휘하의 갑사와 패두(牌頭)를 거느리고 나와서 말 앞에서 배알하고, 박위는 한참 동안 응하지 않다가 마지못하여 칼을 차고 나왔다. 이방원은 온화한 말로써 박위를 대접하며 그를 도당으로 가게 했는데, 이때 이방간이 방원에게 청하여 사람을 시켜 목을 베게 했다. 박위가 우물쭈물하면서 눈치를 살피고 있었기 때문이었다. 이방원은 조온에게 명령을 내려 숙위하는 갑사를 모두 대궐에서 나오게 하라는 영을 내렸다. 조온이 즉시 패두 등을 보내 대궐에 들어가서 숙위하는 갑사를 불러냈다. 이에 근정전 이남의 갑사는 모두 나와서 갑옷을 벗고 무기를 버리고 투항했다. 이로써 이방원 일파는 이성계의 친위부대까지 장악했다. 실록은 경복궁에서 살육전이 벌어지지 않은 것으로 기록하고 있다. 그러나 실제로는 이방원의 군사들이 경복궁에서 잔인한 살육전을 벌였다.

47

한번은 태종이 내란을 평정할 때에 내가 잘 아는 사람이 궐내에서 숙직하였으므로, 서로 얘기하고자 우연히 들어갔다가 마침 문이 닫혀 나오지 못하였다. 사방을 방황하는데 병졸 여러 사람이 달려와 끌고 가서 죽이려고 하기에 내가 힘을 다해 싸우고 달아나니 여러 사람들이지만 어쩔 수 없었다. 곧 어전에 이르러, '나 같은 장사를 죽여서 무슨 이익이 있겠습니까' 하고, 부르짖으니 태종께서 들으시고 용서하셨다.

하경복(河敬復)의 회고담이다. 하경복은 세종 때 벼슬이 재상까지 올랐던 무인으로 이때는 무과에 급제하기 전의 일이었다. 그러므로 이방원이 대궐을 둘러싸고 있기만 했던 것은 아니다. 오히려 대궐에서 처절한 살육전을 전개하여 공포 분위기를 조성했다. 대궐은 마침내 이방원의 세력에 의해 완전히 장악되었다.

길고 긴 하루가 지나 이튿날 닭이 울 때에 태조가 노석주와 이문화를 불렀다. 이문화가 서쪽 양정(凉亭)으로 나아갔는데, 세자 이방석과 이방번, 이제, 이화, 심종을 비롯하여 대소 신료들이 대궐에 들어와 있었다.

모두가 내 아들이니 | 태조의 양위

조온이 이방원에게 가담하면서 거사는 승패가 결정되었다. 조온은 태조 이성계의 친군을 거느리고 있는 부대의 사령관이었다. 이 부대는 대궐을 경호하는 것이 임무였는데 이방원에게 가담하여 이성계의 가슴에 못을 박았다.

> 조온과 조영무가 모두 금병(禁兵)을 맡아 내전에 숙직하다가, 무인년에 과인이 병으로 편치 못한 때를 당하여, 옛날의 애호(愛護)한 은혜는 돌아보지 아니하고 군사를 거느리고 내응하였으니, 배은망덕한 것이 비할 데가 없다. 너희들이 만일 나를 아비라고 한다면, 이 사람을 죄주어서 사직의 장구한 계책을 도모하고, 후세의 불충한 무리를 경계하도록 하라.

정종 2년 7월 2일 이성계가 내린 영이다. 조온의 배신이 이성계를 얼마나 분노하게 했는지 알 수 있는 대목이다. 실록에서 근정전 남쪽이 완전히 평정되었다고 기록할 정도로 조온의 투항은 결정적인 사건이었다. 이성계는 조온이 백기를 들고 이방원에게 투항한 사실에 치를 떨면서 그를 처벌하라고 요구한 것이다. 어쨌거나 이제 근정전 북쪽만이 남아 있었다. 그러나 실록은 이방원에게 유리하게 기록되어 있다. 역사 기록은 승리한 자의 몫이다. 실록을 면밀하게 분석해 보면 이방원의 정변 세력이 이성계를 완전히 포위했다는 사실을 알 수 있다. 하경복의 회고담에서 알 수 있듯이 대궐에서는 처절한 살육전이 전개되었다. 태조 이성계의 주위에 있던 신하들은 밤새도록 죽어가는 군사들의 비명소리와 울부짖는 소리를 들으면서 공포에 떨어야 했다.

태조 이성계는 이방원이 반란을 일으켰다는 보고를 받고 피눈물을 흘렸다. 그러나 경복궁이 완전히 반란군에게 포위되어 있었기 때문에 진압을 할 수 없었다.

도당(都堂)은 정변 세력에 장악되었다. 이방원의 반란군은 도당을 위협하여 변란이 일어났던 사실을 태조 이성계에게 고했다.

"정도전, 남은, 심효생 등이 무리를 결합하고 비밀히 모의하여 우리의 종친원훈(宗親元勳)을 해치고 국가를 어지럽게 하고자 하였습니다. 신등(臣等)은 일이 급박하여 미처 아뢰지 못하였으나 이미 주륙하여 제거되었으니 원컨대 성상께서는 놀라지 마옵소서."

마침내 도당에서 백관들을 거느리고 태조에게 아뢰었다.

"여러 왕자들이 군사를 일으켜 정도전과 남은 등의 목을 베었으니 화(禍)가 장차 신에게 미칠 것입니다. 청하옵건대 시위하는 군사를 거느리고 나가서 반란군을 진압하겠습니다."

이제가 그때 태조의 곁에 있다가 아뢰었다. 이제는 신덕왕후 강비의 딸 경순공주의 남편이자, 태조의 부마(駙馬 : 임금의 사위)다. 그는 죽기를 무릅쓰고 정변 세력과 싸우겠다고 주장했다.

"걱정하지 말아라. 화가 어찌 너에게 미치겠는가?"

태조가 비통한 목소리로 말했다. 태조는 대궐이 이방원에게 장악되었다는 사실을 알았다. 그는 비통했으나 아들에게 죽음을 당할 수는 없다고 생각했다.

"내부에서 일어난 일이니 서로 싸울 필요가 없다."

이화가 이제를 만류하며 말했다. 이화는 태조 이성계의 이복동생이다. 제1차 왕자의 난에서 중요한 정보를 이방원에게 제공한 인물로 이방원의 쿠데타에 숨은 조력자였다. 이화의 반대로 이성계는 최후의 항전을 포기하고 이방원에게 굴복했다. 실록에는 이제가 칼을 빼어 노려보기를 두세 번 하였으나 이화는 편안히 앉아서 움직이지 않았다고 기록되어 있다. 그러나 실제로는 치열한 설전을 벌였을 것으로 보인다.

정변에 성공하였기 때문에 이방원 일파는 권력을 장악해야 했다. 이방원 일파는 태조 이성계를 압박했다. 그들은 이성계에게 이방원을 세자로 삼을 것을 요구했다. 그러나 이방원이 굳이 사양하며 영안군 이방과를 세자로 삼기를 청했다. 이방과는 태조 이성계의 둘째 아들이었다. 첫째 아들인 진안군 이방우는 태조 2년에 죽었다. 그러므로 영안군 이방과가 적장자였다. 그는 정변이 일어나던 날 밤에 태조 이성계를 위하여 소격전(昭格殿)에서 재계(齋戒)를 드리고 있었는데, 변란이 일어났다는 말을 듣고는 몰래 종을 거느리고 성을 나와 걸어서 풍양(豊壤)에 이르러 김인귀(金仁貴)의 집에 숨어 있었다. 김인귀는 이방원의 부하였다. 이방원이 사람을 시켜 그를 찾아 경복궁 남문

밖에 이르니 어느 사이에 해가 기울고 있었다.

"당초부터 의리를 수립하여 나라를 세워 오늘의 일까지 이르게 된 것은 모두 정안군의 공로이니 내가 세자가 될 수 없다."

이방과는 세자가 되는 것을 사양했다. 왕자의 난에서 아무런 역할도 못한 자신이 세자 자리를 꿰어찰 수가 없었다. 또한 욕심을 부리다가 어느 새에 죽을지도 모를 일이었다.

"나라의 근본을 정하고자 한다면 마땅히 적장자로 세자를 세워야 할 것입니다. 형님께서는 사양하지 마십시오."

이방원이 거듭 굳게 말했다. 이방원은 권력을 완전히 장악했으나 명분 때문에 일단 세자 자리를 이방과에게 양보했다.

"그렇다면 내가 마땅히 처리할 일이 있을 것이다."

이방과가 마침내 이방원의 제안을 받아들였다. 이에 이방원이 도당으로 하여금 백관들을 거느리고 소(疏)를 올렸다.

적자를 세자로 세우면서 장자로 하는 것은 만세(萬世)의 상도(常道)인데, 전하께서 장자를 버리고 유자(幼子 : 어린 자식)를 세웠으며, 정도전 등이 세자를 감싸고서 여러 왕자들을 해치고자 하여 화(禍)가 불측한 처지에 있었으나, 다행히 천지와 종사의 신령에 힘입게 되어 난신이 형벌에 복종하고 참형을 당하였으니 원컨대 전하께서는 적장자(嫡長子)인 영안군을 세워 세자로 삼게 하소서.

이방원 일파가 올린 상소문이다.

"모두 내 아들이니 어찌 옳지 않음이 있겠는가?"

　태조가 한참 만에 윤허했다. 실록의 기록은 '모두가 내 아들'이라는 애매모호한 표현으로 점철되어 있다. 그러나 기록하지 않은 이면에는 정변 세력의 무시무시한 협박이 있었을 것으로 보인다. 세자를 이방석에서 이방과로 바꾼 정변 세력은 이방석을 요구했다.
　"이미 저들의 청을 윤허했으니 나가더라도 무엇이 해롭겠는가?"
　태조는 이방석에게 처연하게 말했다. 이 부분 또한 협박과 저항이 계속 되었을 것이다. 그러나 칼에 피를 묻힌 정변 세력에 대항하는 것은 무의미한 일이었다. 이방석이 울면서 이성계에게 하직 인사를 올렸다. 이성계는 어린 아들을 외면했다. 그러자 이방석의 부인인 현빈(賢嬪)이 옷자락을 당기면서 통곡했다. 이방석이 옷을 떨치고 대궐에서 나왔다. 이방원 일파는 처음에 이방석을 먼 지방에 안치하기로 의논했으나 이방석이 궁성의 서문을 나가자 이거이, 이백경, 조박 등이 도당에서 의논하여 사람을 시켜 도중에서 살해했다. 이방석의 죽음을 전해들은 태조는 피눈물을 흘렸다.

> 임금이 시녀로 하여금 부축해 일어나서 압서(押署)하기를 마치자 돌아와 누웠는데, 병이 심하여 토하고자 하였으나 토하지 못하며 말하였다.
> "어떤 물건이 목구멍 사이에 있는 듯 하면서 내려가지 않는다."

　실록의 기록인데 태조 이성계의 처지를 잘 보여주고 있다. 그러나 이것으로 끝난 것이 아니었다. 정변 세력은 이방석을 살해한 뒤에 이방번을 요구했다. 역시 강비의 아들로 이방원의 배다른 형제다. 이방번은 태조 옆을 떠나면 죽는다는 것을 알았기 때문에 울면서 호소했다.

"네가 죄를 지은 것은 아니다. 세자는 죽었지만 너는 먼 지방에 안치하는 데 불과할 뿐이다."

태조가 이방번에게 말했다. 이방번이 어쩔 수 없이 하직인사를 올리고 대궐을 나와 양화도(楊花渡)를 건너 도승관(渡丞館)에서 유숙하고 있는데 이방간이 사람을 시켜 이방번을 살해했다.

"유만수도 내가 오히려 그 생명을 보전하고자 했는데 하물며 형제를 어찌 하였겠는가? 이거이 부자가 나에게 알리지도 않고 도당에서 의논하여 나의 동기를 살해했다. 지금 인심이 안정되지 않은 까닭으로 내가 속으로 견디어 참으면서 감히 성낸 기색을 보이지 못하니 그대는 이 말을 입 밖에 내지 말라."

이방원이 이방석과 이방번이 살해되었다는 말을 듣고 비밀리에 이숙번에게 일렀다. 그러나 이는 실록의 기록일 뿐 그의 진심은 알 수 없다. 군사들이 변중량, 노석주, 남지 등을 잡아 데리고 왔다.

"내가 공에게 뜻을 기울이고 있은 지가 지금 벌써 두서너 해 되었습니다."

변중량이 구차하게 목숨을 빌었다.

"저 입도 또한 고깃덩이다."

이방원이 콧방귀를 뀌었다. 남지는 남은의 아우로서 이때 우상절도사가 되었는데 모두 순군옥에 가두었다가 뒤에 길에서 목을 베었다.

태조가 마침내 이방과를 책명(策命)하여 세자로 삼고 교지를 내렸다.

"적자를 세우되 장자로 하는 것은 만세의 상도(常道)이며, 종자(宗子)는 성(城)과 같으니 과인의 기대하는 바다. 다만 그대의 아버지인 내가 일찍이 나라를 세우고 난 후에 장자를 버리고 방석으로써 세자로 삼았으니, 이 일은 다만 내가 사랑에 빠져 의리에 밝지 못한 허물일 뿐만 아니라, 정도전, 남은 등도 그 책임을 회피할 수가 없을 것이다. 그때에 만약 초(楚)나라에서 작은 아들을 사랑했던 경계로써 상도에 의거하여 조정에서 간했더라면, 내 감히 따르지 않을 수 있었겠는가? 정도전 같은 무리는 다만 간하지 않을 뿐만 아니라, 오히려 그 세자로 세우지 못할까를 두려워하였다. 요전에 정도전, 남은, 심효생, 장지화 등이 몰래 반역을 도모하여 국가의 근본을 요란시켰는데, 다행히 천지와 종사의 도움에 힘입어 죄인이 형벌에 복종하여 참형을 당하고 왕실이 다시 편안하게 되었다. 방석은 화(禍)의 근본이니 국도(國都)에 남겨 둘 수가 없으므로 동쪽 변방으로 내쫓게 하였다. 내가 이미 전일의 과실을 뉘우치고, 또 백관들의 청으로 인하여 이에 너를 세워 왕세자로 삼으니, 그 덕을 능히 밝혀서 너를 낳은 분에게 욕되게 함이 없도록 하고, 그 마음을 다하여 우리의 사직을 진무하라."

태조 이성계는 이방과를 세자로 책봉했다. 이방원은 여러 왕자들과 함께 감순청 앞에 장막을 치고 3일 동안을 모여서 숙직하고, 그 후에는 삼군부에 들어가 숙직했다. 이방원은 형을 세자로 세우고 권력을 장악했으나 태조에게 양위를 할 것을 계속 요구했다. 태조 이성계를 협박하여 임금 자리를 내놓으라고 요구한 것이다. 실록에는 양위를 요구하는 구체적인 기록은 없다. 그러나 태조 이성계의 양위가 열흘 만에 전격적으로 이루어진 것은 반란군이 날이 갈수록 잔혹해졌기 때문이었다.

> 세자가 내선(內禪: 양위는 했지만 즉위를 하지 않은 상태)을 받은 후에 각기 사저로 돌아갔다.

실록의 기록이다. 실록의 내선이라는 말이 단순하게 세자 교체에서 끝난 것이 아니라 태조 이성계를 임금 자리에서 몰아냈다는 사실을 입증하고 있다.

샘이 깊은 물은 마르지 않는다

태종, 대망의 권좌에 오르다 **제2차 왕자의 난**
세자 양녕의 어린 시절 **양녕대군 이제**
학업에 매진하는 왕자 **충녕대군 이도**
전위 파동과 태종의 분노 **민무구 형제의 옥사**
조선 절세의 미인, 어리(於里) **양녕의 파행**
전제론과 택현론 **폐세자 양녕대군**

1398년 9월 5일, 왕자의 난이 일어난 지 불과 열흘밖에 안 되어 태조 이성계는 자신의 둘째 아들 영안군 이방과에게 왕위를 물려주었다. 물론 이 과정에는 정변 세력의 압력이 가중되어 이성계를 옭아맸다. 이방원은 양위 교서를 발표할 때까지 삼군부에 진을 치고 이성계를 압박했다. 이성계가 견딜 수 없도록 부마를 살해하고 내시들도 가차 없이 베어 죽였다. 대궐이 피비린내로 진동했다. 이성계는 더 이상 견딜 수가 없게 되어 피눈물을 흘리며 양위 선언을 하고 이방과가 즉위하여 정종(定宗)이 되었다.

※ 헌릉(獻陵)
조선 제3대 왕 태종과 그의 비 원경왕후(元敬王后)의 능.
서울 서초구 내곡동에 위치해 있다.

태종, 대망의 권좌에 오르다 | 제2차 왕자의 난

정종 이방과는 이방원의 둘째 형이지만 큰형이 죽었기 때문에 장자였다. 이방원에 의해 세자에 책봉되고 조선의 국왕으로 등극했다. 그러나 정치의 전권은 이방원이 휘둘렀다.

왕은 말하노라. 내가 덕이 없는 사람으로 조종의 음덕을 계승하고, 천자의 존엄을 받들어 국가를 처음 세워 신민을 통치한 지가 지금 7년이나 되었는데, 군려(軍旅)에 오래 있음으로 인하여 서리와 이슬을 범하여, 지금에 와서는 나이 많고 병이 들어 아침저녁으로 정사에 부지런하기가 어렵겠으므로, 여러 가지 사무의 많고 번잡한 것을 빠뜨린 것이 많을까 염려된다. 다만 너 왕세자 방과는 자신이 적장(嫡長)의 지위에 있어 일찍부터 인덕과 효도를 나타냈으며, 또한 개국의 초기를 당하여 나를 보좌한 일이 많은 것은 온 나라 신민들이 모두 알고 있다. 그런 까닭으로, 홍무 31년 9월 5일에 종묘에 고하고 왕위에 오르기를 명하니, 너는 군자를 친근히 하고 소인을 멀리 하며, 보고 듣는 것은 자기 한 사람의 편사(偏私)를 없게 하고, 좋아하고 미워하는 것은 나라 사람들의 공론에 따라 하되, 혹 감히 폐기하지도 말며, 혹

감히 태만하지도 말아서, 그 지위를 영구히 편안하게 하여 후사를 번성하게 하라. 아아! 너의 아버지는 덕이 적은 사람이므로 비록 본받지 못할 것이지만, 선성(先聖)의 도(道)가 간책(簡冊)에 실려 있으니, 새벽에 일어나고 밤늦게 자며 학문을 하고 너는 항상 공경할 것이다.

태조 이성계의 양위 교서는 비장하기까지 하다. 아들에게 창칼로 위협을 당해 왕의 자리를 물러나게 되었으니 피눈물이 흘러내리는 것은 당연했다. 그러나 왕자의 난이 일어난 배경에는 자신의 책임도 있었다. 장자를 외면하고 총애하는 강비의 말을 따라 방석을 세자로 세운 탓에 오늘의 분란이 일어난 것이다. 어쨌거나 정종이 즉위하면서 천하는 이방원의 세상이 되었고 이성계는 상왕으로 물러나 앉았다.

태조 이성계는 연금 상태에 빠졌다. 이성계는 타고 난 무장으로 동북면의 호랑이었다. 비록 늙고 일시적으로 권력을 잃었다고 해도 산전수전 다 겪은 용장이었다. 조선을 지탱하고 있던 무장들도 이성계의 심복들이 많았다. 이방원은 아버지 이성계를 경계하지 않을 수 없었다.

정종 이방과는 야사에서 말하는 것처럼 허약한 인물이 아니었다. 호랑이에게 고양이 새끼는 없다라는 속담처럼 이방과 역시 뛰어난 무장이었다. 그러나 성격상 야심을 갖지 않고 주어진 현실에 충직한 인물이었다. 왕자의 난으로 정권을 잡은 것은 이방원이었고 이방과에게는 세력이 전혀 없었다. 야심이 없었던 그는 자신의 세력을 양성하지 않았다. 동생들과 권력을 놓고 싸울 생각도 없었다. 천하가 이방원의 손에 들어갔는데 그와 대적하여 피를 흘리고 싶지 않았다.

지금 정안군을 세자로 정하여야 하니, 이 일은 지체할 수가 없다.

정종이 즉위하던 날 남재(南在)가 대궐 뜰에서 소리를 질렀다는 말이 《동각잡기(東閣雜記)》에 실려 있다. 남재는 정도전 세력의 핵심이었던 남은의 동생이었으나 이방원의 심복이었다. 이런 상황에서 정종이 자신의 세력을 키우거나 온전한 정치를 할 수는 없었다.

정종은 과도기 체재의 군주에 지나지 않았다. 그는 실권을 갖고 있는 이방원의 심복들과 부딪치고 싶지 않았다. 본부인에게서는 아들이 없었으나 첩에게서 낳은 아들이 여럿이었다. 그는 그 아들들을 모두 절로 출가시켜 야심이 없다는 사실을 이방원에게 알게 하고 자신은 사냥이나 격구로 세월을 보냈다. 야심이 없는 친형에게 이방원은 칼을 들이대지 않았다.

정종은 효성이 지극한 인물이었다.

임금이 여러 공후(公侯)와 내상(內相) 이거이(李居易), 이무(李茂), 조영무를 불러 말하기를,
"어젯밤에 하늘의 견고(譴告)가 너무 심하니, 무슨 일이 천심을 어긋나게 하였는지 알지 못하겠다. 부왕께서 내게 사람을 보내어 말씀하시기를, '나의 시위(侍衛)는 가두어 지키는 것과 다를 것이 없다' 하시니, 내가 항상 마음이 아프다. 부왕의 마음이 이와 같으시니, 나와 경들이 부끄럽지 않은가! 지금 한결같이 명령에 의하여 시위를 철폐하고자 하는데, 어떠하겠느냐?"
하고, 인하여 울어서 옷깃을 적시었다. 공후와 재상들이 모두 대답하

기를,

"명령대로 하겠습니다."

하였다. 드디어 박영문(朴英文)을 시켜 태상왕께 고하기를,

"모든 일을 일체 교지에 의하겠습니다. 시위도 또한 없애겠습니다."

하니, 태상왕이 대단히 기뻐하여 눈물을 흘리며 말하기를,

"왕은 성품이 본래 순후하여 내 마음을 상하게 하지 않더니 지금 내게 효도하는 것이 또 이와 같구나!"

하였다.

정종 1년 10월 8일의 기록이다. 태조 이성계는 호랑이 같은 인물인데 1년 동안이나 연금되어 있었다. 그러니 얼마나 답답하겠는가. 실권이 없는 정종에게 불편한 심정을 토로하자 정종은 울면서 대신들에게 호소했다. 대신들은 어쩔 수 없이 정종의 뜻을 받들어 모시겠다고 대답한 것이다. 의외로 연금이 쉽게 풀리고 그것이 정종의 지극한 효성 때문이라는 것을 알자 이성계도 감격하여 눈물을 흘렸으니 당시의 상황이 어떤지 짐작할 수 있을 것이다. 이방원은 지략이 뛰어난 인물이었다. 태조 이성계에게 효도를 다하는 체 하면서 철저하게 감시했다.

이방원은 정변에 성공한 뒤에 군대의 지휘관을 자신의 심복들로 채웠다. 행차를 할 때는 무예에 능한 갑사들에게 경호를 하게 했다. 대궐에 들어가 정종을 만날 때도 항상 경호원들을 대동했다.

이방원은 정종이 임금의 자리에 있는 동안 자신의 반대 세력을 완전하게 제거했다. 제1차 왕자의 난이 사병 혁파로 비롯된 측면이

있는데 자신이 정권을 잡자 도리어 사병 혁파를 주도했다. 군대는 오로지 이방원만이 통솔해야 했다. 자신의 심복으로, 정몽주를 격살하고 1, 2차 왕자의 난에 공을 세운 조영무가 사병 혁파에 반발하여 병기를 회수하러 온 군관을 구타하자 과감하게 숙청했다.

"신이 왕세자의 뜻을 거부하려고 한 것이 아닙니다."

조영무가 잘못을 빌자 이방원은 비로소 용서하고 다시 등용했다.

이방원은 정종의 뒤를 이어 보위에 올라 조선을 통치하려는 야심을 갖고 있었다. 그러기 위해서는 정종이 다스리고 있을 때 반대 세력을 가차 없이 제거해야 했다. 이방원이 보위에 오를 때 가장 걸림돌이 되는 인물은 바로 윗형인 이방간이었다. 이방원은 친형 이방간을 쳐내는 일을 주저했다. 이방간을 쳐내기 위해서는 명분이 필요했다. 이방간은 무장 출신으로 오랫동안 군을 통솔해 왔고 다혈질적인 인물이었다. 실록의 기록이 이방원을 미화시키기 위해 제1차 왕자의 난이 일어났을 때 살육을 자행한 인물로 이방간을 기록하고 있는 측면도 있으나, 그는 이복형제 이방석, 이방번과 매제인 이제를 잔인하게 살해했다. 이방간은 왕자의 난을 자신이 주도한 것이라고 생각했으나 실권은 동생인 이방원이 가지고 있었다. 이에 불만을 품고 호시탐탐 이방원을 제거할 기회만을 노리고 있었는데, 제1차 왕자의 난에서 공을 세우고도 공신에 책봉되지 않아 불만에 차 있던 박포(朴苞)가 은밀하게 찾아오면서 부채질을 하기 시작했다.

박포가 하루는 이방간의 집에 가서 장기를 두었는데 마침 우박이 쏟아지고 하늘에 붉은 빛의 기운이 나타났다. 박포는 이방간에게 겨울에 비가 오고 하늘에 요사한 기운이 있으니 근신하라고 말했다. 그

러자 이방간이 어떻게 처신을 해야 좋은지 그 방법을 물었다. 박포는 군사를 맡지 말며 출입을 삼가고 의관을 정제하여 행동을 신중히 하는 것이 상책이라고 이방간에게 말했다.

"나는 가슴에 담은 것을 억누를 수 있는 사람이 아니오. 다른 방책은 없소?"

박포의 말을 들은 이방간은 마땅치 않은 표정으로 내뱉었다.

"주(周)나라 태왕에게 아들 셋이 있었는데, 그중 막내아들인 왕계에게 왕위를 전할 뜻이 있으므로 왕계의 두 형인 태백과 중옹이 형만으로 도망하여 목숨을 건진 일이 있습니다."

박포는 이방간에게 외국으로 달아나라고 말했다. 이방간의 심중을 떠보려는 심산이었다.

"내가 어디로 도망을 간다는 말이오. 나는 결코 도망가지 않을 것이오."

이방간이 몸을 부르르 떨면서 소리를 질렀다.

"정녕 계책을 원하는 것입니까?"

"그렇소."

"공께서 뜻을 굳히셨다면 정안군은 군사가 강하여 많은 무리가 붙어 있고, 공의 군사는 약하며 위태함이 마치 아침 이슬과 같으므로 먼저 선수를 써서 쳐부수는 수밖에 없습니다."

"핫핫! 그 계책이야말로 내 마음을 통쾌하게 하오. 그렇다면 그대가 나를 도울 수 있겠소?"

"공께서 거사를 한다면 반드시 돕겠소."

박포는 눈을 빛내며 굳게 약속했다. 이방간은 박포가 거사를 돕겠다고 하자 사기가 충천했다. 그는 자신의 세력을 확장하기 위해 사람들을 모으기 시작했다.

"방원이 나를 시기하고 있으니 내가 어찌 한낱 필부(匹夫)처럼 남의 손에 개죽음하겠는가! 그대는 나를 도우라."

이방간이 하루는 처조카인 판교서감사 이내(李來)에게 말했다. 이내는 고려조의 강직한 문신인 우정언 이존오(李存吾)의 아들로 마음가짐이 단정하고 겸손하여 사람들의 신망이 높은 인물이었다.

"공이 소인들의 참소를 듣고 형제를 해치고자 하니 옳지 않습니다. 정안공은 왕실에 큰 공로를 세웠습니다. 개국과 정사가 누구의 힘으로 이루어졌습니까? 공의 부귀도 또한 그 때문입니다. 공이 그런 일을 도모하시면 반드시 대악(大惡)의 이름을 얻을 것이고 일도 또한 성공할 수 없을 것입니다."

이내가 깜짝 놀라 이방간을 만류했다. 이방간은 이내의 말에 실망했다.

"나를 도울 사람이면 말이 이와 같지 않을 것이다."

이방간이 발끈하여 이내에게 화를 내고 돌아갔다. 이방간은 내시 강인부(姜仁富)를 은밀하게 불렀다. 강인부는 이방간 부인의 양부(養父)였다. 부인의 양아버지이니 반드시 자신을 도울 것이라고 생각하고 자신의 계획을 은밀하게 말했다.

"공은 왜 이런 말을 하십니까? 다시는 하지 마십시오."

그러나 강인부는 이방간이 변란을 일으키겠다고 하자 오히려 꿇어앉아 빌며 만류했다. 이방간은 이내와 강인부를 포섭하는 일에 실패했으나 계속 사람들을 모으기 시작했다. 상장군 오용권(吳用權),

민원공(閔原功), 기사 이성기(李成奇), 도진무 최용소(崔龍蘇)와 조전절제사 이옥(李沃) 등이 가담했다. 이방간이 거사 동지들을 포섭하면서 개경은 불온한 기운이 감돌기 시작했다.

"정안공도 또한 스승님의 문생이니 빨리 고해야 합니다."

이내는 우현보(禹玄寶)의 제자였기 때문에 우현보의 집에 가서 이방간이 난을 도모한다는 사실을 알렸다. 우현보가 깜짝 놀라 그 아들 우홍부(禹洪富)를 시켜 이방원에게 고했다. 이방원은 우홍부의 보고를 받자 경악했다. 친형제인 이방간이 자신을 죽이기 위해 군사를 일으키려고 하고 있었다.

'형이 나를 죽이기 위해 기어이 군사를 일으킬 작정인가? 그렇다면 나도 이대로 앉아 있을 수는 없다.'

이방원은 하륜, 이무, 이화, 이천우, 이숙번 등을 불러 비상대책을 세우기 시작했다. 이방원 쪽에서 비상 대책을 세우면서 양 진영은 일촉즉발의 긴장감이 감돌았다.

하루는 이방간이 집에 자객을 숨겨놓고 이방원을 초대했다. 그러나 이방원은 이를 눈치 채고 병이 났다면서 응하지 않았다.

첫 번째 계획이 실패로 돌아가자 이방간은 다시 계책을 꾸며 사냥을 할 때 군사를 동원하여 거사를 하기로 결정했다. 조선조 초기에는 삼군부에서 여러 무신들로 하여금 사냥을 하게 하여 둑제(纛祭 : 대가(大駕)나 군중(軍中)의 앞에 세우는 둑기(纛旗)에 지내던 제사)에 쓰고는 했다. 이방간은 둑제를 하는 날이 되자 사냥을 핑계로 군사를 일으킬 계획을 세운 것이다.

정종 2년(1400년) 1월 28일 마침내 운명의 날이 밝았다. 둑제 사냥은 대부분의 무신들이 참여했기 때문에 이방원도 둑제에 쓸 제물을 마련하기 위해 사냥을 하기로 되어 있었다. 먼저 조영무를 시켜 몰이꾼을 거느리고 새벽에 교외로 나가게 했다.

"우리 아버지도 오늘 또한 사냥을 나갑니다. 숙부께서는 어디로 사냥을 가십니까?"

이방간의 아들 이맹종(李孟宗)이 이방원의 집에 와서 동정을 살폈다. 이방원의 책사 하륜이 거짓으로 사냥하는 장소를 가르쳐 준 뒤에 사람을 시켜 뒤를 밟았다. 이방간은 군사들에게 갑옷을 입히고 완전무장을 시키고 있었다. 하륜은 이방간이 군사를 동원한다는 사실을 확인하자 긴장했다.

"이방간이 난을 일으키는 것이 틀림없습니다. 공께서는 속히 대책을 세워야 합니다."

하륜의 보고에 이방원은 사태가 심상치 않다는 판단을 하고 즉시 참모들을 소집했다. 이화와 이무, 민무질, 민무구 같은 참모들이 긴장하여 이방원의 집으로 달려왔다.

"방간 형님이 나를 죽이기 위해 군사를 일으키는 것 같소. 어찌하는 것이 좋겠소?"

이방원이 좌중을 돌아보면서 침중한 낯빛으로 물었다. 그는 참모들의 의견을 구하는 시늉을 하고 있었으나 눈에서는 불을 뿜고 있었다.

"회안군이 도발을 한 이상 앉아서 당할 수 없습니다."

이화와 이무가 단호하게 말했다.

"회안군을 쳐내지 않으면 위험합니다. 속히 회안군의 목을 베셔

야 합니다."

하륜이 이방원을 재촉했다.

"죽이지 않으면 우리가 죽습니다."

민무구와 민무질도 이방원의 결심을 촉구했다.

"알겠소. 여러 대신들의 의견이 한결같으니 속히 비상한 대책을 세우시오."

이방원은 마침내 군사들을 동원하여 이방간의 군사를 진압하라는 명령을 내렸다. 이방원의 명령이 떨어지자 하륜은 신속하게 군사들을 동원했다.

"전하께서는 대궐문을 단단히 지켜 변란에 대비하도록 영을 내리십시오."

이방원이 예조 전서 신극례를 시켜 정종에게 보고했다.

"변란이라니 누가 난을 일으키는 것이냐?"

정종이 얼굴이 하얗게 변해 신극례에게 물었다.

"회안군입니다."

신극례가 정종에게 보고하고 부리나케 돌아갔다.

"방간이 군사를 일으키다니 스스로 무덤을 파는 것이다."

정종은 이방간이 이방원에게 죽음을 당할 것이라고 생각했다. 정종은 친동생을 죽게 놔둘 수 없었다. 그러나 그가 미처 대책을 세우기도 전에 이번에는 이방간의 사자가 들이닥쳤다.

"아우 방원이 나를 해치고자 하므로 내가 부득이 군사를 일으켜 공격하겠습니다. 청하건대 주상께서는 놀라지 마십시오."

이방간이 상장군 오용권을 시켜 정중하게 아뢰었다. 정종이 깜짝 놀라 도승지 이문화에게 지시하여 이방간을 타일렀다.

"네가 난언(亂言)을 듣고 친형제를 해치고자 하니 실성을 한 것이 분명하다. 네가 군사를 버리고 혼자 대궐에 들어오면 내가 네 목숨을 보전하게 해주겠다. 그러니 어리석은 짓을 하지 마라. 속히 달려가 이런 뜻으로 방간에게 전하라."

이문화가 정종의 영을 받들고 이방간을 향해 달려갔다. 그러나 이방간은 이미 민원공, 이성기, 이맹종과 휘하 수백 명의 군사들을 거느리고 이동하고 있었다. 자신들의 거사가 누설되었다는 사실을 모르는 반란군은 사기가 충천해 있었다. 이방간은 태상전을 지나면서 태조에게 아뢰었다.

"방원이 장차 신을 해치려 하니 신이 속절없이 죽을 수는 없습니다. 그러므로 군사를 일으켜 응변(應變)합니다. 상왕 전하께서는 놀라지 마십시오."

태조 이성계는 이방간이 보낸 전령의 보고를 받고 대경실색했다.

"네가 방원과 아비가 다르냐? 어미가 다르냐? 저 소 같은 위인이 어찌 이에 이르렀는가?"

태조는 땅을 치면서 이방간을 질책했다. 그는 이방원의 권모술수를 누구보다도 잘 알고 있었다. 이방간이 홧김에 군사를 일으켰지만 결코 이방원의 적수가 되지 못할 것이었다. 그러나 이방간은 이미 군사를 이끌고 개경의 내성(內城) 동대문으로 질풍처럼 달리고 있었다. 이방간은 황급히 교지를 가지고 달려오는 이문화를 선죽교에서 만났다.

"잠깐 멈추시오. 교지가 있습니다."

이문화가 정종의 교지를 이방간에게 전했다. 이방간이 말에서 내려 교지를 받았다. 이방간은 교지를 읽고 코웃음을 쳤다.

"주사위는 던져졌다. 아우가 형을 능멸하는데 어찌 참을 수 있겠는가? 전군은 진군하라! 나를 따르는 자에게 큰상이 있을 것이다."

이방간은 정종의 교지를 받고도 아랑곳하지 않고 군사들에게 호령했다.

"와아!"

군사들이 기치창검을 흔들면서 함성을 질렀다. 이방간은 말에 올라타 군사들을 이동시켜 가조가(可祚街)에 포진시켰다. 이방원이 반란군을 진압하기 위해 군사를 끌고 오면 일거에 쓸어버릴 작정이었다. 이방간이 군사들을 이끌고 온다는 소문이 퍼지면서 백성들이 이리 뛰고 저리 뛰어 개경 시내는 대혼잡을 이루었다.

"공은 지금 한가하게 어디로 가십니까? 빨리 병갑을 갖추고 오십시오!"

이숙번이 이방원을 따라 사냥을 나가기 위해 군사들을 이끌고 백금반가(白金反街)에 이르렀을 때 민무구가 다급하게 사람을 보내 알렸다. 이숙번이 놀라서 군사들을 휘몰아 이방원의 집을 향해 달려갔다. 그러나 이숙번이 도착하기 전에 이방원이 벌써 군사를 정돈하고 나와 시반교(屎反橋)를 지나 군사를 포진하고, 각 군영의 군사들이 달려와 진을 쳤다. 이숙번이 군사들로 하여금 각각 본패(本牌)에 돌아가게 하여 대열을 정돈했다. 시반교 앞 대로는 이방원의 휘하 군사들이 모두 동원되어 발 디딜 틈이 없었다.

"적은 어디에 있는가?"

이방원이 장수들을 소집하여 물었다.

"선죽교를 지나서 가조가에 이르고 있다고 합니다."

하륜이 장수들과 전략을 상의하다가 대답했다. 이방간의 동정을 살피고 있는 첩보병들이 속속 이방간의 동태를 보고해 왔다. 첩보병들에 의해 이방간의 군사가 결코 적은 숫자가 아니라는 사실이 보고되면서 이방원의 진영도 긴장감이 감돌기 시작했다. 무엇보다도 상장군 오용권이 가담했기 때문에 이방간의 군대도 정예병이 포함되어 있었다.

"정예군은 오용권의 군사뿐이다. 군사들은 절대 물러서서는 안 된다. 알겠나?"

이방원이 장수들에게 단호하게 영을 내렸다.

"예!"

장수들이 일제히 대답했다. 이내 가조가에 있던 이방간의 군사들이 움직이고 있다는 보고가 들어왔다.

"제가 먼저 나가서 적과 싸우겠습니다. 맹세코 패하여 달아나지는 않을 것입니다. 공은 속히 오십시오."

이숙번이 자신의 휘하 군사들을 거느리고 먼저 달려갔다. 이방원은 이지란(李之蘭)에게 명하여 군사를 나누어 가지고 활동(闊洞)으로 들어가 개경 남산을 타고 이동하여 태묘(太廟) 동구에 이르게 하고, 이화로 하여금 군사를 거느리고 남산에 오르게 하고, 또 파자반(把子反), 주을정(注乙井), 묘각(妙覺) 등 여러 골목에 모두 장수와 군사를 보내 방어선을 펼쳤다.

"돌격하라!"

"활을 쏴라!"

이내 이방간이 가조가로부터 시반교 전방에 이르자 양군이 화살을 빗발치듯이 쏘아댔다. 형제간의 치열한 시가전이 벌어진 것이다. 전투는 처음에 백중세로 전개되는 듯 하다가 이방원 쪽이 밀리기 시작했다. 이방원 휘하의 장수 목인해(睦仁海)가 얼굴에 화살을 맞아 말에서 떨어지고, 김법생(金法生)이 이방간 군의 화살에 맞아 즉사했다.

"이숙번을 향해 활을 쏴라! 이숙번만 죽으면 오합지졸이다!"

이방간의 아들 이맹종이 칼을 휘두르면서 목이 터져라 고함을 질러댔다.

"와아!"

이방간의 군사들이 다투어 이숙번을 향해 활을 쏘았다. 화살이 이숙번을 향해 빗발치듯이 날아왔다. 이숙번도 이방간 군을 향해 맹렬하게 활을 쏘았다. 이숙번은 문신이었으나 무예도 출중하여 이방원의 오른팔 노릇을 하고 있었다. 이숙번이 10여 대의 화살을 쏘았으나 모두 맞지 않았다. 전투는 치열하게 전개되어 여기저기서 병사들이 피를 뿌리며 나뒹굴고 독전을 하는 장수들의 고함 소리가 하늘을 찔렀다. 이때 이지란의 군사가 이방간의 배후를 공격하고 이거이의 아들 상당후 이저(李佇)가 경상도 시위군을 거느리고 검동원(黔洞源)을 거쳐 묘련점(妙蓮岾)을 통과하여 이방원에게 합류하면서 전세가 바뀌었다. 몰이꾼을 끌고 나갔던 조영무의 군사들도 들이닥치고 이지란의 군사도 이방간을 맹렬하게 공격하기 시작했다. 이방간은 박포의 군사가 합류하지 않아 열세에 몰렸다. 이방간을 부추겨 난을 일으키라고 한 박포는 우세한 쪽에 붙기 위해 중립을 지키고 있었다. 압도적으로 우세한 군사들이 사방에서 질풍처럼 휘몰아쳐 오자 이방간의 군사는 일시에 무너졌다. 휘하 장수 이성기가 이숙번의 화살에 맞아 죽고 군사들은 뿔뿔이 흩어졌다. 이방간은 전세가 기울자 필사적으로 달아나기 시작했다. 그러나 그는 결국 개경을 완전히 포위한 이방원의 군사들에게 체포되어 이방원 앞으로 끌려왔다. 태조와 정종은 이방간을 죽이고 싶지 않았다.

"방간은 너와 친형제다. 아버지도 같고 어머니도 같지 않으냐?"

태조와 정종이 이방간을 살려 달라고 이방원에게 애원했다. 반란을 일으킨 이방간을 살려달라는 것은 어림없는 일이다. 부모 자식 간에도 반란자는 사형에 처한다. 그러나 노련한 정치가인 이방원은 수하들을 내세워 정치적 조건을 내세웠다.

"정안공을 세자에 책봉한 뒤에 양위를 하십시오."

하륜과 이숙번이 정종에게 강력하게 요구했다. 이방원도 굳이 친형을 죽였다는 오명을 쓰고 싶지 않았다. 정종은 어쩔 수 없이 정안군 이방원을 세자로 책봉함으로써 제2차 왕자의 난은 막을 내렸다. 그러나 이방원의 세자 책봉으로 모든 것이 끝난 것은 아니었다. 이방원은 절대 권력이 필요했다. 왕세자로 책봉되었으나 이방간의 세력을 무자비하게 쓸어버렸다. 피를 본 이방원의 군사들은 눈빛이 흉흉했다. 개경의 시가지는 이방간의 잔당을 소탕하는 이방원의 군사들로 피바람이 몰아쳤다.

이방간은 태조와 정종이 구명하여 토산으로 안치되어 감시를 받았다.

세자 양녕의 어린 시절 | 양녕대군 이제

정종은 1398년 9월 5일 태조로부터 양위를 받고 태종 이방원은 1400년 11월 11일 선위를 받았다. 그러나 정종실록은 1939년 1월 1일부터 태종실록은 1401년 1월 1일부터 시작된다. 이는 내선(內禪)이라고 하여 양위는 받았으나 공식적으로 등극을 하지 않은 상태에서 임금 노릇을 한 기간이 있기 때문이다. 실록으로 따지면 정종은 불과 2년 동안 재위에 있었고 실제의 임금 노릇을 한 기간도 2년 2개월 정도였다.

태종이 등극하면서 태종의 첫째 아들 이제(李褆)를 원자에 책봉했다. 이때 양녕대군 이제의 나이는 불과 여덟 살이었다. 그러나 아버지와 아들 사이는 그다지 좋지 않았던 것으로 보인다. 태종은 보위에 오르자 양녕대군을 원자로 책봉했으나 좌정승 김사형(金士衡)이 각사(各司)를 거느리고 원자의 책봉을 하례하려고 하였으나 받지 않았다.

원자란 맏아들이란 칭호라, 반드시 책봉해야 할 필요는 없다. 경문(經文)에 상고하더라도 원자의 책봉이란 말은 반드시 없을 것이다. 전일에는 자세하게 상고할 겨를이 없이 이 일을 행하였지만 또 뒤따라서 하례함은 잘못이다.

태종은 원자 책봉이 잘못되었으나 기왕에 책봉을 했으니 하례를 해야한다는 신하들의 주장을 일축했다. 태종의 어법은 독특하다. 장황하게 설명을 하지도 않고 정곡을 찔러서 대신들을 당황하게 만들고는 했다. 노회한 대신들조차 꼼짝을 못하는 태종의 언변에 양녕대군이 제대로 반박하거나 칭찬을 받는 것은 쉬운 일이 아니다. 원자의 책봉도 잘못이었다. 원자는 임금의 장자면 자연스럽게 원자가 되는 것이지 책봉을 하는 것이 아니다. 그런데 정권을 잡은 이방원 세력이 느닷없이 원자를 책봉할 것을 요구하였는데 이는 전례가 없는 일이었다. 원자 책봉도 잘못되었는데 하례를 하는 것도 우스꽝스러운 일인 것이다.

경문(經文)에 상고하더라도 원자의 책봉이란 말은 반드시 없을 것이다.

태종은 기왕에 책봉을 했으니 하례를 받으라고 대신들이 권했지만 경문에 없다고 허를 찌르는 것이다. 신하들이 반박할 여지가 없었다.
태종은 책략과 결단력을 갖춘 인물답게 보위에 오르면서 강력한 왕권 정치를 실현했다. 제2차 왕자의 난 이후 사병을 혁파하여 또 다른 반란의 싹을 일찌감치 잘라버렸다. 이에 반발한 이거이, 조영무 등을 가차 없이 파면하여 외방으로 내쫓았다. 이방간을 부추기고 실

제로는 중립을 지키면서 눈치를 살피던 박포도 처형되었다.

　태종은 예리한 판단력과 빠른 판단력을 갖고 있는 인물이었다. 사람들을 주위에 모으는 인화력과 이들을 적재적소에 활용하는 리더십도 갖고 있었다. 지도자로서의 요건을 모두 갖추고 있던 드문 인물이었다. 이에 비해 정종은 무관 출신이면서도 야심이 없고 유약한 성격이었다. 조선의 국왕이 되었으면서도 격구와 사냥으로 소일하여 대신들의 비난을 받았다.

　　중궁의 투기 때문에 경연청에 나와서 10여 일 동안 거처하였다.

　정종 2년 12월 19일 실록에 기이한 기록이 보인다. 임금의 부인인 중궁이 투기(妬忌)를 하여 경연청에서 10여 일 동안 거처했다. 이 기록이 그의 성격을 대변해 준다. 이때는 정종이 태종에게 양위를 하여 내선 상태에 있었는데 중궁이 투기했다는 것이 기이하다.

　태종은 정종과 정반대의 성격을 갖고 있었다. 원경왕후 민씨가 투기를 하자 그의 형제 모두를 죽음으로 몰아넣었다. 친형제인 이방간은 살려주었으나 이복형제들은 가차 없이 베어 죽였다. 이방간의 난 이후 정적들을 대대적으로 숙청하고 권력을 한 손에 장악했다. 그는 권력을 완전히 장악하자 아들의 교육에 관심을 갖게 되었다. 어렵게 잡은 권력을 자손들에게 대대로 물려주기 위해서는 원자가 우수한 교육을 받아야 했다.

　태종은 원자인 큰아들 양녕대군 이제를 성균관에 학궁을 지어 공부를 하게 했다.

양녕대군은 어린 시절 외가인 민제의 집에서 자랐다. 민제는 학문이 높은 사람이었으나 그의 아들들은 성격이 급하고 다혈질이었다. 어릴 때 어머니의 자애로운 보살핌을 받지 못하고 외조모와 외삼촌의 손에서 자란 양녕대군은 자유분방한 성격이었다. 양녕대군이 원자로 책봉되었을 때 효령대군은 여섯 살, 충녕대군은 다섯 살이었다.

양녕대군은 원자로 책봉되자 본격적인 왕세자 교육을 받기 시작했다. 성균관에 원자 학궁을 짓고 입학에 대한 예를 행했다. 학생복을 입고 문묘(文廟)에 참배한 뒤에 술잔을 따라 올리고, 박사(博士)에게 스승의 예를 행했는데 성균관 사성 설칭(偰偁)과 성균관 사예 김조(金稠)가 박사(博士)가 되어 예를 받았다. 속백(束帛 : 한 묶음의 비단) 한 광주리, 술 한 병, 포[脩] 한 소반이었다. 그러나 양녕대군은 학문에는 그다지 흥미가 없는 것 같았다.

"내 나이 거의 마흔이 되어 귀밑털이 희끗희끗하나 아침저녁으로 조금도 게을리 하지 않고 부지런히 글을 읽는데 네가 그 뜻을 아는가? 내 말에 대답해 보라."

하루는 태종이 양녕대군에게 물었다. 양녕대군이 열 살이 되었을 때였다. 양녕대군이 우물쭈물 대답을 하지 못했다.

"딱하다. 저 아이여! 내가 말하여도 깜깜하게 알지 못하는구나. 슬프다! 언제나 이치를 알 것인가?"

태종이 양녕대군의 스승인 김과를 보고 탄식했다. 그러나 태종은 양녕대군이 학문의 이치를 깨닫지 못하는데도 세자에 책봉한다.

"옛부터 제왕이 일찍이 세자를 세운 것은 나라의 근본을 높이고

백성의 뜻을 정한 것이었다. 내가 부덕한 몸으로서 조상들이 쌓아올린 덕을 이어받고, 태상왕이 창업하여 내려주신 대통을 이어받아서, 내 어깨에 지워진 중임이 두려워 능히 감내하지 못하겠다. 오로지 왕화(王化)는 내조에 반드시 힘입으므로, 이에 천조(踐祚)하던 처음에 즉시 정비 민씨에게 명하여 중궁에 책봉하고, 전례를 따랐던 것이다."

태종이 양녕대군을 세자에 책봉하면서 내린 교서다.

"원자 이제는 적장의 지위에 있고 남보다 빼어난 자질이 있다. 그러나 예의와 겸양을 알지 못하니 장차 어찌해야 어진 이와 친하겠으며, 고훈(古訓)을 익히지 못하였으니 또한 어찌해야 정치를 보필하겠는가?"

책봉 교서에는 칭찬을 늘어놓는 것이 일반적인데 반해 태종은 우려를 하고 있다. 그러나 자신의 맏아들이기 때문에 어쩔 수 없이 세자에 책봉할 수밖에 없었다. 어찌 되었거나 양녕대군은 세자로 책봉되면서 당대의 석학인 성석린, 이내 등으로부터 학문을 배웠다. 실록에서는 양녕대군이 학문을 하지 않고 매를 가지고 놀거나 《대학연의(大學衍義)》를 6년 만에 마쳤다는 등 부정적인 모습으로 그려지고 있다. 과연 양녕대군이 그토록 학문을 게을리 하고 놀기만 좋아한 자유분방한 소년이었는가.

> 양녕대군은 어릴 때부터 문장을 잘하였으나 글을 모르는 사람처럼 거짓 행동하였으므로 태종조차도 그것을 몰랐다. 양녕대군은 승려의 시권(詩卷)에 쓰기를,

山霞朝作飯	안개로는 아침에 밥을 짓고
蘿月夜爲燈	달로는 밤에 등불을 삼는다
獨有孤庵下	오직 외로운 암자 아래에 있는 것
惟存塔一層	탑 한 층만 우뚝 솟아 있을 뿐

하였는데, 비록 대문장가라 하더라도 반드시 이보다 낫게 짓지는 못할 것이다.

이유원(李裕元)의 《임하필기(林下筆記)》에 있는 기록이다. 이유원은 양녕대군의 오언율시가 어떤 대문장가도 따르지 못할 것이라고 칭송하고 있다. 양녕대군이 학문을 게을리 했다는 것은 어느 정도 사실이지만 뛰어난 문장력을 갖춘 것도 사실이다. 그렇다면 왜 충녕대군과 비교가 되는가. 충녕대군은 학문을 좋아했고 성취도 빨랐다. 충녕대군이 천재적인 면모를 보이면서 상대적으로 양녕대군이 학문을 하지 않은 것으로 비친 것이다.

임금이,
"집에 있는 사람이 비를 만나면 반드시 길 떠난 사람의 노고를 생각할 것이다."
하니, 충녕대군이 말하였다.
"《시경》에 이르기를, '황새가 언덕에서 우니, 부인이 집에서 탄식한다.'고 하였습니다."
임금이 기뻐하여,

"세자가 따를 바가 아니다."
하였는데, 세자가 일찍이 임금 앞에서 사람의 문무(文武)를 논하다가,
"충녕(忠寧)은 용맹하지 못합니다."
하니, 임금이 말하였다.
"비록 용맹하지 못한 듯하나, 큰일에 임하여 대의를 결단하는 데에는 당세에 더불어 견줄 사람이 없다."

실록의 기록이다. 태종실록이 세종시대에 쓰인 것이기는 하지만 전혀 근거 없는 기록을 만들어 내지는 않았을 것이다. 그렇다면 충녕대군은 천재이되, 노력하는 천재라고 볼 수 있다.

학업에 매진하는 왕자 | 충녕대군 이도

　태종은 원경왕후 민씨와의 사이에서 양녕, 효령, 충녕, 성령 네 아들을 두었다. 성령은 어렸기 때문에 권신들의 권력 쟁탈에 휘말리지 않았고 열네 살이 되었을 때 죽었다. 실록에 성령을 제외한 세 왕자가 권력 쟁탈을 했다는 기록은 어디에도 보이지 않는다. 그러나 의문은 남아 있다. 야사는 충녕대군이 어려서부터 총명했기 때문에 양녕대군이 세자 자리를 양보하기 위해 거짓으로 미친 체 하거나 방탕한 짓을 하는 체했고, 양녕대군이 태종의 미움을 사자 효령이 자신이 세자가 될 줄 알고 열심히 학문을 하자, 양녕대군이 효령에게 총명한 셋째에게 아버지의 마음이 있으니 너는 물러나라고 충고했다고 한다. 이에 크게 깨들은 효령이 세자 자리에 대한 욕심을 버리고 불가에 귀의하여 결국 충녕이 세자가 된다는 이야기다.
　이는 후대에 3형제의 극진한 형제애를 표현하기 위해 창작된 설화에 지나지 않는다. 실제로 세 왕자의 측근들은 치열한 권력 투쟁을 벌이고 있었다. 왕자들이 어렸기 때문에 본인들의 의사와는 상관없이 그를 둘러싼 사람들이 치열한 권력 투쟁을 벌였다.

충녕대군이 대자암(大慈庵)에서 불사를 올리고 개경으로 돌아가다가 세자를 마산역(馬山驛) 앞 노상에서 만났는데 세자가 노하여,
"어리(於里)의 일을 반드시 네가 아뢰었을 것이다."
하니 충녕대군이 대답하지 아니하였다.

실록의 기록은 단 한 줄로 양녕대군과 충녕대군 사이의 일을 기록하고 있다. 양녕대군은 충녕대군을 비난하고 있는데 충녕대군은 대답을 하지 않았다. 이는 양녕대군의 말을 인정한 것이라고도 볼 수 있다. 이 무렵 양녕대군의 일거수일투족은 태종에게 낱낱이 보고되고 있었다. 태종에게 누가 이와 같이 양녕대군의 비행을 철저하게 보고했는가. 그것은 권력투쟁에서 이긴 자가 누구인지 보면 자명해진다.

양녕대군은 처가 쪽의 도움을 전혀 받지 못했다. 양녕대군의 장인 김한로는 태종과 과거 시험을 보았을 때 1등을 했던 인물이고 태종은 10등을 했다. 김한로는 당연히 세자인 양녕대군이 임금이 될 것으로 생각하고 별다른 준비를 하지 않았다. 효령대군의 장인 정역(鄭易) 역시 별다른 세력을 확보하지 않았다. 그러나 충녕대군의 장인 심온(沈溫)은 상당히 정치적인 인물이어서 충녕대군의 주위에 당대의 실력자들을 끌어 모았다. 심온이 끌어들인 남재(南在), 유정현(柳廷顯) 등은 충녕대군에게 항상 겸손할 것을 권했다. 심온의 계획대로 충녕대군의 주위에 사람들이 몰리기 시작했고 그들은 온화한 충녕대군의 성품을 좋아했다. 이들이 훗날 양녕대군이 폐세자가 될 때 어진 이를 선택하라는 택현론(擇賢論)을 내세워 태종에게 충녕대군을 세자로 책봉할 것을 요구한다.

우리가 중요하게 봐야할 점은 민씨 형제의 옥사와 충녕대군과 남재의 관계다. 의령부원군 남재는 1371년(공민왕 20) 진사시에 5등으로 합격하여 여러 벼슬을 지낸 뒤에 구세력과 대립하다가 태조 이성계에 가담하여 조선을 개국했다.

> 젊어서 과거에 급제하고 지금 일에도 밝고 옛일에도 통달하였다. 대성(臺省)을 역임하고 중외에 드나들어 경세제민(經世濟民)하는 재간이 있었다. 고려가 조선으로 세상이 바뀔 무렵에 태조를 추대하는 책략이 남재한테서 많이 나왔고, 태종이 왕자로서 명나라에 들어갔을 때 재가 따라갔는데, 그때 함께 갔던 재상이 자못 불공하였으나 홀로 재만은 예로서 공경하였다. 왕자의 난에 그의 아우 남은이 정도전, 심효생과 더불어 여러 왕자를 없애버리기로 모의하였으나, 상왕이 남재는 모의에 간여하지 않았다 하고 사저에 두었다가, 사건이 평정된 뒤에 죽음을 면하게 하여 귀양 보내고 다시 소환하여 벼슬을 주었다.

실록에 있는 의령부원군 남재의 졸기다. 남재는 남은의 형이지만 태종과 절친했기 때문에 제1차 왕자의 난 때 그로부터 구명을 받았다. 이 남재가 충녕대군이 세자가 되기 전에 교육을 했다. 충녕대군이 하루는 남재의 집에서 큰 잔치를 베풀어 대접했다. 남재가 여러 사람이 있는 자리에서 충녕대군에게 옛일을 이야기 했다.

"옛날 주상께서 잠저에 계실 때에 내가 학문을 권하니 주상께서 말씀하기를, '왕자는 참여할 데가 없으니 학문은 하여 무엇하겠느냐?' 하기에, 내가 말하기를, '군왕의 아들이 누가 임금이 되지 못하

겠습니까?' 하였는데 지금 대군이 학문을 좋아하는 것이 주상과 같으니 내 마음이 기쁩니다."

남재는 기분이 좋아서 유쾌하게 말했다. 태종이 남재를 유난히 총애했다는 사실은 실록을 통해서도 알 수 있다. 남재가 이날 충녕대군에게 한 말은 왕자는 누구나 임금이 될 수 있다는 말이니 듣기에 따라서 대역무도한 말이다. 양녕대군을 폐하고 언제든지 충녕대군이 세자가 되어 보위에 오를 수도 있다는 말인 것이다. 워낙 무서운 말이었기 때문에 결국 태종의 귀에 들어갔다.

"과감하다! 그 늙은이가."

태종은 남재를 비난하지 않고 오히려 크게 웃음을 터뜨리면서 좋아했다. 태종이 남재가 말한 뜻을 몰랐을 리는 없다. 오히려 그 말을 알아듣고 그 늙은이가 과감하다고 말한 것이다. 충녕이 임금이 되었기 때문인지 많은 신하들이 충녕대군에 대한 비판은 하지 않고 있다. 충녕대군은 어렸으나 아버지 태종과 세자인 양녕대군이 불화하고 있다는 것을 알았다. 양녕대군이 태종의 미움을 받기 시작하자 오히려 세자가 되기 위해 학문에 열중한 것은 세종이었다.

> 과거 선조께서 《소학》의 가르침에 늘 마음을 두셨으므로 내가 9세 이전에 이 책을 다섯 번 강독하였는데, 매 차례마다 규정을 두어 백 번 이상을 읽었다. 그러므로 36년이 지난 지금에 와서 구두로 점검해 보아도 처음 배우던 그때처럼 생생하기만 하다.

세종은 아홉 살 이전에 《소학》을 백 번 이상 읽었다. 이는 《국조

보감》에 있는 기록이다. 《소학》을 백 번 이상 읽었으니 오랜 세월이 지나도 잊혀지지 않는 것은 당연하다.

> 경연에 나아가 성학(聖學)에 잠심하여 고금을 강론한 연후에 내전으로 들어가서 편안히 앉아 글을 읽으시되, 손에서 책을 떼지 않다가 밤중이 지나서야 잠자리에 드시니, 글은 읽지 않은 것이 없으며, 무릇 한 번이라도 귀나 눈에 거친 것이면 종신토록 잊지 않았는데, 경서를 읽는 데는 반드시 백 번을 넘게 읽고, 자사(子史)는 반드시 30번을 넘게 읽고, 성리(性理)의 학문을 정밀하게 연구하여 고금에 모든 일을 널리 통달하셨습니다.

세종이 죽었을 때 명나라에 사신을 보내 시호를 청하면서 세종이 학문을 어찌했는지 밝힌 대목이다. 어릴 때의 공부하던 습관이 임금이 된 뒤에도 남았으니 성군이 되는 것은 당연하다. 세종 스스로의 고백이나 죽은 뒤에 시호를 청하는 외교 문서를 보더라도 세종은 지독한 공부벌레였다. 학문이라는 것은 일정한 시기가 지나면 권태가 온다. 그러나 세종이 보위에 있으면서도 학문을 게을리 하지 않은 것은 학문의 수준이 학문을 좋아하는 호학(好學)에 이르게 되었기 때문이다.

전위 파동과 태종의 분노 | 민무구 형제의 옥사

태종은 두 차례의 왕자의 난을 일으킨 뒤에 조선의 제3대 국왕이 되었으나 건국초의 조선을 강력하게 통치하여 안정시켰다. 자신을 따르는 인물들은 중용했고 자신과 반대편에 선 사람들은 가차없이 숙청했다. 그러나 가정적으로는 안정되어 있지 않았다. 태종의 왕비 민씨는 비록 여자였으나 지략과 담대한 성품을 갖고 있었다. 태종은 문무를 겸비한 호걸이어서 호색했다. 봉건시대의 군주니 수십 명의 후궁과 수백 명의 궁녀들을 거느린다고 해도 탓할 수는 없다. 그러나 태종이 잠저에 있을 때부터 지략을 발휘하여 위기에서 구하고 보위에 오르게 하는 데 결정적인 역할을 한 민씨로서는 참을 수가 없었다. 제1차 왕자의 난 때 거사의 성패를 알지 못해 자신도 생사를 같이 하겠다면서 경복궁을 에워싼 군사들과 함께 있다가 정도전의 칼과 갓을 가져오자 그때서야 비로소 안심하고 집으로 돌아갔던 여걸이었다. 민씨는 비록 태종이 군주라고 해도 호색한 것을 용납할 수 없었다. 민씨는 태종이 후궁을 들일 때마다 반발했으나 노골적인 반발을 한 것은 자신의 여종을 태종이 후궁으로 취했을 때였다.

"어찌 계집이 없어서 종년을 취하여 후궁으로 삼는다는 말입니까?"

원경왕후 민씨는 태종에게 표독한 목소리로 쏘아붙였다. 민씨가 어찌나 심하게 반발을 했는지 태종은 며칠 동안 잠에 들지 못하고 민씨를 폐비시키는 일까지 심각하게 고려했다.

"임오년 5월에 왕비 민씨의 가비(家婢)로서 본래부터 궁에 들어온 자가 임신하여 3개월이 된 뒤에 나가서 대궐 밖에 살고 있었는데, 민씨가 행랑방에 불러들여 계집종 삼덕과 함께 있게 하였다. 그해 12월에 이르러 산달이 되어 진통을 시작하여 배가 아프기 시작하였다. 삼덕이 민씨에게 고하자, 민씨가 문 바깥 다듬잇돌 옆에 내다 두게 하였으니, 죽게 하고자 한 것이다."

태종이 변계량을 불러 민씨의 잔인한 행동을 폭로했다. 왕비 민씨는 태종과 정을 통한 만삭의 몸종을 죽이기 위해 한겨울에 밖에 내놓았던 것이다. 태종은 대가 센 민씨 때문에 전전긍긍했다. 하루 전에도 황희, 박은, 유사눌 등을 불러 민씨의 패악한 면을 호소하기까지 한 태종이었다. 태종의 이야기는 계속된다.

"화상(和尙)이라는 자가 이를 불쌍히 여기어, 담에 서까래 두어 개를 걸치고 거적으로 덮어서 겨우 바람과 해를 가렸다. 진시(辰時)에 아들을 낳았는데 지금의 원윤(元尹) 이비(李裶)이다. 그날 민씨가 계집종 소장(小庄), 금대(金臺) 등을 시켜 산모와 아이를 끌고 숭교리 궁노인 벌개(伐介)의 집 앞 토담집에 옮겨 두고, 화상이 가져온 금침과 요자리를 빼앗았다. 다행히 한상좌(韓上佐)란 자가 그 추위를 무릅쓰는 것을 애석하게 여기고 마의(馬衣)를 주어서 7일이 지나도 죽지 않았다. 그러자 민씨가 산모의 아비와 화상으로 하여금 데려다 소

에 실어 교하(交河)의 집으로 보냈다. 바람과 추위의 핍박과 옮겨 다니는 괴로움으로 인하여 병을 얻고 또 유종이 났으니, 그 모자가 함께 살아있는 것이 그야말로 천행이었다. 내가 이 일을 그때에 알지 못하였다. 지금 내가 늙었는데 가만히 생각하면 참으로 측은하다. 핏덩어리가 기어 다니는 것을 사람이 모두 불쌍히 여기는데, 여러 민씨들이 잔인하고 교활하여 여러 방법으로 꾀를 내어 반드시 사지(死地)에 두고자 하였으니, 대개 종지(宗支 : 왕의 자손들)를 제거하려는 마음이 쌓인 것으로, 그 핏덩어리에게 하는 짓이 이와 같이 극악했다. 비록 핏덩어리가 미약함에도 하늘이 무심하지 않아 보존하고 도와서 편안하게 한 것이 천만다행이었다. 어찌 간사하고 음흉한 무리로 하여금 그 악한 짓을 이루게 하겠느냐? 이것이 실로 여러 민가의 음흉한 일이다. 내가 만일 말하지 않는다면 사필(史筆)을 잡은 자가 어찌 능히 알겠는가? 참으로 마땅히 사책(史冊)에 상세히 써서 후세에 밝게 알게 하여 외척이 경계할 바를 알게 하라."

태종이 변계량을 통해 춘추관에 영을 내려 이를 기록하게 했다. 태종은 민씨를 처벌하지 않는 대신 민씨의 투기를 실록에 기록하게 한 것이다.

왕비 민씨에 대한 분노는 민씨 일가에게로 향했다.

태종 5년 세자인 양녕대군은 김한로의 딸과 정혼을 하게 되었다. 그러나 명나라의 사신 황엄(黃儼)이 오면서 양녕대군의 혼례는 새로운 국면을 맞이하게 되었다. 황엄은 조선 건국 초기에 여러 차례 사신으로 와서 많은 행패를 부린 명나라의 내시였다. 양반가의 딸들을 강제로 공녀로 뽑아서 명나라로 끌고 가고 조선의 대신들을 종처럼 다루기도 했다.

"황엄은 황제의 총애를 받는 환관이니 만일 황엄을 통하여 황제께 청해서 세자로 하여금 황제의 딸을 배필로 맞게 하면 우리나라의 다행한 일입니다."

대신들이 태종에게 아뢰었다. 명나라 황제의 딸을 세자빈으로 맞이하자는 대신들의 주장이다. 태종이 그럴 듯하다고 생각하여 황엄에게 말하자 황엄이 크게 기뻐했다.

"얼마나 다행하겠는가? 얼마나 다행하겠는가?"

황엄은 기뻐하면서 명나라로 돌아갔으나 다시 사신으로 왔을 때 세자가 황제의 딸과 결혼을 하는 문제에 일체 언급이 없었다. 이에 태종이 실망하여 김한로의 딸과 정혼을 하게 되었는데, 다시 황제의 딸과 결혼을 하는 문제가 불거져 평지풍파를 일으키게 된 것이다.

"세자가 장차 황제를 조현하러 가는데 만일 먼저 혼례를 행하면 미편(未便)할 것이오. 지금 아직 출가하지 않은 황제의 딸이 있으니 세자와 혼례를 올리게 되면 국가적인 경사가 될 것이오."

검교한성부윤 공부(孔俯)가 이현에게 말했다. 공부의 제안은 극단적인 사대주의의 표본이다. 이현이 여러 대신들에게 그와 같은 뜻을 전하자 하륜, 성석린, 이숙번 등 많은 대신들이 찬성했고 민제와 그의 아들 민무구, 민무질 등은 신하로서 거론할 수 없다고 말했다. 그러나 태종이 이를 알고 불같이 노하여 조정에 한바탕 풍파가 일어나게 되었다.

"중국과 결혼하는 것은 나의 소원이나 염려되는 것은 부부가 서로 말이 통하지 않아 뜻이 맞지 않는 것이다. 또 반드시 중국의 사신

이 끊이지 않고 왕래하여 도리어 우리 백성들을 놀라게 할 것이다. 옛적에 기씨(奇氏)가 원나라의 황후가 되었다가 그 일문이 남김없이 살육되었으니 어찌 혼례를 하겠는가? 군신이 일체가 된 연후에야 나라가 다스려져서 편안해지는 것이다. 지금 조박(趙璞) 등이 사사로이 모여서 과인에게 알리지도 않고 이 같은 큰일을 의논했으니 내가 누구와 더불어 나라를 다스리겠는가? 하물며 내가 황엄에게 세자가 이미 장가들었다고 분명히 고했는데 이제 와서 고칠 수 있는가?"

태종이 눈물을 흘리자 이숙번 등도 모두 땅에 엎드려 울었다. 태종은 중대한 일이 있을 때마다 눈물을 흘리며 우는 연기를 했다. 임금이 눈물을 흘리면 신하들은 황공하여 몸 둘 바를 모른다. 태종처럼 문무를 겸비한 인물이 이런 일로 눈물을 흘릴 정도로 심약할 리는 없다. 대신들은 황송하여 잘못 했다고 극구 사죄했다. 태종은 그때서야 세자가 명나라 공주를 배필로 맞이하는 논의를 한 대신들을 엄중히 조사하라는 영을 내렸다.

"여흥 부원군은 중궁의 지친이고, 하륜은 공신이며 수상(首相)이고, 여강(驪江 : 민무구)과 여성(驪城 : 민무질)도 또한 모두 공신이니, 추궁하여 묻지 말라."

민씨 일족은 왕비의 친척이라 하여 죄를 묻지 않았다.

"신은 민제의 사위이므로 의리가 부자와 같습니다. 이번 논의에 민제도 또한 참여하였습니다. 신이 감히 밝게 말하지 못한 것은 이 때문입니다."

조사가 시작되자 조박이 대답했다. 조박은 논의에 찬성하지 않은 자신의 장인 민제를 끌어들여 태종이 민씨 일족을 더욱 미워하게 만들었다. 태종은 장인을 팔아 변명을 하는 조박을 양주로 내쫓았다.

세자와 명나라 공주의 결혼 파동은 한바탕 해프닝으로 끝이 났다. 태종이 명나라 공주와 혼례를 올리는 문제에 대해서 불같이 역정을 낸 것은 자신도 모르게 대신들이 숙덕공론을 벌였다는 사실 때문이었다. 태종은 이를 가슴속에 품고 있다가 전위 파동을 일으켰다. 전위 파동의 원인은 태종이 신하들이 자신 몰래 다른 음모를 꾸미는지 경계하기 위한 것이었고 직접적인 원인은 원경왕후 민씨와의 불화였다.

"전하께서 춘추가 한창이고, 세자가 나이 아직 성년이 못 되었고, 아직 아무 변고도 없었는데 갑자기 전위하시고자 하시니 신등은 그 이유를 알지 못하겠으므로 황공해하고 있습니다."

태종의 느닷없는 전위 선언에 백관들이 뜰에 엎드려 만류하다가 황희를 들여보내 아뢰었다.

"내가 아직 늙지 않고, 세자가 어린 것도 내 또한 알고 있다. 그러나 내 마음은 이미 결정되었으니 고칠 수 없다. 내가 전위하려는 까닭을 두 정승은 이미 알고 있을 것이다."

태종은 완강하게 전위할 뜻을 밝혔다. 그러나 대신들의 집요한 만류에 태종은 못 이기는 체하고 전위 선언을 거두어들였다. 그러나 전위 파동은 단순하게 이것으로 끝나지 않았다. 민씨와의 불화와 전위 파동이 가라앉은 지 얼마 되지 않아 민무구와 민무질의 전제(剪除) 파동이 발생했다.

"춘추의 법에 인신(人臣)의 죄 가운데 금장(今將 : 반역을 품은 장수)보다 더 큰 것이 없으니 이는 사심을 막고 반역의 원천을 방지하

자는 것입니다. 여강군 민무구, 여성군 민무질 등은 왕비의 인척으로 지나치게 성은을 입어서 일가 형제가 모두 존영을 누리니, 마땅히 조심하고 삼가고 두려워하여 그 직책을 정성껏 지켜서 감히 교만하고 방자함이 없이 성은을 갚아야 도리일 것입니다. 그런데 분수를 돌보지 않고 속으로 금장의 마음을 품고 발호할 뜻을 펴보려 하였습니다. 지난해에 전하께서 장차 전위를 하려 할 때, 온 나라 신민이 마음 아프게 생각하지 않는 이가 없었으나 민무구 등은 스스로 다행하게 여겨 기뻐하는 빛을 얼굴에 나타냈습니다. 전하께서 여망을 굽어 살피시어 복위하신 뒤에 이르러서도 온 나라 신민이 기쁘게 여기지 않는 이가 없었으나, 민무구 등은 도리어 슬프게 여겼습니다. 이는 대개 어린아이를 끼고 권력을 마음대로 하고자 한 것입니다."

영의정부사 이화가 상소로 태종에게 아뢰었다. 전위 선언을 기뻐했다거나 전위 선언을 거두어들이려고 하자 슬퍼했다는 것은 터무니없는 모함이다. 게다가 이 상소에는 어린아이를 끼고 권력을 마음대로 하려고 했다는 말이 있어서 세자인 양녕대군까지 거론하고 있다.

"또 그때를 당하여 전하께서 왕자들을 영세토록 보전하여 편안히 할 계책을 도모하고자 하였으나 민무구가 감히 말하기를, '유액(誘掖)할 사람이 없다면 아직 이렇게 하는 것도 가(可)합니다' 하였습니다. 전하께서 그 말을 들으시고 모골이 송연하여 곧 민무구에게 이르기를, '옛부터 제왕은 적장자 이외에 다른 아들이 없는 것이 옳으냐?' 하시었습니다. 안암동 이어소(移御所)에 이르러 전하께서 또 민무구에게 이르시기를, '인군이 반드시 아들 하나만 있어야 좋겠느냐?' 하니, 민무구가 대답하기를, '신이 일찍이 그런 뜻을 고했습니다' 하였습니다. 민무구의 뜻은 대개 세자가 아닌 왕자들을 제거하고자 한 것이니 장래의 화가 이루 헤아릴 수 없습니다."

이화의 상소는 무섭기 짝이 없다. 민무구가 세자 이외의 왕자들을 제거하자고 태종에게 고했다는 것이다. 이는 민무구 형제의 옥사 중 가장 미스터리한 부분이다. 어떻게 민무구가 태종에게 세자 양녕대군을 제외한 왕자들을 죽이라고 권할 수 있겠는가. 세자 양녕대군도 친조카이지만 효령과 충녕도 친조카다. 이는 민무구가 충녕대군을 둘러싼 세력의 발호를 알고 있었기 때문에 이들을 경계해야 한다고 태종에게 보고한 것에 지나지 않았을 것이다. 태종은 이의 대책을 물었고 민무구가 왕자들을 처벌해야 한다고 고한 것이다. 세자를 두고 왕자들에게 붙어서 권력 쟁탈을 벌이는 것은 대역죄에 해당된다. 그런데 민무구는 거꾸로 다른 왕자들을 제거하려고 했다는 비난을 받게 된 것이다.

전제론(剪除論)의 진실은 충녕대군에 대한 민무구의 견제에 지나지 않는다. 그러나 태종은 원경왕후 민씨와의 불화로 민무구 형제를 처벌하기로 결심하고 있었다. 처가 예쁘면 처갓집 말뚝 보고도 절을 한다는 속담이 있지만 이 경우는 정반대다. 처가 미워서 처남들을 제거하게 된 것이다. 태종이 민무구와 대화를 한 것을 이화가 어찌 알았으며 왜 이제야 문제가 되었는지 알 수 없다. 그러나 이들의 주장대로라면 민무구가 양녕대군 외의 다른 왕자들을 제거하려고 했으니 대역죄인에 해당된다.

"듣건대 민무구 등이 주상께 아뢰기를, '세자 이외에는 왕자 가운데 영기(英氣)가 있는 자는 없어도 좋습니다' 하였다 하니, 금장의

마음을 품은 것이 명백합니다."

영기가 있는 자는 충녕대군 세종을 말한다. 전제론에 대한 태종과 충녕대군 일파의 반격이다. 이화는 이성계의 이복동생으로 영의정부사에 임명되자 민무구 형제들에게 결정적으로 불리한 상소를 올린 것이다.

"또 일찍이 전하의 곁에 있을 때, 감히 취산군 신극례를 부추겨서 친남(親男)의 먹장난[墨戱]한 종이를 취하여 찢게 하고, 또 말하기를, '제왕의 아들이 영기 있는 자가 많으면 난을 일으킨다'고 하였으니, 또한 종지(宗支)를 삭제하고자 한 것입니다."

종지를 삭제한다는 것은 세자 이외의 왕자들을 제거한다는 뜻이다. 실록은 영기가 있는 자를 강조함으로서 양녕대군파와 충녕대군파의 대립이라는 것을 암시하고 있다. 이는 실록을 기록하는 사관들의 독특한 필법이다. 노골적으로 드러내놓지 않지만 사실을 기록하기 위해 한 줄, 혹은 두 줄로 진실을 기록한다. 대신들이 영기가 있는 자라고 세종을 간접적으로 거론한 것은 이때 이미 양녕대군 대신 세종을 책봉하려는 태종의 뜻을 간파하고 있었기 때문이었다. 민무구 등은 이러한 움직임을 알고 있었기 때문에 왕자들을 견제하려고 한 것이다.

민무구 등의 전제론이 사실이라면 세종의 목숨은 풍전등화에 놓여 있었던 셈이다.

태종은 상식을 갖고 있는 인물이다. 민씨와 민씨의 형제들이 군주에게 반발하고 불충한 언사를 쏟아 놓아도 장인 민제가 살아 있을 때는 귀양을 보내는 것으로 인내했다. 그러나 민제가 사망하자 태종의 분노는 마침내 폭발하여 민무구와 민무질 형제를 자진하게 만들었다.

> 세자 이제, 효령대군 이보, 충녕대군 이도, 작은 아들 종(種)을 불러 형제간에 화목하게 지내라고 타이른 뒤에, 말을 마치자 마침내 눈물을 주르르 흘렸다. 대개 민씨가 일찍이 전제할 뜻을 가졌던 데에 마음이 상하였던 까닭이다. 황희에게 이르기를,
> "너는 구신(舊臣)이므로 나의 뜻을 미루어 알 것이다."
> 하니, 세자 이하가 모두 눈물을 흘렸다. 황희가 물러가자 임금이 세자로 하여금 전문(殿門)까지 전송하도록 하였다.

태종은 민무구 형제를 제거했으나 마음이 편치 않았다. 양녕대군을 폐위시킨다고 해도 죽이고 싶지 않았다. 양녕대군도 친아들이다. 친아들을 죽이고 싶은 부모는 없을 것이다. 그는 양녕대군을 잘못 폐위시키려고 하다가 죽음으로 몰아넣을까 하고 걱정이 되었다. 충녕대군이 세자에 오르게 되면 양녕과 효령, 두 형들을 견제하게 된다. 충녕대군을 받드는 대신들이 양녕대군과 효령대군을 죽음으로 몰고 갈 가능성도 있다. 태종은 그 까닭에 네 아들을 불러놓고 우애 있게 지내라고 하면서 눈물을 흘리고 있는 것이다. 이는 네 형제들에게 이르는 말이기도 하지만 대신들에게 하는 말이기도 하다.

조선 절세의 미인, 어리(於里) | 양녕의 파행

　태종은 몇 차례의 전위 파동을 일으키는가 하면 아들들을 불러 놓고 우애 있게 지내라고 타이르는 식의 눈물 파동을 몇 번 더 일으 킨다. 자신을 폐위시키려는 음모에 반발하여 양녕대군은 방탕한 생활을 하기 시작했다. 학문을 하지 않고 악공들과 어울리며 기생들과 놀고 한양의 미인인 어리(於里)를 강제로 취하여 장안을 떠들썩하게 했다. 충녕대군은 형인 양녕대군이 방탕한 생활을 하는 동안 학문에 더욱 매진하여 태종의 총애를 얻었다. 세자가 되기 위해 학문에 열중 하는 흉내를 낸 것은 효령대군이 아니라 충녕대군이었다. 형인 양녕 대군이 어리를 끼고 방탕한 생활을 하는 것을 태종에게 알린 것도 충 녕대군이었다.

　양녕대군은 수하에 악공과 같은 여러 종들을 거느리고 있었다. 하루는 악공 이오방(李五方)이 몰래 동궁에 들어와 전 중추 곽선(郭 璇)의 첩 어리의 자색과 재예가 모두 출중하다고 칭찬했다.

　"어리가 그토록 미인이란 말이냐?"

　양녕대군이 귀가 솔깃하여 이오방에게 물었다.

　"장안의 한량들이 몸살을 앓고 있습니다."

"그렇다면 네가 데리고 오라."

양녕대군이 즉시 이오방에게 지시했다. 이오방은 홍만(洪萬)과 함께 곽선의 생질녀의 남편 권보(權堡)에게 달려갔다.

"곽선은 나와 인친(姻親)의 은혜가 있어 속일 수 없다. 그러나 세자 저하의 명이니 감히 따르지 않을 수 있겠는가?"

권보는 자신의 첩 계지(桂枝)를 시켜 어리에게 양녕대군이 부른다고 전했다. 그러나 어리는 이미 혼인을 한 몸이라고 양녕대군의 부름에 응하지 않았다.

"여자는 화려한 것을 좋아하니 선물을 보내는 것이 좋습니다."

이법화가 양녕대군을 충동질 했다. 양녕대군이 즉시 어린 내시를 시켜 예쁘게 수를 놓은 수낭(繡囊)을 어리에게 보냈다.

"세자 저하께서 어찌 이런 것을 저에게 보내는 것입니까? 감히 받을 수가 없습니다."

어리는 당황하여 받지 않으려고 했다.

"세자 저하께서 너를 사랑하시기 때문에 하사하신 것이다."

어린 내시가 비단주머니를 억지로 두고 돌아갔다. 어리는 양녕대군이 비단주머니를 보낸 일을 곽선의 양자 이승(李昇)에게 알렸다. 이승은 어리의 말을 듣고 어찌할 수가 없었다. 일반 사대부가 어리에게 추파를 던졌다면 관청에 고발하여 벌을 받게 할 수 있었으나 상대는 일인지하만인지상의 세자였다.

"어리가 오지 않는 이유가 무엇이냐?"

양녕대군이 이법화에게 물었다.

"어리는 곽선의 첩입니다. 어찌 스스로 올 수 있겠습니까?"

　　이법화가 양녕대군에게 대궐 밖으로 나가 어리를 데리고 오라고 말했다. 양녕대군이 어린 내시를 거느리고 대궐 담을 넘어 도보로 이오방의 집에 가서 그와 함께 이승의 집으로 갔다. 이승의 집에서는 세자인 양녕대군이 오자 가솔들이 대문 앞에 나와 일제히 엎드렸다.
　"어리를 나오라고 하라."
　양녕대군이 이승에게 영을 내렸다.
　"황송하오나 어리는 소인의 서모입니다. 어찌 함부로 외간 남자를 만날 수 있겠습니까?"
　이승이 납작 엎드려 거부했다.
　"네가 감히 나의 영을 거역하느냐? 빨리 어리를 내라!"
　양녕대군이 눈을 부라리면서 이승을 위협했다. 이승이 마지못해 안에 연통을 하여 어리를 나오게 했다. 양녕대군은 어리를 강제로 이법화의 집으로 끌고 가서 동침했다. 어리는 과연 장안의 한량들이 몸살을 앓을 정도로 미인이었다. 양녕대군은 하룻밤의 동침으로 만족하지 않고 어리를 대궐로 데리고 들어갔다. 어리는 뛰어난 미모 때문에 양녕대군의 여자가 되었다.

> 　어리의 아름다움을 들은 적이 오래였으나 그가 성 밖에 있기 때문에 어찌할 수 없었다. 그 뒤 서울에 들어왔다는 소문을 듣고 친히 그 집에 가서 나오라고 했으나 그 집에서 숨기고 내보내지 않으므로 내가 강요했더니, 어리가 마지못해 나왔다. 어리는 머리에 녹두분이 묻고 세수도 하지 않았으나 한눈에 미인이라는 사실을 알 수 있었다. 나는 그 집 사람더러 말을 대령하여 태우라고 했으나 그 집 사람이 좋아하

지 않는 태도였다. 그래서 나는 말하기를, '그렇다면 내가 탄 말에 태우고 나는 걸어가겠다'고 했더니, 그 집 사람이 마지못해 말을 대령했다. 그래서 나는 어리의 옷소매를 끌어 말을 타게 하니 어리는 말하기를, '비록 나를 붙들어 올리지 않더라도 탈 작정이다' 하고 곧 말을 탔다. 그때 온 마을 사람들이 삼대〔麻〕같이 모여 구경했다. 그날 밤에 광통교(廣通橋) 가에 있는 오두막집에 와서 자고 이튿날에 어리는 머리를 감고 연지와 분을 바르고 저물녘에 말을 타고 내 뒤를 따라 함께 궁으로 들어오는데 어렴풋이 비치는 불빛 아래 그 얼굴을 바라보니 잊으려도 잊을 수 없이 아름다웠다.

훗날 양녕대군이 충녕대군에게 고백한 말이다.

양녕대군은 이승에게 활을 보내고 어리는 이승의 처에게 비단을 보냈다. 이승은 활만 받고 비단은 받지 않았다. 이승은 양녕대군이 어리를 납치한 일을 태종에게 고하려고 했다.

"네가 내가 한 일을 감히 사헌부나 형조에 고하려 하는가? 이 일을 어디에 고할 것이냐? 네가 그러고도 무사할 줄 아느냐?"

이승이 태종에게 알리려고 하자 양녕대군이 협박을 했다. 이승은 양녕대군의 협박을 받자 태종에게 고하는 것을 포기했다. 그러나 양녕대군이 어리를 납치한 일은 양녕대군의 장인 김한로의 종을 통해 태종에게 알려졌다.

"세자가 유부녀를 납치하여 음행을 저질렀는데 너는 어찌하여 나에게 고하지 않았느냐?"

태종이 대노하여 이승을 잡아들여 질책했다.

"작년 섣달에 신이 가족을 거느리고 곽선이 사는 적성현에서 서울로 돌아올 때 어리가 서울에 사는 족친(族親)을 보고 싶다고 곽선에게 말하였습니다. 곽선이 이를 허락하여 어리가 신과 함께 서울에 왔었습니다. 며칠이 지났을 때 어리가 신에게 근자에 기이한 일이 있다며 말하기를, '계지가 처음에는, 효령 대군이 너를 보고자 한다고 말하더니, 나중에는 세자가 너를 보고자 한다고 말하기에 나는 본래 병이 있고 얼굴도 예쁘지 않은데다 더욱이 지금은 남편이 있는데 그것이 무슨 말인가?라고 하였다' 하였으므로, 신이 놀라서 여종을 시켜 권보의 집으로 가서 계지가 중매한 일을 말하게 하였더니, 권보가 대답하기를, '근일에 나갔다가 돌아오지 않아 아직 그 행방을 모르겠다' 고 하였습니다. 날이 저물어 문을 두드리는 사람이 있기에 종을 불러 내다보게 하였더니, 바로 환관 김기였습니다. 김기가 말하기를, '세자께서도 오셨다' 하기에, 신이 이를 듣고 황급하게 의관을 차리고 나가 뵙고 엎드렸더니, 세자께서 말씀하기를, '빨리 어리를 내라' 하시므로, 제가 부득이 그 말을 좇았습니다만, 세자께서 데리고 가신 그 뒤로는 신도 그가 간 곳을 알지 못하고 있습니다."

이승이 벌벌 떨면서 대답했다.

"이 같은 큰일을 어째서 나에게 보고하지 않았느냐? 네가 죽고자 하느냐?"

태종이 눈을 부릅뜨고 이승을 노려보았다.

"처음에 고(告)하고자 하였으나 권보가 와서 말리면서 말하기를, '네가 계달(啓達)하는 것은 속담에 이른바, 누이 주고 형께 호소한다는 것과 같은 것이다' 하기에, 신이 어찌할 바를 알지 못하여 즉시 계달하지 않았습니다."

이승이 사색이 되어 태종에게 아뢰었다.

"비루한 놈이다!"

태종이 조말생에게 영을 내려 이승은 채찍으로 백 대를 때리게 하고 그 직첩(職牒)을 거두게 하였다. 또 권보를 소환하여 추궁했으나 숨기고 자복하지 않아 의금부에 하옥하고 엄중하게 조사하게 했다.

"이는 세자로 하여금 불의에 빠지게 한 것이니, 반역과 무엇이 다르겠습니까? 또 전하께서 세자가 착한 일을 하도록 하신 뜻을 생각하지 아니하고 세자의 일시적 쾌락만을 얻게 하려고 했으니 그들이 주상께 불충한 것입니다. 율을 따라 시행함으로써 뒤에 오는 사람을 경계하소서. 세자의 전후좌우가 모두 정직한 사람이라면 세자께서 족히 개과천선할 것입니다."

대신들이 일제히 아뢰었다. 태종은 양녕대군을 질책하고 관련자들을 엄중히 처벌하라고 지시했다.

전제론과 택현론 | 폐세자 양녕대군

　어리의 문제는 어리를 추방하고 악공 이오공과 이법화 등을 사형에 처하는 것으로 매듭지어지는 듯했다. 그러나 양녕대군은 장안 제일의 미인인 어리를 잊지 못했다. 양녕대군은 어리를 그리워하면서 침식을 잊었다. 이에 보다 못한 세자빈 김씨가 어리를 친정의 여종으로 위장하여 대궐로 불러들였다. 양녕대군은 어리와 다시 뜨거운 사랑을 나누고 잉태까지 하여 아들을 낳게 되었다. 어리가 아이를 낳자 태종은 경악했다. 양녕대군의 장인 김한로를 비롯하여 관련자들을 줄줄이 잡아들여 국문을 했다. 태종은 양녕대군을 폐세자 시키는 것을 기정사실화시키고 세자빈을 비롯하여 세자의 첩들을 동궁에서 축출했다. 자신이 폐세자 될 것을 뻔히 알고 있던 양녕대군은 내시를 시켜 태종에게 수서(手書 : 손수 쓴 글)를 올려 항의했다.

　"전하의 시녀는 다 궁중에 들이면서 신의 여러 첩을 내보내 곡성이 사방에 이르고 원망이 나라 안에 가득 찹니다. 선(善)함을 책(責)한다면 이별해야 하고, 이별한다면 상스럽지 못함이 너무나 클 것인데, 신은 이와 같은 일이 없었던 까닭으로 악기의 줄을 끊어 버리는 행동을 차마 할 수가 없었습니다. 신은 장래의 계책을 세워놓고 오로지 정(情)에 맡겨서 지금에 이르렀습니다."

양녕대군은 정 때문에 어리를 받아들였다고 고백하면서 정치와 여자의 문제는 별개라고 주장했다.

"한고조가 산동에 거(居)할 때에 재물을 탐내고 색을 좋아하였으나 마침내 천하를 평정하였고, 진왕(晉王) 광(廣)이 비록 어질다고 칭송을 얻었으나 그가 즉위하자 몸이 위태롭고 나라가 망하였습니다. 전하는 어찌 신이 효도하리라는 것을 알지 못하십니까? 첩 하나를 금하다가 잃는 것이 많을 것이요, 얻는 것이 적을 것입니다. 어찌하여 잃는 것이 많다고 하느냐 하면 능히 천만세(千萬世) 자손의 첩을 금지할 수 없으니 이것이 잃는 것이 많다는 것이요, 첩 하나를 내보내는 것이 얻는 것이 적다는 것입니다."

양녕대군은 첩을 내보내는 것이 잃는 것이 많을 것이라고 태종에게 항의했다. 양녕대군의 수서는 태종을 분노하게 만들었다. 그의 편지는 조금도 겸손한 기색이 없이 오만하기 짝이 없었다. 양녕대군의 항의는 계속된다.

"왕자(王者)는 사사로움이 없어야 하는데, 신효창은 태조를 불의에 빠뜨렸으니 죄가 무거운데 이를 용서하였고 김한로는 오로지 신의 마음을 기쁘게 하였을 뿐인데 포의지교(布衣之交)를 잊고 이를 버려서 폭로하시니 공신이 위험해질 것입니다. 숙빈(淑嬪:세자빈)이 아이를 가졌는데 일체 죽(粥)도 마시지 아니하니, 하루아침에 변고라도 생긴다면 보통 일이 아닙니다. 신은 이제부터 실오라기라도 임금의 마음을 움직이지 아니할 것입니다."

양녕대군은 죽음을 각오한 듯이 태종에게 격렬하게 반발했다. 김

한로가 태종의 벗인데 버렸다고 비난했고 세자빈이 죽도 먹지 못한다고 태종을 원망했다. 이제부터 실오라기도 임금의 마음을 움직이지 않겠다는 것은 폐세자를 시키고 죽여 달라는 말이나 다를 바 없었다. 태종은 양녕대군이 올린 편지를 보고 치를 떨었다.

"이 말은 모두 나를 욕하는 것이다. 이른바 '아버지가 올바르게 하지 못한다' 는 말인데 내가 만약 부끄러움을 안다면 어찌 감히 이 글을 너희들에게 보이겠느냐? 모두 망령된 말뿐이니 그래도 내가 변명하고자 한다."

태종이 변계량에게 답서를 지으라는 영을 내렸다.

"이 일은 모두 망령된 것인데 어찌 족히 답하여 줄 것이 있겠습니까? 다만 대신으로 하여금 의(義)를 들어 꾸짖는 것이 마땅합니다."

변계량이 놀라서 아뢰었다. 변계량이 세자의 편지를 망령된 말이라고 한 것은 이미 폐세자가 결정되었기 때문이다. 태종은 박지생을 통해 양녕대군을 꾸짖었다.

"일전에 내가 너에게 김한로가 여자를 바친 일을 고하고, 또 말하기를, '이 말이 만약 밖으로 새어 나간다면 국가에서 반드시 이를 죽이고자 할 것이다' 하였고, 김한로도 또한 말하기를, '신의 죄는 열 번 죽어야 한다' 하였는데, 너는 어찌하여 김한로가 죄가 없다고 생각하느냐? 신효창이 왕명을 받고 태조를 수종하였던 까닭에 유사(有司)가 비록 청하더라도 내 마음에는 미편(未便)하다고 생각하여 윤허하지 않았다. 그런데 너는 어찌하여 신효창의 죄가 무겁다고 생각하느냐? 숙빈이 아이를 가졌기 때문에 죄인의 딸이라고 혐의하지 아니하고 대궐로 돌아오게 하였다. 네가 그렇게 말하니 비록 죽더라도 내가 어찌 아까워하겠느냐? 너의 사부(師傅), 빈객(賓客)이 김한로와 절연하여 어버이로 삼지 않기를 청하였기 때문에 나주로 부처(付處)하였다. 만약 다시 청하는 일이 있으면 반드시 그의 죽음을 보게 될 것이다."

태종은 엄격하게 양녕대군을 꾸짖은 뒤에 영의정 유정현, 좌의정 박은 등에게 세자의 수서를 보여주고 말했다.

"세자가 여러 날 동안 불효하였으나 집안의 부끄러움을 바깥에 드러낼 수가 없어서 나는 항상 그 잘못을 덮어 두고자 하였다. 다만 직접 그 잘못을 말하여 뉘우치고 깨닫기를 바랐는데, 이제 도리어 원망하는 마음을 가지고 이와 같은 지경에 이르렀다. 내가 어찌 감히 숨기겠는가?"

영의정 유정현, 좌의정 박은이 일제히 세자를 폐할 것을 아뢰었다. 결국 태종은 세자 이제를 폐하였다.

"세자의 행동이 지극히 무도하여 종사를 이어 받을 수 없다고 대소 신료가 청하였기 때문에 이미 폐하였다. 제는 두 아들이 있는데, 장자는 나이가 다섯 살이고 차자는 나이가 세 살이니, 나는 제의 아들로써 대신 시키고자 한다. 장자가 유고하면 그 동생을 세워 후사로 삼을 것이니, 왕세손이라 칭할는지, 왕태손이라 칭할는지를 의논해서 아뢰어라."

태종이 대신들에게 영을 내렸다. 태종은 양녕대군 이제를 비록 세자에서 폐하였지만 그의 아들로 세손을 삼으려고 했다.

"신은 배우지 못하여 고사를 알지 못합니다. 그러나 일에는 권도

(權道)와 상경(常經)이 있으니 어진 사람을 고르는 것이 마땅합니다."

영의정 유정현이 아뢰었다. 유정현의 말은 택현론(擇賢論)으로 폐세자의 장자로 세손을 책봉하는 것보다 어질고 현명한 사람을 세우라는 것이었다. 세자 책봉은 임금의 고유 권한이다. 그러나 유정현은 택현론을 내세워 양녕대군의 아들을 세손으로 세우는 것을 반대했다. 이는 사실상 목숨을 걸어야 하는 일이었다. 양녕대군의 아들이 세손이 되었다가 보위에 오르면 세손이 되는 것을 반대했던 사람들은 대역죄인이 되기 때문이다.

"아비를 폐하고 아들을 세우는 것이 고제(古制)에 있다면 가합니다만 없다면 어진 사람을 골라야 합니다."

좌의정 박은도 아뢰었다.

"어진 사람을 고르소서."

조연, 김구덕, 심온, 김점, 유은지, 이춘생, 최운, 문계종, 이배, 윤유충, 이적, 이원항, 이발, 정상, 허규 등 15인이 아뢰었다. 유정현과 박은 외에도 택현론을 밀어붙인 이들 15명이 사실상 충녕대군의 파벌이었다. 이숙번과 이애(李藹), 성달생(戌達生), 이굉(李宏)은 오래전부터 스스로 충녕대군을 따랐다. 이들이 충녕대군을 따른 것은 그가 학구적이고 온화한 성품이기 때문이었다. 반면에 양녕대군은 다분히 무인 기질이 있어서 충동적이고 호방했다. 세자인 양녕대군을 지지했던 인물들은 민무구 형제가 된서리를 맞아 끝내 자진하게 되면서 입을 다물었다. 유정현이 택현론을 주장하면서 대권의 향방이 충녕대군에게 기운 것이다.

"형을 폐하고 아우를 세우는 것은 화란(禍亂)의 근본이 됩니다."

왕비 민씨가 울면서 반대했다. 민씨의 말에 태종은 마음이 흔들렸다. 그러나 원경왕후 민씨와는 사이가 벌어질 대로 벌어져 대세에 영향을 미치지 못했다.

"금일의 일은 어진 사람을 고르는 것이 마땅하다."

태종은 신하들에게 세자를 천거하라는 영을 내렸다. 그러나 신하들은 오직 임금만이 결정할 수 있다고 말했다. 물론 아무 세력도 없는 효령대군을 세자로 책봉할 까닭이 없었기 때문이었다.

"옛사람이 말하기를, '나라에 훌륭한 임금이 있으면 사직의 복이 된다'고 하였다. 효령대군은 자질이 미약하고, 또 성질이 심히 곧아서 조목조목 따지는 것이 없다. 내 말을 들으면 그저 빙긋이 웃기만 할 뿐이므로, 나와 중궁은 효령이 항상 웃는 것만을 보았다. 충녕대군은 천성이 총명하고 민첩하고 자못 학문을 좋아하여, 비록 몹시 추운 때나 몹시 더운 때가 와도 밤이 새도록 글을 읽으므로, 나는 그가 병이 날까봐 두려워하여 항상 밤에 글 읽는 것을 금지하였다. 그러나 나의 큰 책은 모두 청하여 가져갔다. 만약 중국의 사신을 접대할 적이면 신채(身彩)와 언어 동작이 두루 예(禮)에 부합하였고, 술을 마시는 것이 비록 무익하나, 중국의 사신을 대하여 주인으로서 한 모금도 능히 마실 수 없다면 어찌 손님을 권하여서 그 마음을 즐겁게 할 수 있겠느냐? 충녕은 비록 술을 잘 마시지 못하나 적당히 마시고 그친다. 또 그 아들 가운데 장대한 놈이 있다. 효령대군은 한 모금도 마시지 못하니 이것도 또한 불가하다. 충녕대군이 대위(大位)를 맡을 만하니 나는 충녕으로써 세자를 정하겠다."

　태종이 결정을 내렸다. 효령대군은 착하기만 하고 술도 마실 줄 모르는 것이 세자가 될 수 없는 이유 중의 하나였다. 충녕대군은 자신을 드러내기를 좋아했다. 책을 읽는 모습을 아버지인 태종에게 보이기 위해 태종의 책을 빌어다가 읽어 자연스럽게 관심을 끌었다. 태종이 충녕대군에게 장대한 아들이 있다고 말한 것은 충녕대군의 장자, 훗날의 문종을 말하는 것이었다. 세종도 기골이 장대했으니 문종도 어릴 때 장대한 몸을 갖고 있었다.

　"신등이 이른바 어진 사람을 고르자는 것도 또한 충녕대군을 가리킨 것입니다."

　태종이 충녕대군을 지목하자 유정현 등이 기다렸다는 듯이 일제히 아뢰었다.

　"중궁이 성녕대군(誠寧大君 : 태종의 넷째 아들)이 졸(卒)하면서부터 하루도 눈물을 흘리지 않는 날이 없는데, 제(禔)를 가까운 고을에 두기를 청하여 소식이라도 자주 듣기를 바라고, 또 물이 깊어서 떠나보내기가 어려우니 그를 사저로 보내 물이 줄어들 때를 기다려서 곧 보내라."

　태종은 양녕대군 이제를 세자에서 폐했으나 죽이거나 먼 곳으로 유배 보내고 싶지 않았다.

　"경도(京都)에 머물러 둘 수는 없습니다."

　유정현 등은 양녕대군이 도성에 있으면 어떤 일이 벌어질지 알 수 없었기 때문에 반대했다. 태종은 양녕대군 이제를 광주(廣州)에 유배 보내 안치하게 했다.

　양녕대군은 광주에 안치되어 감시를 받으면서 지냈다. 어리는 그의 첩이 되어 광주로 따라갔다. 그러나 장안의 절세 미인 어리는 양녕대군이 어느 날 밤 행방불명이 되자 양녕대군의 유모와 여종들이 어리 탓이라고 핍박하는 것을 견디지 못하고 스스로 목을 매어 자진했다. 장안의 한량들이 몸살을 앓았던 미인 어리, 그로 인해 세자 자리까지 쫓겨나야 했던 양녕대군으로서는 통곡을 할 일이었다.

백성은 나의 스승이다

세종, 보위에 오르다 **태종의 양위**

장인의 비극을 목도하다 **심온의 옥사**

세종의 시대가 열리다 **상왕정치의 종막**

대마도를 정벌하라 **태종과 이종무**

世宗 ③

태종은 양녕대군 이제를 폐세자로 만들어 경기도 광주로 쫓아 보냈으나 마음이 좋지 않았다. 원경왕후 민씨는 양녕대군을 생각하면서 매일 같이 울었다. 태종은 갑자기 심중에 변화를 일으켜 태종 18년 6월 3일 충녕대군을 세자로 책봉한 뒤에 불과 두 달 만인 8월 8일 돌연 세자인 충녕대군에게 양위했다.

> 내가 재위한 지 지금 이미 18년이다. 비록 덕망은 없으나 불의한 일을 행하지는 않았는데, 능히 위로 천의에 보답하지 못하여 여러 번 수재(水災)와 한재(旱災)의 재앙에 이르고, 또 묵은 병이 있어 근래 더욱 심하니, 이에 세자에게 전위하려고 한다.

실록에 있는 기록은 덕이 부족하고 병이 심해 양위를 하겠다는 것이다. 태종의 심경이야 어찌되었든 대신들은 태종이 또 전위 파동을 벌이는 것이 아닌가하고 바짝 긴장했다. 임금이 양위를 하겠다고 하면 대신들은 백관들을 이끌고 만류해야 하고 세자도 사양해야 한다. 대신들은 태종의 전위 선언이 몰고 올 정치적 파동에 전전긍긍했다. 그가 전위 선언을 할 때마다 정국은 소용돌이 치고 피바람이 불었다. 충녕대군은 세자가 된 지 불과 2개월 만에 벌어진 전위 선언에 경악했다.

※ 세종대왕의 옥새(玉璽)
 국사에 사용되는 관인. 임금이나 임금이 지정하는 관원이 나라의 중요한 문서에 국가의 표상으로 사용하는 것이다.

세종, 보위에 오르다 | 태종의 양위

　태종의 양위 선언은 전과 달리 오랜 생각 뒤에 나온 것이었다. 그는 대신들이 만류할 것을 걱정하여 미리 못을 박았다.
　"아비가 아들에게 전위하는 것은 천하 고금의 떳떳한 일이요, 신하들이 의논하여 간쟁할 수가 없는 것이다. 임신년(壬申年 : 제1차 왕자의 난), 무인년(戊寅年 : 방간의 난)의 일은 모두 경들이 아는 바이다. 무인년의 일은 죽음을 면하고 살려고 한 일이다. 이제 돌이켜 생각하면 그 사직을 정하는 것이 어찌 사람의 힘으로 되겠는가? 하늘이 실로 정한 것이다. 나의 상(像)과 모양은 임금의 상이 아니다. 위의와 동정이 모두 임금에 적합하지 않다. 나는 나라를 누린 지 오래다. 그간에 태조가 매우 귀여워하던 두 아들을 잃고 상심하던 것을 생각하면 비록 내 몸이 영화로운 나라의 임금이 되었지만 어버이를 뵙지 못하고, 혹은 백관들을 거느리고 전(殿)에 갔다가 들어가 뵙지 못하고 돌아올 때에는 왕위를 헌신짝 버리듯 버리고 효를 다하고 싶었다."
　태종의 양위 선언은 처음이 아니었다. 첫 번째 양위 선언은 민무구와 민무질의 옥사를 불러왔다. 대신들은 불과 12년 전에 일어난 그때의 일을 너무나 잘 알고 있었다. 게다가 태종이 몸을 움직일 수

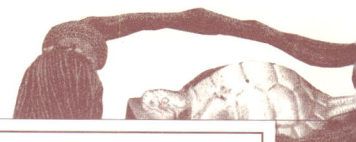

없도록 노쇠한 것도 아니었고 병이 심했던 것도 아니었다.

"전위는 옳지 않습니다. 명을 거두어 주십시오."

이명덕(李明德)을 비롯하여 대언(代言 : 승지)들이 일제히 아뢰었다.

"18년 동안 호랑이 등을 탔으니 충분하다. 조정에 알리라."

태종의 영은 전에 없이 단호했다. 임금의 자리에 있는 것이 호랑이 등을 탄 것 같다고 말했다. 이명덕 등이 눈물을 흘리면서 나가서 의정부와 육조에 알렸다. 조정의 백관들은 태종의 느닷없는 선언에 대경실색했다. 전위의 진실이야 어떻든, 태종이 전위를 내세워 어떤 정치적인 쇼를 하든지 일단 부리나케 대궐로 달려가 엎드려 만류해야 했다.

"성상께서 춘추가 노모(老耄)함에 이르지 않고, 병환도 정사를 폐지할 정도에 이르지 않았습니다. 더구나 내선은 나라의 큰일이니 마땅히 인심을 순(順)하게 하여야 하며 억지로 간쟁하지 못하게 하는 것도 옳지 않습니다. 전하가 나라를 다스린 이래로 백성이 평안하고 물자가 풍부하고 해구(海寇)가 복종하여 오늘과 같이 태평한 적이 없었습니다. 혹은 수재와 한재가 있더라도 어찌 전하의 덕이 천심을 누리지 못하여 그러한 것이겠습니까? 수재와 한재는 요임금과 탕(湯)임금도 면치 못한 일이었습니다."

영의정 한상경(韓尙敬), 좌의정 박은(朴訔), 우의정 이원(李原) 등과 육조 판서, 육조 참판이 대궐 뜰에 엎드려 아뢰었다.

"아비가 아들에게 전(傳)하는 것이니 신하들이 간쟁할 수가 없는 것이다. 신하의 간쟁하는 법이 어느 경전에 실려 있는가? 나의 뜻이 이미 결정된 지 오래니 고칠 수가 없다. 다시 이를 말하지 말라."

태종은 문무백관이 아뢰는 말도 아랑곳하지 않았다. 대신들은 태종의 의도를 파악하려고 애를 썼으나 전위의 진정한 뜻을 파악할 수 없었다. 태종은 정오가 되자 의관을 정제하고 지팡이를 짚고 보평전으로 이어했다.

"속히 옥새를 바치라."

태종이 승전내시 최한(崔閑)을 통해 승정원에 지시했다. 대언 등이 소리 내어 울면서 보평전 문 밖에 이르렀으나 태종이 문을 닫고 들이지 않았다. 태종은 세자 충녕대군을 부르는 한편 대보(大寶)를 속히 바치라고 벼락을 치듯이 독촉했다. 영돈녕 유정현과 정부, 육조, 공신, 삼군 총제, 육대언 등이 문을 밀치고 들어가 보평전 문밖에 이르러 하늘을 우러러 통곡하면서 전위를 거두어 달라고 청했다. 전위를 하겠다는 사람도 적극적이었으나 말리는 사람도 필사적이었다.

"임금의 명이 있는데 신하가 듣지 않는 것이 의리인가?"

태종이 노하여 언성을 높이자 이명덕이 마지못하여 대보를 바쳤다. 충녕대군이 허둥지둥 달려와서 서쪽 지게문으로 들어갔다.

"얘야! 이제 대보를 줄 것이니 이를 받아라."

태종은 충녕대군을 보자 자애롭게 말했다. 서릿발이 내릴 듯이 대신들에게 호통을 치던 모습과는 판이하게 달랐다. 충녕대군은 자신을 부른 이유가 전위를 하기 위해서라는 것을 알자 깜짝 놀라서 무릎을 꿇었다.

"아바마마, 어찌 이런 영을 내리십니까? 소자는 받들 수가 없습니다."

충녕대군이 눈물을 흘리면서 아뢰었다. 양위를 하겠다고 할 때

감사합니다, 하고 넙죽 받으면 대역죄인이 된다. 조선왕조에 있어서 자발적인 양위 선언은 태종이 처음이었고 대부분이 정치적인 쇼에 지나지 않았다. 많은 임금들이 양위 파동을 일으키면서 대신들의 충성심을 파악하고는 했다. 태종의 양위 선언으로 조정은 발칵 뒤집혔다. 태종이 충녕대군의 소매를 잡아 일으켜서 대보를 주고 안으로 들어갔다. 충녕대군이 몸 둘 바를 몰라 하다가 대보를 안(案: 책상)에 놓고 따라 들어가 거듭 사양했다. 대신들도 통곡하면서 국새를 되돌려 받도록 청했다.

"내가 이미 국왕과 서로 대(對)하여 앉았으니, 경들은 다시 청하지 말라."

태종은 충녕대군에게 명하여 대보를 받들고 대궐에 머물게 했다. 임금이 거처하는 궁전을 충녕대군에게 내준 것이다. 대신들은 더욱 당황하여 사색이 되었다. 태종은 이에 그치지 않고 서문으로 나가서 연화방(蓮花坊)의 옛 세자전으로 이어했다. 자신은 왕이 아니니 궁전에 머물지 않겠다는 의사 표시였다. 백관들이 세자전의 뜰로 몰려와 통곡하면서 복위를 청했다. 충녕대군도 대보를 받들고 전에 나아가 대보를 바치며 사양했다.

"나의 뜻을 유시한 것이 이미 두세 번이나 되는데 어찌 나에게 효도할 것을 생각하지 않고 이같이 어지럽게 구느냐? 내가 만일 신료들의 청을 들어 복위하려 한다면 나는 장차 그 죽음을 얻지도 못할 것이다."

태종은 충녕대군과 대신들에게 전위가 진심이라는 사실을 알리기 위해 북두성을 가리키고 스스로 맹세했다.

"내가 이러한 거조를 천지신명과 종묘에 맹세하여 고하였으니, 어찌 감히 변하겠느냐?"

세자는 황공하고 두려워하여 이명덕을 돌아보았다.

"어찌할까?"

"성상께서 뜻을 이미 정하였으니 효도를 다하심이 마땅합니다."

이명덕이 곤혹스러운 표정으로 아뢰었다. 세자가 이명덕으로 하여금 대보를 받들고 나가서 경복궁에 돌아가게 하고, 대언 김효손(金孝孫)으로 하여금 대보를 지키게 했다.

"제신(諸臣)이 젊어서 땅에 앉는 것에 익숙하지 않았는데, 이제 종일 비습한 땅에 앉아 있으니 병을 얻지 않겠는가? 내가 심히 가슴이 아프니 어찌 곧 이와 같이 강제로 청하는가? 만약 내일 또 오면 나도 또한 내 몸을 아끼지 않고 땅에 대좌하겠다."

태종은 대신들이 대궐 뜰에 엎드려 전위를 거둘 것을 청하자 자신도 땅바닥에 꿇어앉겠다면서 위협했다. 대신들은 날이 저물자 곧 물러갔다. 태종의 양위 선언으로 대신들은 쩔쩔맸다. 태종의 진심을 알 수 없어서 정국은 한 치 앞을 내다볼 수 없는 상황이 전개되고 있었다.

이튿날 태종이 최한을 보내 승여(乘輿)와 의장(儀仗)을 보내고, 또 궐내를 시위하던 사금(司禁), 운검(雲劍), 비신(備身), 홀배(笏陪)를 보내어 세자 충녕대군을 맞이하여 오게 했다. 임금의 상징을 모두 충녕대군에게 내준 것이었다. 충녕대군은 이를 사양한 뒤에 오장(烏杖)과 청양산(靑陽傘)으로 전(殿)에 나아갔다.

"명을 따르지 않으려거든 오지 말라."

태종이 내관을 시켜 이를 살핀 뒤에 노하여 영을 내렸다. 충녕대군이 마지못해 주장(朱杖)과 홍양산(紅陽傘)으로 앞을 인도하게 하여 왔다. 오장과 청양산은 세자의 상징이고 주장과 홍양산은 임금의 상징이다. 태종이 그때서야 만족하여 충녕대군을 불러들이자 충녕대군이 친히 소매에서 사양하는 글을 꺼내 바쳤다.

"신이 성품과 자질이 어리석고 노둔하며 학문이 이루어지지 못하여 위정(爲政)하는 방도를 몽연히 깨닫지 못하고, 세자의 지위에 외람되이 거(居)하니, 이른 아침부터 밤늦게까지 걱정하고 근심하여 오히려 그 자리에 합당하지 못할까 두려운데, 어찌 오늘이 있으리라 헤아렸겠습니까? 이에 왕위를 부탁하여 내려 주시는 어명이 있으시니 일이 뜻밖에 나온 것이므로 정신이 없어 몸 둘 곳이 없습니다. 삼가 생각하건대, 전하께서는 춘추가 바야흐로 한창이시고, 성덕이 융성하신데 갑자기 만기(萬機)를 귀찮아하시고, 종묘사직의 중책을 어리석은 이 몸에 맡기고자 하시니, 어찌 오직 신자의 마음에 두렵고 황송함이 갑절이나 더하지 않겠습니까?"

충녕대군은 다시 한 번 사양했다. 태종이 윤허하지 않으니 문무백관 및 2품 이상이 모두 전문(殿門)에 나아갔으나 문을 지키는 갑사가 막아서 지키고 들이지 않았다. 유정현이 문지기를 꾸짖고 들어가려 하였으나 문지기가 굳게 막았다. 태종이 한상경, 박은, 이원과 육조 판서에게 명하여 새 임금이 즉위하는 모든 일을 같이 의논하게 하였다.

"내가 어리고 어리석어 큰일을 감당하기가 어려우므로 지성으로 사양하기를 청하였으나 마침내 윤허를 받지 못하고 부득이하여 경복궁으로 돌아간다."

충녕대군이 세자전에서 나오면서 대신들에게 말했다. 대신들은 충녕대군이 익선관을 쓰고 있는 것을 보고 곡성을 멈추고, 혹은 땅에 엎드려 서로 돌아보면서 웅성거렸다. 충녕대군이 홍양산을 쓰고 경복궁으로 돌아갔다.

"세자는 우리 임금의 아들이다. 굳이 사양하였으나 윤허하지 않았고 이미 익선관을 쓰셨으니 우리들이 굳이 다시 청할 이유가 없다."

좌의정 박은이 우두망찰하여 충녕대군의 뒷모습을 바라보다가 말했다.

"부득이한 일이다."

대신들이 비로소 세자가 즉위할 일을 의논했다. 충녕대군은 태종의 양위 선언으로 세자가 된 지 불과 2개월밖에 되지 않아 보위에 올라 조선의 국왕이 되었다.

"주상이 장년이 되기 전까지 군사는 내가 친히 청단(聽斷)할 것이다. 또 나라에서 결단하기 어려운 큰일은 의정부, 육조로 하여금 의논하게 하여 각각 가부(可否)를 진달하여 시행하게 하고, 나도 마땅히 가부에 한 사람으로서 참여하는 것이 가(可)하다."

태종이 박은에게 영을 내렸다. 박은은 태종의 영을 받고 벼락을 맞은 듯한 기분을 느꼈다. 태종은 비록 충녕대군에게 왕위를 물려주지만 병권을 자신이 갖겠다는 뜻을 분명히 했을 뿐 아니라 중대한 사건이 발생하면 자신이 직접 개입하겠다는 의사를 밝혔다. 이는 상왕 정치를 하겠다는 것이고 섭정을 하겠다는 절묘한 계책이었다.

"성상의 전위는 한가롭게 일락(逸樂)하시고자 하려는 것으로 신등이 생각하였는데 이제 곧 성상의 뜻과 대계를 알겠습니다. 청컨대 교서를 지어 왕위를 사양하시는 뜻을 유시하여서 신민의 소망을 너그럽게 하소서."

박은과 이원이 아뢰었다. 세종은 국왕이 되어도 반쪽짜리 국왕인 것이다. 어찌 되었거나 우여곡절 끝에 충녕대군은 근정전에서 즉위식을 올리고 백관들의 하례를 받아 조선의 제4대 국왕이 되었다.

장인의 비극을 목도하다 | 심온의 옥사

　세종은 22세의 젊은 나이에 국왕이 되었다. 태종이 강력한 카리스마로 국정을 안정시킨 상태에서 보위에 오른 세종은 조선조 최고의 성군이 될 자질을 갖고 있었다. 병권을 태종이 갖고 있는 상황에서 국방이나 권력에 연연하지 않고 자신의 정책을 시행해 나갈 수 있었다. 그러나 즉위 초부터 불어 닥친 병권의 문제는 세종의 치세 기간 동안 내내 어두운 그림자를 남겼다. 세종은 조선조 최고의 성군으로 불리지만 재위 기간 중에 특별한 파란을 겪지 않았다. 역모도 일어나지 않았고 대규모의 옥사도 없었다. 그러므로 그의 생애는 언뜻 평탄한 것처럼 보이기도 한다. 그러나 호랑이 같은 태종이 상왕정치를 함으로써 자신의 색깔에 맞는 정치를 할 수 없었다.
　태종은 상왕으로 물러났으면서도 조정의 인사에 개입했다.
　"심온은 국왕의 장인이니 그 존귀함이 비할 데 없다. 마땅히 영의정이 되어야 할 것이다."
　태종이 영을 내려 심온을 영의정부사, 한상경을 서원부원군으로 임명했다. 세종은 12세에 심온의 딸과 혼례를 올렸다. 세종과 소헌왕후 심씨는 비교적 사이가 좋았다. 세종은 부인인 소헌왕후를 공경했고 소헌왕후는 단 한 번도 궁중에서 문제를 일으키지 않았다.

왕후가 나아오고 물러갈 때에 전하께서 반드시 일어서시어 공경하고 예로 대하셨다.

세종은 소헌왕후가 출입할 때에 반드시 일어나서 맞이하고 배웅했다. 소헌왕후는 세종이 많은 후궁을 거느리고 있었는데도 투기하는 법이 없었고 세종에게 사사로운 일을 부탁하는 일도 없었다.

지금 왕비가 간청하고 알현하는 사사(私事)가 없고, 아랫사람에게 미치는 은혜가 있어 의심하고 꺼리는 것이 없었다.

소헌왕후가 죽었을 때 세종이 정인지에게 영을 내려 소헌왕후의 품성을 실록에 기록하게 했을 정도로 그녀는 조용하면서도 덕이 있는 여자였다. 1395년에 태어났으니 1397년에 태어난 세종보다는 두 살이 위였다. 1408년 열네 살에 당시 충녕대군이었던 세종과 혼례를 올렸다. 세종과의 사이에 8남2녀를 낳아 금슬도 좋았다. 세종과 혼례를 올린 지 불과 10년 만에 국모의 자리에 오르고 친정아버지는 일인지하만인지상의 영의정이 되어 더 할 수 없는 광영을 누리게 되었다. 그러나 호사다마(好事多魔)라는 말처럼 그녀의 집안에 어두운 그림자가 덮쳐 왔다. 심온은 영의정에 제수된 뒤에 명나라에 세종의 즉위를 알리는 사은사가 되어 연경으로 떠났다. 이때까지만 해도 상왕인 태종과 세종, 그리고 왕비인 그녀가 환관을 연서역까지 보내 전송할 정도로 우애가 좋았다.

그러나 심온이 사신으로 떠난 뒤에 병조참판 강상인(姜尙仁)의 옥사가 벌어졌다. 강상인은 태종의 가신 출신으로 태종의 즉위와 함께 사재(私財)의 출납을 감독하고 호위무사를 하면서 총애를 받다가 병조참판에 이른 인물이다. 그는 태종이 물러나면서 병조판서 박습(朴習)과 함께 태종이 병권 행사를 위해 병조에 심어 놓은 핵심 인물이었다. 태종의 심복이었으나 세종이 즉위하자 군사에 관한 업무를 태종에게 보고하지 않고 세종에게만 보고하면서 태종의 병권 행사에 제동이 걸리게 되었다.

태종은 대노하여 병조참판 강상인과 병조좌랑 채지지(蔡知止)를 잡아 의금부에 가두라고 명을 내렸다. 세종은 이때 장의동 본궁에 있었는데, 병조는 매양 군사에 관한 일을 상왕인 태종에게 보고하지 않고 먼저 세종에게 고했다.

"어찌하여 부왕께 아뢰지 않느냐."

세종은 그럴 때마다 강상인에게 말했다. 강상인은 우물쭈물하면서 상왕께도 보고할 것이라고 말했다.

"상아패와 오매패(烏梅牌:임금이 대군이나 의정대신, 삼군대장, 병조판서를 비밀에 부를 때 사용하는 명소부로 군권의 상징이다)는 장차 어디에 쓰려고 한 것인가."

하루는 태종이 강상인을 시험하기 위해 물었다.

"이것은 대신을 부르는 데 쓰나이다."

"여기서는 소용이 없으니 모두 주상에게 가져가라."

태종은 상아패와 오매패를 꺼내 강상인에게 주면서 말했다. 그러

자 강상인은 곧 이를 받들고 세종에게 상아패와 오매패를 바쳤다.

"이것은 무엇에 쓰는 것이냐."

세종이 강상인에게 물었다.

"이것으로써 밖에 나가 있는 장수를 부르는 데 쓰는 것입니다."

"그러면 병사에 관한 것이 아니냐? 여기에 두어서는 안 된다."

세종은 깜짝 놀라 강상인에게 다시 가지고 가서 태종에게 바치게 했다.

"내 일찍이 교서를 내려 군국의 중요한 일은 내가 친히 청단하겠노라고 말하였는데, 이제 강상인 등이 모든 군에 관한 일을 다만 임금에게만 아뢰고 나에게는 아뢰지 않았으며, 또 전일(前日)에 강상인에게 명하여, '벼슬시킬 만한 사람을 적으라' 고 하였더니, 그는 자기의 아우 강상례(姜尙禮)를 적어 주상에게 아뢰어, 사직의 벼슬을 내리게 하였다. 그러고는 와서 사례하기를, '주상께서 신의 아우 상례로써 사직을 삼으셨나이다' 고 하였으니 이는 임금을 속이는 것이다."

태종은 즉시 우부대언 원숙(元肅)과 도진무 최윤덕(崔閏德)을 불러 세종에게 선지(宣旨)를 전했다. 선지는 상왕의 지시다.

"강상인은 젊어서부터 지금에 이르기까지 항상 나를 따랐기 때문에 상의원 제조(提調)가 되었고, 또 병조에서도 중요한 직임을 맡겼거늘, 나의 은혜를 생각하지 않고 거짓으로 속일 마음만 품었다. 지난날에는 또 거짓을 꾸며 그의 아우 강상례에게 벼슬을 주고서 나에게는 '임금이 이 벼슬을 내리셨다' 고 말하였으니, 임금의 교지를 거짓 핑계하고 나를 속인 그 죄도 역시 중하다. 마땅히 엄중하게 고문을 하면서 조사하되 죽지 않을 한도까지 하라."

태종이 의금부에 영을 내려 강상인을 조사하게 했다. 강상인은 의금부에서 가혹한 고문을 받았다. 그러나 태종은 박습과 강상인을 원종공신(原從功臣)이라 용서하여 면죄하고, 강상인은 그의 고향으로 돌아가라고 내쫓았다. 그러나 태종은 곰곰이 생각하자 강상인의 배후가 있을 것이라 의심이 되었다. 강상인의 배후를 캐내지 않으면 상왕정치를 하는 데 문제가 있을 것이 분명했다.

"전일에 강상인의 일을 말하다가 마치지 못하였으니 다시 경들과 이를 말하려 한다. 강상인이 딴 마음을 품고 군무(軍務)를 아뢰지 않고, 다만 순찰을 돌 때 각 시간마다 사고가 없다고만 아뢰었다. 이 일은 장차 뒷날을 준비하려는 것이다. 다시 국문하여 만약 진실로 반역할 마음이 있었다면 어찌 왕법으로써 이를 다스리지 않겠는가."

태종이 편전에 나아가서 조말생과 원숙, 장윤화, 하연에게 영을 내렸다.

"박습이 비록 강상인의 말만 따랐다고 하지만 그러나 일에 경험이 많은 자이니, 어찌 알지 못하고 이 일을 하였겠습니까?"

원숙이 아뢰었다. 원숙 역시 태종의 심복이었다.

"강상인이 범한 죄는 이보다 큰 것이 없습니다. 임금께서 인자하여 경한 형벌에 처하였으니, 온 나라 사람이 논청하였으나 윤허를 얻지 못하였는데 지금 다시 신문하게 하니 신은 실로 기쁩니다."

좌의정 박은과 우의정 이원이 태종의 뜻에 맞춰 아뢰었다. 이에 강상인을 비롯하여 병조의 관계자들이 다시 잡혀 와서 국문을 받게 되었다.

"선위하는 교지의 뜻과 전문(殿門)을 떠나지 말라는 명령을 모두 다 알고 있었으나 일찍이 이와 같이 하지 않고, 전례가 없는 일로써 전례라고 말하면서 승정원에 보낸 것은, 내 마음에 국가의 명령은 마땅히 한 곳에서 나와야 된다고 생각하였으므로 상왕에게 아뢰지 않은 것이다."

강상인은 압슬형을 4번이나 받은 뒤에 자백했다. 곤장을 맞는 것도 아니고 압슬형을 당하니 천하의 장사라고 해도 견딜 수가 없었을 것이었다.

"박습은 관계되지 않았느냐?"

"내가 박습과 의논하면서, '군사는 한곳에서 나오는 것이 어떠냐'고 하니, 박습도 또한 옳다고 하므로 아뢰지 않았다."

강상인이 대답했다. 강상인은 자신의 상관인 병조판서 박습을 끌고 들어갔다.

"네가 그런 말을 한 저의가 무엇이냐?"

"내가 주상을 배반한 것이다."

강상인은 압슬형을 받자 피눈물을 흘리면서 분연히 외쳤다.

"허튼소리 하지 말고 제대로 답을 하라."

"내가 새 임금의 덕을 입기를 바란 것이다."

압슬형이 계속되자 강상인은 더욱 분노하여 외쳤다.

"그밖에 알고 있는 자가 누구냐?"

"내가 일찍이 이조 참판 이관(李灌)의 집에 들르니 이관이 말하기를, '요사이 어찌 드물게 오느냐'고 하므로 내가 말하기를, '양전(兩殿 : 태종과 세종)을 오가면서 군무를 보고하여야 하므로 여가가 없기 때문이다' 하였다. 이관이 말하기를, '두 곳에 군무를 보고하니 어떠한가. 대개 모든 처사는 한 곳에서 나와야만 마땅한 것이다'고 하므로, 내가 대답해 말하기를, '나의 뜻도 그렇지만 이미 성법이 된 것을 어찌할 수 있겠는가' 하였다. 또 전 총제 조흡(曹洽)을 보았는데 조흡이 말하기를, '군사는 마땅히 우리 상위에서 나와야 될 것이다' 하였다."

강상인이 대답하자 의금부에서 이관과 심청과 조흡을 잡아들여서 대질했다. 심청은 영의정부사 심온의 아우였다. 이로 인해 사태는 강상인의 옥사에서 심온의 옥사로 바뀌게 된다. 내금위는 대궐을 호위하는 군사로 심청이 총책임자였다. 심청과 조흡이 의금부에 잡혀 들어오자 조정은 발칵 뒤집혔다. 심청은 왕비 심씨의 작은 아버지였다.

"나는 내금위의 절제사가 된 까닭으로 강상인과 대궐 시위의 허술한 것을 의논하였을 뿐이다. '군사가 두 곳으로 갈라져 있다'고 한 것은 내가 말한 것이 아니다."

심청이 변명을 했으나 가혹한 고문을 당하게 되자 자백했다. 이관을 신문하자 술에 몹시 취하여 정신이 오락가락했다. 의금부는 다시 강상인을 고문했다. 강상인은 압슬형을 당해 무릎이 부서지고 피가 낭자하게 흘러내렸다.

"너와 그 말을 한 자를 실토하라!"

의금부의 국문은 살벌했다.

"날짜는 기억하지 못하지만 영의정 심온을 상왕전의 문밖에서 보고 의논하기를, '군사를 나누어 소속시키는데 갑사는 수효가 적으니, 마땅히 3,000명으로 해야 되겠다'고 한즉, 심온이 옳다고 하였으며, 그 후에 또 의논할 일이 있어 날이 저물 때에 심온의 집에 가서, '군사는 마땅히 한 곳으로 돌아가야 된다'고 하였더니, 심온도 또한 옳다고 하였고, 또 장천군 이종무(李從茂)를 보고, '군사는 마땅히 한 곳으로 돌아가야 된다'고 하였더니, 종무가 빙긋이 웃으면서 수긍하였으며, 또 우의정 이원(李原)을 대궐 문밖 길에서 만나, '군사를 나누어 소속시키는 것이 어떠하냐'고 하였더니, 대답하기를, '이를 어찌 말할 수 있느냐'고 하였다."

강상인이 고문을 이기지 못하고 다시 대답했다. 강상인이 심온을 거론하면서 의금부 추국장은 긴장감이 감돌았다. 심온은 소헌왕후의 부친이며 영의정이었다.

"과연 내가 전에 말한 바와 같이 그 진상이 오늘에야 나타났구나. 마땅히 대간(大奸)을 제거하여야 될 것이니 이를 잘 살펴 문초하라."

태종은 심온의 이름이 강상인에게서 나오자 마침내 원흉을 찾았다는 듯이 말했다.

소헌왕후는 심씨는 부친이 연루되자 밥조차 먹지 않고 대죄했다. 태종은 손에 피를 묻힌 임금이었기 때문에 어떤 일을 할지 짐작조차 할 수 없었다. 태종은 심온을 대간이라고 지목하여 자신의 권위에 도전하는 자를 용납하지 않으려는 의도를 내비쳤다.

"두 임금께서 부자의 정이 자애하시고 효경하신 것을 사람들이 누가 모르겠습니까. 전하께서 군무를 청단하심은 오로지 사직을 위하신 것이온데 이 무리들이 군무를 옮기고자 하니 그 마음을 헤아리기 어렵습니다. 비록 종실과 훈척일지라도 어찌 감히 용서하겠습니까."

조말생이 심온을 엄벌에 처할 것을 주장했다.

"이원은 강상인의 간사한 꾀를 듣고도 즉시 잡지도 고하지도 않았으니, 대신(大臣)의 의무를 잃었습니다. 모두 잡아서 신문하기를 청합니다."

의금부에서 태종에게 아뢰었다. 권력은 무서운 것이어서 영의정과 우의정이 대역죄에 연루되고 대신들이 기다렸다는 듯이 이들의 처벌을 요구했다.

"그렇게 하라."

태종이 영을 내렸다.

"강 참판은 사람을 죄에 빠뜨리지 말라."

이원과 이종무가 의금부 옥에 나아가서 강상인과 대질하여 변명했다.

"내가 고초를 견디지 못한 때문이니 실상은 모두 무함(誣陷 : 없는 사실을 꾸며서 남을 어려운 지경에 빠지게 함)이었다."

강상인이 무함이라고 말하자 이원과 이종무는 죄를 면하게 되었다. 심온은 사은사로 연경에 가서 아직 돌아오지 않았으므로 대질할 수가 없었다. 어쨌거나 장인이 연루되어 세종의 입장이 난처해졌다. 소헌왕후 심씨는 비록 왕비였으나 숨조차 크게 내쉴 수 없었다.

"심 본방(本房 : 장인)이 군사가 한 곳에 모여야 된다는 말을 들었다고 하옵니다."

내관 김용기(金龍奇)가 의금부에서 신문한 일을 세종에게 아뢰었다. 세종은 심온이 연루되었다고 하자 경악했다.

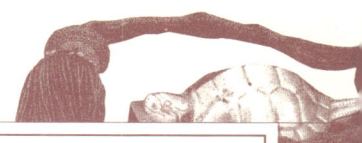

"비록 그렇지마는 상왕의 교지가 이와 같으니 장차 어찌하겠는가?"

세종이 탄식을 하고 태종에게 가서 강상인이 잘못 말한 것이거나 오해일 수도 있다고 조심스럽게 아뢰었다.

"내가 들은 바는 이와는 다르다. 과연 이와 같다면 무슨 죄가 있으리오."

태종은 세종의 말이 틀렸다고 일언지하에 잘라 버렸다. 세종은 절대 권력을 가지고 있는 태종에게 더 이상 항의할 수 없었다. 태종은 심온을 제거하기 위해 좌의정 박은을 불렀다.

"처음 강상인의 죄는 대간(臺諫 : 대관과 간관)과 나라 사람이 두 번이나 청하였으니 내가 그 정상을 모르는 것이 아니나 고식적으로 윤허하지 않고 다만 외방으로 내쫓기로만 했다. 그 후에 가만히 생각해 보니 나의 여생은 많지 않고 본 바가 많으므로 이와 같은 대간(大姦)은 제거하는 것이 마땅하므로 다시 그 일을 신문하여 이와 같은 사태에 이른 것이다. 심온이 군사가 한 곳에 모여야 된다는 말을 듣고, 대답하기를, '군사가 반드시 한 곳에 모이는 것이 옳다'고 하였다 하니 경은 기필코 이를 알아야 할 것이다."

박은은 집에 있다가 태종의 말을 전해 듣고 경악했다. 태종은 심온을 제거하겠다고 말하고 있는 것이다.

"신은 이 일이 이 지경에 이를 줄 몰랐습니다. 심온이 말한 한 곳은 어찌 우리 상왕전을 가리킨 것이겠습니까. 반드시 주상전을 가리킨 것이니 그 뜻은 묻지 않아도 알 수 있습니다."

박은이 즉시 수강궁에 나아가자 태종과 세종이 함께 있었다. 박은은 태종과 세종 앞에서 심온의 죄를 물어야 한다고 주장했다. 절대 권력자는 세종이 아니라 태종이었다.

"우의정은 속히 석방해 내보내고, 이종무는 다른 증거를 기다릴 것이니 아직 형벌하여 문초하지는 말고 이관과 심청은 마땅히 압슬형을 가하여 국문하라."

태종이 의금부에 영을 내렸다. 이관과 심청은 가혹한 고문을 당하기 시작했다. 태종이 직접 압슬형을 가하라고 영을 내린 것이다.

"내가 심온의 집에 가서 심온이 영의정에 임명된 것을 하례하고는 '병사는 나누어 소속시킴이 불편하니 마땅히 다 주상전에 돌려보냄이 어떠하냐'고 한즉, 심온이 말하기를, '그대의 말이 옳다. 그러나 법이 이미 정하여 있는 까닭으로 이와 같이 할 뿐이다'고 하므로, 신이 이 말을 듣고 또 스스로 생각하기를, '주상이 어리고 잔약하지 않은데, 이미 왕위를 전하였으면 어찌하여 병사를 나눌 수 있을까. 상왕께는 마땅히 갑사를 나눠 보내서 시위하면 그뿐일 터인데'하고, 강상인에게 말을 꺼낸 것이다."

의금부에서 압슬형을 가하여 이관을 신문하자 대답한 말이었다.

"신의 형 심온을 그 집에서 보았는데, 형이 '군사는 마땅히 한 곳에서 명령이 나와야 된다'고 하므로, 내가 '형의 말이 옳다'고 대답하였다."

의금부가 심청을 신문하여 압슬형을 한 차례 가했으나 실토하지 않다가 두 차례 가하자 마침내 자백했다. 심온은 강상인, 이관, 심청에 의해 움직일 수 없는 대역죄인이 된 것이다.

"정상이 이미 나타났으니 다시 신문할 필요가 없다."

태종이 영을 내려 강상인은 거열형(車裂刑 : 죄인의 다리를 두 대의 수레에 묶어서 몸을 두 갈래로 찢어 죽이던 형벌)에 처하고 박습과 이관, 심청은 모두 참형(斬刑 : 목을 베어 죽임)에 처하고, 이각과 채지지, 성달생은 사면하라는 명을 내렸다. 반란을 일으킨 것도 아닌데 이들에게 사형을 선고한 것은 가혹한 일이었다. 박습은 옥중에 있다가 죽었다. 사형을 집행하는 날이 되자 강상인이 수레에 올라가 크게 부르짖었다.

"나는 실상 죄가 없는데 때리는 매를 견디지 못하여 죽는다."

강상인은 주군으로 오랫동안 모신 태종에게 거열형을 선고받고 사지가 찢어져 죽었다.

명나라에 사은사로 갔던 심온이 돌아오기 시작했다. 태종은 의금부 진무 이욱(李勗)을 의주로 보내 명나라에서 돌아오는 심온을 잡아들였다. 심온은 강상인이 이미 처벌을 당한 것을 모르고 그들과 대질 심문할 것을 요구했다.

"군사가 한 곳에서 나와야 한다고 한 것은 상왕을 어떤 처지에 두려고 했던 것이냐?"

의금부는 심온에게 가혹한 고문을 했다. 태종은 심온이 자신의 권력을 빼앗아 무력한 노인으로 만들어 버릴까 걱정을 했다. 심온을 처벌하는 것은 아들인 세종에게 자신의 권위에 도전하지 말라는 경고와 같은 셈이었다.

"이와 같이 억지로 묻는 것은 나로써 상왕에게 무례한 짓을 행하라고 치는 것이로구나."

심온이 탄식을 하면서 말했다.

"압슬형을 더하기 전에 실토하라."

의금부가 심온을 다그쳤다.

"강상인 등이 아뢴 바와 같다. 나는 무인인 까닭으로 병권을 홀로 잡아 보자는 것뿐이고 함께 모의한 자는 강상인 등 이미 죄를 받은 사람 외에 다른 사람은 없다."

심온은 더 이상 살아날 방법이 없다는 것을 깨닫고 순순히 자백했다.

"심온이 상왕에게 무례한 짓을 행하고자 했다고 말하였습니다."

의금부에서 심온의 말을 태종에게 바꾸어서 보고했다. 태종은 그럴 줄 알았다는 듯이 무릎을 쳤다.

"내가 사약을 내리고자 했는데 지금 이 말을 들으니 반드시 아니할 수는 없겠다. 심온이 비록 중죄를 범하였으나, 공비(恭妃)가 이미 주상의 배필이 되어 아들을 많이 둔 경사가 있으니 어찌 다른 사람에 비할 수 있으랴."

태종은 진무 이양(李揚)에게 명을 내려 심온을 수원으로 압송하여 스스로 목숨을 끊게 했다.

"심온이 죽었습니다."

이양이 돌아와서 아뢰었다.

"심온은 비록 예를 갖추어 장사 지내지 못할지라도 또한 후하게 하지 않을 수 없다."

태종은 심온에게 사람을 보내 장례를 치러 주었다. 심온은 말 한 마디를 잘못하여 죽으니 불과 44세의 나이였다. 심온은 성품이 인자하고 온순하여 인심을 잃지 않아서 많은 사람들이 그의 죽음을 안타

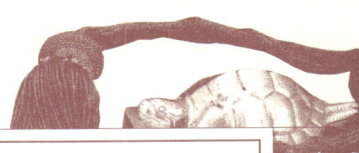

까위했다.

"한나라 고조는 영명한 임금이다. 혜제(惠帝)에게 재위를 전하였는데, 혜제의 천성이 인자하고 유약한데다 후사가 없었으므로 국운이 심히 위태로웠다. 지금 주상이 정궁(正宮)에 세 아들이 있지마는 그러나 더 많으면 더욱 좋을 것이다."

태종이 유정현, 박은, 이원, 조말생, 허조, 하연을 불러 영을 내렸다. 세종의 장인을 죽이고, 그 집안의 재산을 적몰하고, 그 가족들을 모조리 천민으로 만들어 놓고 내린 영이다. 마치 병을 주고 약을 주는 꼴이었다.

"예로부터 제왕은 자손이 번성한 것을 귀하게 여겼으니, 빈(嬪)과 잉첩(媵妾) 2, 3명을 들이기를 청합니다."

유정현이 대답했다.

"이 일은 주상이 알 바가 아니니 내가 마땅히 주장할 것이다."

태종이 예조에 명하여 이를 추진하게 했다.

"궁중(宮中)이 적막합니다."

박은이 태종의 앞에 앉았다가 아뢰었다. 박은의 말은 소헌왕후 심씨를 폐하자는 뜻이었다.

"내가 이미 경의 뜻을 알았다."

태종이 웃으면서 말했다. 소헌왕후 심씨는 부친이 죽고 가족들이 천민이 되었는데도 그 슬픔을 가눌 새도 없이 폐출될 위기에 몰렸다. 의금부 제조 등이 수강궁에 나아가서 심씨를 폐할 것을 청했다.

"평민의 딸도 시집을 가면 친정 가족에 연좌되지 않는 법인데 하물며 심씨는 이미 왕비가 되었는데 어찌 감히 폐출하겠는가. 경들의 말이 옳지 못한 것 같다."

태종은 심씨를 폐출할 생각이 없었다.

"만약 형률로써 논하면 상교(上敎 : 임금의 지시)가 옳습니다. 그러나 주상의 처지에서 논한다면 심온은 곧 부왕의 원수이니 어찌 그 딸로써 중궁에 자리를 잡고 있도록 하겠습니까. 은정을 끊어 후세에 법을 남겨두시기를 청합니다."

조말생, 원숙, 장윤화 등이 아뢰었다. 이들은 태종에게 아첨하기 위해 세종은 안중에도 두지 않았다. 그러나 그것은 태종의 의중을 잘못 짚은 것이었다.

"《서경》에, '형벌은 아들에게도 미치지 않는다' 하였으니, 하물며 딸에게 미치겠느냐. 그전의 민씨의 일도 또한 불충이 되었으나 그 당시에 있어서는 왕비를 폐하고 새로 왕비를 맞아 세우자고 의논한 사람이 하나도 없었는데 지금은 어찌 이 지경에 이르렀느냐. 내가 전일에 가례색을 세우라고 명한 것은 빈과 잉첩을 뽑으려고 한 것뿐이다."

태종이 유정현과 박은을 불러 말했다.

"신들도 또한 금지옥엽이 이와 같이 번성하오니, 왕비를 폐하고 새로 세우고 하는 일은 경솔히 의논할 수 없으니 빈과 잉첩을 갖추게 하고자 함이 심히 마땅합니다."

박은이 재빨리 태종의 심중을 눈치 채고 아뢰었다. 태종의 자비로 소헌왕후 심씨는 폐출 당할 위기에서 가까스로 벗어났다.

세종의 시대가 열리다 | 상왕정치의 종막

　세종은 세자 책봉과 즉위가 불과 몇 달 사이에 이루어지고 상왕인 태종이 전권을 휘두르면서 피바람 속에서 국왕으로의 첫걸음을 내디뎠다. 부왕인 태종의 눈치를 보는 상황에서 일어난 강상인의 옥사는 그의 처가를 몰살시켰다. 열네 살의 어린 나이에 그에게 시집와서 아들을 셋이나 낳은 왕비 심씨는 심온이 연루되자 비통해했다. 그녀는 성품이 조용한데다 현숙하여 태종까지 항상 칭찬을 했고 세종도 항상 공경했다. 그러나 잔인한 권력의 칼은 여리디 여린 그녀의 가슴에 못을 박았다. 세종은 현숙한 왕비 심씨에게 아무것도 해줄 수 없었다. 봉건시대의 일이기는 하지만 그녀처럼 조용하고 투기를 하지 않은 왕비는 일찍이 없었다.
　세종은 보위에 올랐으나 허수아비 임금이나 다를 바 없었다. 태종은 군사에 대한 업무만 자신이 챙긴 것이 아니라 대부분의 정치권력을 행사했다. 세종이 기껏 할 수 있었던 것은 방대한 서류 더미를 떠안는 일이었다. 태조와 태종대에 이루어진 수많은 개혁 조치를 세밀화 시키는 것이 세종의 일이었다. 태종 때에는 잘 보이지 않던 각종 규례들이 세종 때에 만들어지는 일이 흔했다. 태종 때는 각종 절차가 50건에 지나지 않았으나 세종 때는 270여 건에 이르렀다.

> 그날에 이르러 북을 쳐서 엄(嚴)을 삼고, 통례문(通禮門)이 문무백관의 자리를 대궐문 밖에 설치해 놓되, 문관은 동(東)으로, 무관은 서(西)로 서로 상대하게 겹줄로 항열을 이루되, 북쪽을 위로 한다. 문무백관은 각각 조복을 갖춘다······.

세종 때 상왕에게 전(箋)을 올리는 절차의 일부다. 전은 임금이나 태자 등에게 올리는 글이다.

세종은 즉위하던 날부터 하루도 거르지 않고 수강궁에 가서 상왕인 태종에게 문안을 드렸다. 태상왕인 정종에게는 자주 문안을 드리지 않았다. 실권을 갖고 있는 상왕과 허수아비 태상왕의 차이는 이처럼 달랐다. 그러나 태종이 세종 즉위 4년 만에 죽으면서 권력이 온전하게 세종에게 모아졌다. 세종은 즉위 4년이 되어서야 국왕다운 국왕이 될 수 있었던 것이다.

태종까지 죽으면서 조선 건국의 최일선에서 활약을 했던 로열패밀리가 권력의 전면에서 완전히 사라졌다. 아들 이방원의 쿠데타로 실각한 태조 이성계는 실의의 나날을 보내다가 사냥을 하면서 소일했다. 태조는 사냥을 하고 온천을 다니다가 함경도까지 갔고 때마침 제1차 왕자의 난에 불만을 품고 반란을 일으킨 안변부사 조사의(趙思義)에게 옹위되었다. 신덕왕후 강씨와 인척 관계인 조사의는 태종 2년에 방석과 태조에게 충성을 바친다면서 안변에서 반란을 일으켰으나 패하여 주살되었다. 반란이 보기 좋게 실패한 것이다. 태조는

이빨 빠진 호랑이가 되어 한양으로 돌아왔다. 태종은 태조 이성계를 처벌할 수 없었다. 아버지이기도 했지만 조선 건국의 주역인 이성계를 처벌하면 조선 건국의 명분이 사라지기 때문이었다.

태종은 책략의 달인이자 노련한 정치가였다. 그는 태조 이성계에게 효도를 다하는 체하여 혼군이나 폭군의 이미지를 제거했다. 태조는 조사의의 난 이후 사냥으로 소일하다가 태종 8년 5월 24일, 74세를 일기로 죽는다. 그날은 비가 억수 같이 쏟아져 실록에도 큰 비가 내렸다고 기록하고 있다. 태조가 살아있을 때도 카리스마를 가지고 군림하던 태종은 몇 차례의 양위 파동을 일으키면서 외척과 공신들이 세력을 키우는 것을 단죄했다.

태종은 문무를 겸비했다. 그는 고려의 폐단을 대대적으로 개혁했다. 정도전의 개혁을 계승하고 중앙집권체재를 강화했다. 고려왕조를 무너뜨릴 때 정몽주를 격살하는 등 무력을 사용하고 왕자의 난에서 무력을 동원한 쿠데타의 주역이기 때문에 그의 치세는 낮게 평가되었다. 그러나 재위 기간 18년 동안 사병혁파를 단행하고 정부 체재를 6조 체재로 개혁했다. 군사제도의 정비와 국방을 강화했으며 방만하던 토지와 조세 제도도 정비하고 호패법을 만들어 호구와 인구를 파악했다. 수도를 개경에서 한양으로 천도하고 별와요(別瓦窯 : 기와를 제작하던 기관)를 만들어 초가집을 없애고 기와집에서 살도록 하여 주택 개량을 해나갔다.

그의 치적을 살피면 오히려 조선시대 역대 임금들 중에서 가장 많은 공적을 쌓은 임금이라고도 볼 수 있다.

태종에게는 내외의 시련도 많았다. 그 많은 시련을 겪고도 폭군이 되지 않았던 것은 오히려 높게 평가되어야 한다. 개국의 주역이면서 왕세자 자리를 빼앗겼고 죽음의 위기에 몰리자 쿠데타를 일으켜 아버지를 권좌에서 축출했다. 그는 아버지를 권좌에서 축출하고 아들인 양녕대군을 세자에서 폐하였다.

> 내가 젊은 시절에 아들 셋을 연이어 여의고 갑술년에 양녕대군을 낳았는데, 그도 죽을까 두려워서 여흥 부원군 댁에 두게 했고, 병자년에 효령을 낳았는데, 열흘이 채 못 되어 병을 얻었으므로, 홍영리(洪永理)의 집에 두게 했고, 정축년에 주상을 낳았다. 그때 내가 정도전 일파의 시기로 말미암아 형세가 용납되지 못하게 되니 실로 남은 날이 얼마 없지 않나 생각되어 항상 가슴이 답답하고 아무런 낙이 없었다. 그래서 나는 대비와 더불어 서로 양녕대군을 안아 주고 업어 주고 하여, 일찍이 무릎 위를 떠난 적이 없었으며, 이로 말미암아 자애하는 마음이 가장 두터워 다른 자식과 달랐다.

태종은 훗날 양녕대군을 자신이 깊이 사랑했다고 고백한다. 그러나 양녕대군이 세자가 되면서 사정이 달라졌다. 그가 자라면서 부자 사이에 갈등이 일어난 것이다. 세대 간의 갈등은 권력자들뿐이 아니라 일반인들에게서도 일어나고 서양에서도 일어난다. 성서에서도 카인이 아벨에게 장자 계승권을 빼앗기고 분노하여 그를 죽인 것은 세대 간의 갈등, 즉 부자간의 갈등 때문이었다. 태종이 쿠데타를 일으켜 이방석을 죽인 것은 실제로는 태조 이성계와의 한판 승부였고 결국 승리했다. 중국에서도 이런 일은 흔하게 일어났다. 춘추전국시대 초성왕은 아들 상신(商臣)을 세자로 삼았는데 작은 아들에게 왕위를 물려주려는 것을 눈치 챈 상신이 반란을 일으켰다. 결국 왕궁을 포위당한 초성왕은 마지막으로 세자 상신에게 곰발바닥 요리를 먹고 싶다고 했다. 이는 관군을 불러들이기 위해 시간을 벌고자 한 생각이었으나, 아들이 들어주지 않자 결국 목을 매어 죽었다. 중국의 초목왕은 친부를 죽였으나, 태종 이방원은 이성계를 연금시키고 죽이지는 않았다. 때때로 잔치를 베풀어 같이 술을 마시면서 효도를 하려고 했다. 물론 그것이 진심에서 우러나오는 행동이었는지 표면적인 것이었는지는 알 수가 없다.

정종은 세종 1년 9월 26일에 죽었다. 아버지인 태조 이성계가 수명을 다하고 죽을 수 있도록 한 태종은 형인 정종 역시 수명을 다할 수 있도록 배려했다. 정종은 보위에서 물러난 뒤에도 20년을 한가롭게 살았다.

태종의 비인 원경왕후 민씨는 지략이 뛰어나고 담대한 여걸이었다. 그러나 상대가 태종 이방원이었다. 산에는 호랑이 두 마리가 같이 살 수 없다는 속담처럼 두 사람이 양립할 수 없었다. 결국 그녀는 태종이 보위에 오르면서 여자 문제로 극렬하게 대립했다. 태종의 분노는 민무구, 민무질 형제에게 모아졌다. 태종은 민씨를 내치는 대신 민무구 형제를 사사하여 죽게 만들었다. 민씨의 눈에서는 피눈물이 흘러내렸다. 여러 차례 언성을 높여 부부 싸움을 했으나 상대는 절대 권력자인 국왕이었다. 그녀는 만나는 것이 금지된 친정 올케를 만났다가 다시 폐출 위기에 몰렸다. 이번에도 그녀가 폐출을 당하는 대신 동생들인 민무휼과 민무회 등이 사사되어 죽음을 당했다.

원경왕후 민씨는 세종 2년 7월 10일에 죽었다. 태종이 보위에 오를 때까지 온갖 노력을 경주하여 보필했으나 국왕이 되자 애증의 세월을 살았다. 세종은 철권정치를 하는 태종으로 인해 외삼촌들이 모조리 죽음을 당하는 것을 지켜보았다. 아버지의 호색으로 인해 눈물로 지새우는 어머니 민씨를 보면서 안타까워했다. 어머니의 신산한 생애를 생각하면서 세종은 식음을 들지 않고 슬퍼했다.
　태종은 민씨가 죽은 지 2년 만에, 상왕정치를 한 지 4년 만에 죽었다. 전대의 암울한 사슬이 종막을 고하고 새 역사의 날이 밝아온 것이다.

대마도를 정벌하라 | 태종과 이종무

강상인의 옥사가 마무리되고 조정은 평화를 찾았다. 세종은 조심스럽게 국사를 챙기기 시작했다. 군사는 태종의 일이라 관여할 수 없었다. 인사도 대부분 태종이 담당했다. 이러한 때에 대마도의 왜구가 충남 비인현에 출몰하여 노략질을 하는 사태가 발생했다. 대마도는 조선이 개국한 이래 우호적인 관계를 유지하여 토산물을 바치고 식량을 사갔다. 세종 1년 대마도에 흉년이 들지 않았다면 이런 관계는 계속 되었을 것이고 당시에 이미 왜인들이 수백 명이 들어와 있을 정도로 대마도와 조선의 교역이 활성화 되어 있었다. 그러나 세종 1년의 대마도 흉년은 전례가 없을 정도로 극심한 것이었다.

> 대마도 이위군주(二位郡主) 종만무(宗滿茂)가 사람을 보내어 경상도 수군절제사에게 양곡을 꾸어 달라면서 백반(白磻) 68근을 바쳤다는 장계를 올렸기에 백미 20석을 주지 하였다.

세종 1년 2월 29일의 실록 기록이다.

> 대마도 해부(海副) 병도 만호 정흔(正欣)이 사람을 보내어 토산물을 바치고, 따라서 양곡을 빌려 달라고 하므로, 백미 20가마를 주었다.

대마도는 흉년이 심해 조선에 식량을 빌려줄 것을 청했다. 조선에서는 그때마다 그들에게 쌀 20석을 내려 주었다. 그러나 두 번에 걸쳐 조선에서 준 백미 20가마로는 대마도의 흉년을 해결할 수 없었다. 대마도에서는 아사자들이 속출하자 식량을 구하기 위해 약탈원정대가 편성되었다. 대마도에서 전쟁을 할 수 있는 대부분의 남자들과 먼 바다를 항해할 수 있는 병선들이 동원되었다.

대마도의 일본인들은 가까이에 있는 조선을 침략하려고 하지 않았다. 조선을 침략하면 지정학상 보복을 받게 되어 대마도가 온전할 수 없었다. 게다가 조선이 개국한 이래 우호적인 관계를 유지하고 있었기 때문에 원정대는 조선을 지나쳐 요동으로 향했다. 그러나 5월의 풍랑이 문제였다. 요동으로 향하던 원정대 중 30여 척이 풍랑 속을 헤매다가 비인현에 이르렀다. 비인현의 포구에 있던 병선 7척이 이들에 의해 불에 타고 조선 수군이 격렬하게 싸우다가 37명이 전사했다. 충청좌도 만호 김성길(金成吉)은 아들 김윤(金倫)과 같이 항거하며 싸우다가 창에 찔려 물에 떨어졌으나 헤엄쳐서 겨우 살아났다. 그의 아들 김윤은 왜구를 셋이나 쏘아 죽였으나 김성길이 물에 빠진 것을 보고 자신도 뛰어 들어 죽었다. 왜구들은 포구를 점거하고 비인읍성으로 진격했다. 비인현감 송호생이 군사들을 동원하여 처절한 전투를 벌였다. 왜구는 하루 종일 비인성을 공격했으나 이웃 고을에

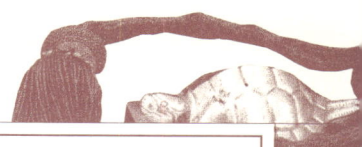

서 구원군이 오자 성 밖의 마을을 노략질하여 돌아갔다. 태종과 세종은 고향현에 있다가 충청관찰사 정진이 보낸 다급한 파발을 받고 즉시 환궁했다.

조정은 긴장감이 감돌았다. 태종은 태조 이성계와 함께 여러 차례 왜구와 전쟁을 벌인 일이 있었다. 왜구와 전쟁에서 승리한 것이 이성계 출세의 큰 발판되기도 했다.

"대마도를 정벌할 계책을 세우라."

태종은 대노하여 김성길을 참형한 뒤에 탁은, 이원, 조말생, 이명덕을 대궐로 불러 허술한 틈을 타서 대마도를 섬멸한 뒤에 물러서서 적이 요동에서 돌아올 때 공격하기로 결정하고 밤늦게야 파하였다. 이튿날 다시 회의를 열자 대신들이 대부분 대마도 정벌을 반대했으나 조말생만이 찬성했다. 태종은 대신들이 하루만에 태도가 바뀌자 벌컥 화를 냈다.

"금일의 의논이 전일에 계책한 것과 다르니 만일 물리치지 못하고 항상 침노만 받는다면 한나라가 흉노에게 욕을 당한 것과 무엇이 다르겠는가. 허술한 틈을 타서 처부수는 것만 같지 못하다. 그러므로 그들의 처자식을 잡아 오고, 우리 군사는 거제도에 물러 있다가 적이 돌아올 때를 기다려 요격하여 그 배를 빼앗아 불사르고 장사하러 온 자와 배에 머물러 있는 자는 모두 구류(拘留)하고 만일 명을 어기는 자가 있으면 베어 버리라."

태종이 단호하게 영을 내리면서 조정은 전운이 감돌았다.

태종은 이종무를 삼군도체찰사로 명하여 중군을 거느리게 하고, 우박·이숙묘·황상을 중군 절제사로, 유습(柳濕)을 좌군 도절제사로, 박초·박실을 좌군 절제사로, 이지실을 우군 도절제사로, 김을화(金乙和)·이순몽(李順蒙)을 우군 절제사로 삼아 경상, 전라, 충청의 3도 병선 227척과 1만 7,285명의 정벌군을 편성했다. 태종은 보위에 오른 뒤에 군사를 양성하고 훈련을 게을리 하지 않았기 때문에 정예군이 충분했다. 태종이 대마도를 정벌하려고 한 것은 이러한 정예군이 준비되어 있었기 때문이었다.

"대마도가 비어 있으니 이때 공격을 하여 대마도를 접수하고 원정군이 돌아올 때를 기다렸다가 토벌하라."

태종은 이종무가 출정할 때 전송하면서 작전 지시까지 내렸다. 어디를 보아도 나무랄 데가 없는 작전이었다. 대신들이 반대를 했으나 태종은 강력하게 밀어붙여 정벌군을 출정시켰다.

이종무는 정벌군을 거느리고 거제도에 이르렀다. 거제도는 수백 척의 병선과 2만 명의 군사가 집결하여 출전할 준비를 했다. 정벌군은 65일치의 식량을 배에 싣고 6월 17일 아침 거제도를 출발하여 6월 21일 대마도에 이르렀다. 대마도는 대규모의 원정대가 요동으로 떠나고 없었기 때문에 포구의 경비가 허술했다. 선봉대에 이어 본진이 상륙하자 별다른 저항도 하지 못하고 혼비백산하여 산으로 달아났다. 이종무의 조선군은 왜군 114명을 살해하고 배 129척을 파괴하고 불을 질렀다. 1,939호의 민가도 불을 지르고 대마도에 포로가 되어 있던 조선인 131명을 구출했다.

이종무는 곳곳에 목책을 세우고 산을 포위했다. 왜인들이 산에서 내려와 투항할 때를 기다리는 고사 작전이었다. 그러나 이미 태종의 선지가 내려왔다는 말을 들은 이종무는 긴장했다. 태종은 호전적인

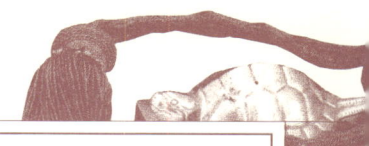

인물이어서 이종무의 정벌군이 거제도에 머물러 있다는 보고를 받자 즉시 대마도로 출정하라는 영을 내렸던 것이다.

이종무는 강상인의 옥사에 연루되었다가 사면을 받은 인물이었다. 태종의 무서움을 누구보다도 잘 알고 있었기 때문에 시간이 걸리는 고사작전을 계속하다가는 어떤 처벌을 받을지 알 수 없어서 마냥 대치를 하고 있는 일이 불안했다.

"저들을 공격해야 하지 않는가?"

상장군 이종무가 절제사들에게 물었다.

"공격하면 매복에 당할 수가 있습니다. 우리는 지세를 잘 모르니 불리합니다. 게다가 우리는 돌아오는 원정군을 기다려 요격해야 합니다."

"상왕께서는 우리가 공격할 것을 바랄 것이다."

"그렇다면 한 부대만 출전시키십시오."

이종무와 장군들은 옥신각신했다.

조선 정벌군은 마침내 제비뽑기를 하여 박실의 부대가 산에 있는 왜군을 공격하게 되었다. 그러나 박실의 부대는 얼마 지나지 않아 왜군의 매복에 걸려 참패했다. 박실의 부대는 포구까지 도망을 쳤으나 왜인들이 맹렬하게 추격을 하여 도륙하는 바람에 180명이 전사하는 참사를 당했다.

"우리가 매복을 만났으니 속히 구원을 해주십시오."

박실은 당황하여 이종무에게 구원을 요청했다.

"우리가 배에서 내리면 위험할 것이다."

이종무는 박실의 부대가 당하는 것을 보고도 구원하지 않았다.

"우리 군대가 위험에 빠졌는데 어찌 구원을 하지 않는다는 말입니까?"

이순몽은 이종무에게 항의하고 자신의 부대를 출동시켜 왜군과 격투를 벌여 간신히 이들을 구원했다. 이종무는 대마도 원정군이 중국에서 돌아올 때가 되었다고 하자 거제도로 철수했다. 이종무의 계획은 거제도에서 기다리고 있다가 중국에서 돌아오는 대마도 원정군을 섬멸하는 것이었다. 그러나 중국에서 돌아오던 대마도 원정군은 이종무의 눈을 피해 무사히 대마도로 귀환하고 이종무는 한양으로 돌아왔다. 박실은 180명의 병사를 잃은 패장이었기 때문에 의금부의 조사를 받았다.

> 어제 명령을 듣고 박실의 패군한 죄를 국문하오니 실이 공술하기를, '이종무가 처음에는 삼군 삼절제사에게 명령하여 다 육지에 내려서 싸우라고 하더니, 뒤에 명령을 변경하여 삼군 절제사 각 한 사람만이 육지에 내리라고 하여서, 실이 제비를 뽑게 되어서 대마도에 상륙하여 왜군과 싸웠다. 허나 적은 강하고 우리는 약하여서 두 번이나 보고하여 구원하기를 청하였으나 이종무가 들어주지 아니하고, 유습과 박초 등도 역시 내려와 구원하지 아니하였으므로, 패전하게 되었다' 하오니, 신들의 생각에는 특별히 박실의 죄뿐이 아니고, 종무와 습과 초도 다 죄를 지은 것이니 모두 국문하는 것이 옳습니다.

의금부 제조 변계량이 태종에게 보고했다. 태종은 이종무를 처벌할 생각이 전혀 없을 뿐 아니라 박실까지 석방했다.

"박실의 공술(供述 : 진술)과 같다고 하면, 이종무가 상장군이 되어서 군령을 실행하지 못하고, 여러 장수로 제비를 뽑아 육지에 내리게까지 하였습니다. 참으로 어처구니없는 일이 아닙니까. 유습이나 박초도 박실과 같이 좌군의 장수가 되었는데 나아갔다가 싸우려 들지 않았으니 마땅히 법으로 치죄하여야 할 것인데 상왕이 종전에 하교하시기를, '군국의 중대한 일은 내가 보고 들어서 결정하겠다' 하였사오니 신등이 수강궁에 나아가 청하겠습니다."

사간원 우정언 이견기(李堅基)가 세종에게 아뢰었다.

"임금이 전대에는 왜적을 정벌하여도 한 모퉁이나 치다가 돌아오는 데 지나지 않았었는데 이번 이종무 등은 한인(漢人) 140여 명을 잡고, 왜적의 집 1,000여 호와 왜적의 배 200여 척을 불태우고, 왜적을 죽인 것이 100여 명이나 되니 공이 적지 않다. 간원들의 마음에는 어찌 공이 없다고 보는가."

세종이 이견기의 말을 반박했다.

"일이 아직도 끝나지 않기도 하였거니와 그 사람의 공이 아주 없다고 한다면 국가의 체모는 어찌 될 것인가. 깊이 생각할 일이다."

원숙이 가만히 이견기에게 말했다. 대마도 정벌이 완전히 끝나지 않았는데 장수들을 처벌할 수 없다는 뜻이었다.

"종무 등이 비록 공이 있다고 하지만 모두가 마땅히 신하로서 할 일인데 무엇이 대단하다고 할 수 있겠습니까. 종무가 상장군이 되어서 군대에 제대로 된 명령을 실행시키지 못하고 많은 사상자를 내게 하였으니 죄가 없다고 할 수 없습니다. 이종무, 유습, 박초 등과 박실을 대질시켜 묻게 되면 죄상이 백일 하에 드러날 것입니다. 그런 연후에 그 죄를 밝히고 처분하시어 뒷사람을 경계하게 하시는 것이 신 등의 바라는 바입니다."

이견기가 거듭 세종에게 아뢰었으나 세종은 허락하지 않았다. 태종은 대마도 정벌의 집념을 버리지 않아 이종무는 다시 대마도를 토벌하기 위해 출정했다.

"왜적이 금주위(金州衛)를 범해서 도적질하니 도독 유강(劉江)이 복병으로 유인하고 수륙으로 협공하여 사로잡은 것이 110여 명이요, 목을 벤 것이 700여 급이매, 적선 10여 척을 빼앗아 수레 5량(輛)에는 수급을 싣고, 50량에는 포로를 실어서 다 북경에 보내었는데 이런 광경을 신이 노상에서 직접 보고 왔나이다."

천추사(千秋使) 통사(通事) 김청(金聽)이 북경에서 돌아와 아뢰었다.

"대마도를 다시 토벌하는 것을 중지하게 하고, 장수들로 하여금 전라, 경상도의 요해처(要害處)에 보내 엄하게 방비하여 적이 통과하는 것을 기다렸다가 추격하여 잡게 하라."

태종이 영을 내렸다. 그러나 대마도의 해적들을 토벌하는 것은 쉬운 일이 아니었다. 태종은 대마도 원정군이 요동에서 대패했다고 하자 비로소 정벌 명령을 철회하고 대마도 도주에게 항복을 하라는 통고를 했다.

"섬 가운데 사람들은 수천에 불과하나 그 생활을 생각하면 참으로 측은하다. 섬 가운데 땅이 거의 다 돌산이고 비옥한 토지는 없다. 농사하여 곡식과 나무를 가꾸어 거두는 것으로 공(功)을 시험할 곳이 없으므로, 장차 틈만 있으면 남몰래 도적질을 한다. 만약 능히 깨닫고 와서 항복하면 좋은 벼슬을 줄 것이며, 두터운 녹도 나누어 줄 것이요, 옷과 양식을 넉넉히 주어서 비옥한 땅에 살게 할 것이다. 이 계책에서 나가지 아니하면 용사 10만 대군을 뽑아서 방방곡곡으로 들여보내 주머니 속에 든 물건같이 오도 가도 못하게 할 것이다. 반드시 어린이와 부녀자까지도 하나도 남지 않을 뿐만 아니라, 육지에서는 까마귀와 소리개의 밥이 되고, 물에서는 물고기와 자라의 배를 채우게 될 것이니 아, 어찌 불쌍히 여길 바 아니겠는가, 족하는 잘 생각하라."

태종이 대마도 도주에게 서신을 보냈다. 항복하지 않으면 10만 대군을 몰고 가서 어린아이까지 다 죽이겠지만 항복하면 조선의 백성으로 받아주겠다는 협박이었다. 대마도 도주 종준(宗俊)의 반응이 어떤 것이었는지 실록에 자세한 기록은 없다. 다만 대마도는 조선과의 오랜 우호 관계를 생각하여 항복은 하되 조선의 백성이 되는 것은 거절했을 것으로 보인다. 대마도 도주 종준이 토산물을 보냈다는 기록과 함께 다음의 기록이 눈에 띤다.

"대마도는 지금 비록 궁박한 정도가 심해서 항복하기를 원하나 속마음은 실상 거짓일 것이오. 만약에 온 섬이 통틀어서 항복해 온다면 괜찮을 것이오. 만약에 그들이 오지 않는다면, 어찌 족히 믿을 수 있겠소."

세종이 대신들에게 말했다.

"비록 온 섬이 통틀어서 항복해 온다 하더라도 그것을 받아들이는 일 역시 어렵습니다."

우의정 이원이 아뢰었다.

"대마도의 백성이 기껏해야 수만에 지나지 않는데 그 정도를 받아들이는 것이 무엇이 어렵겠소?"

세종은 수만 명이 항복을 해와도 걱정할 일이 없다고 큰소리를 쳤다.

"궁박한 정도가 심해서 표면적으로 우호적인 교제를 허락하는 것일 뿐입니다. 반드시 온 섬이 통틀어서 투항해 오지는 않을 것입니다."

"그렇소."

이원의 말에 세종이 수긍했다.

"처음에는 일본의 사신이 적더니 근년에 와서는 칼 한 자루를 바치는 자까지도 사신이라 칭하고서 본인이 직접 물건을 매매하려고 합니다. 그들이 가지고 온 물건들이 길에 널려 있어 역리들이 피해를 입는 일이 적지 않고, 왕왕 예조에까지 와서 공을 따지고 성내어 소리치는 자까지 있으며, 국가에서 일 년 동안에 이들에게 내리는 양곡이 1만여 석이라는 많은 양에 이릅니다. 지금 만약에 그들의 내왕을 허락한다면 마땅히 도성 밖에다 왜관(倭館)을 지어 거기에 머물게 하고 도성 안에 들어오게 하지 말 것이며 대마도주 종준의 문서를 가지고 온 자들은 예로써 접대하여 주고 그 밖에 등차랑(藤次郎) 등이 부리는 사람은 접대를 불허하여 내왕의 개시를 엄격하게 제한해야 할 것입니다."

허조가 아뢰었다. 세종은 허조의 말이 옳다고 판단하여 규정을 마련하도록 지시했다. 세종 1년에 이루어진 대마도 정벌은 이렇게 하여 일단 막을 내린다.

나무를 보지 않고 숲을 보다

성군을 키운 석학들 이수, 유관, 맹사성
조선 최고의 학자들을 모으다 집현전
세종이 사랑한 학자(1) 신숙주
세종이 사랑한 학자(2) 성삼문
학문의 요람, 집현전 집현전의 역할

④

세종이 성군이라고 누구나 인정하고 있지만 한글 창제와 6진 개척 이외에 세종이 무슨 일을 했는지 업적을 나열하기가 쉽지 않다. 과학을 발전시키고 음악을 정비한 것도 공적이다. 그러나 그와 같은 공적은 역대의 다른 임금들에게도 쉽사리 찾아볼 수 있다. 한글 창제만 제외한다면 영조나 정조가 더 위대한 임금일 수도 있다. 세종시대를 태평성대라고 부르고 세종을 성군이라고 부르는 것은 그의 재위 기간에 한 번도 정치적인 옥사가 일어나지 않았다는 점에 있다. 세종은 놀랍게도 재위 기간 중에 정치적인 사건으로 선비들을 사형시키지 않았다. 이는 논란의 여지가 많다. 세종은 선비들이 아닌 중인이나 천민들에게는 종종 사형을 선고하여 기득권 세력을 보호하고 있다는 사실을 알 수 있다. 이것이 진정한 애민이고 훈민인가. 그의 용인술과 통치술에도 문제가 많은 것으로 보인다. 그는 집권 초기에 유정현을 중용했다. 유정현은 양녕대군이 폐세자 될 때 택현론을 내세웠던 인물이고 세종의 장인인 심온에게 압슬형을 가한 인물이다. 그러나 무엇보다도 유정현이 인색한 고리대금업자인데도 세종이 중용을 하고 있다는 사실이다.

> 집에서는 재물에 인색하고 재화를 늘려 비록 자녀라 할지라도 일찍이 마되[斗升]의 곡식을 주지 않았으며, 오랫동안 호조를 맡고 있으면서 출납하는 것이 지나치게 인색하더니, 사람들이 그를 많

※ 경복궁 수정전(修政殿)
  경복궁 안에 있는 목조건물. 세종 때 집현전으로 사용하였고,
  임진왜란 때 소실된 것을 1867년(고종4)에 재건하였다.

이 원망하여 상홍양(桑弘羊)으로 지목하기까지 하였으니 이것이 그의 단점이었다.

실록의 유정현 졸기에는 인색한 면을 부각시켜 인물평을 하고 있다. 상양홍은 중국 한나라의 가혹한 관리여서 가뭄이 심하자 복식이라는 인물이 상양홍을 가마솥에 삶아 죽이면 비가 내릴 것이라고 상소를 올리기도 했다. 졸기를 보면 유정현은 독특한 캐릭터를 가지고 있었던 것이 분명하다. 아들과 딸에게조차 한 됫박이나 한 말의 곡식도 그냥 주지 않았다고 하니 인색한 것이 이만저만이 아니었던 셈이다. 실록에는 그가 피눈물도 없는 고리대금업자라는 사실도 기록하고 있다. 한번은 전 판부사 정역의 집 종이 영의정 유정현의 장리(長利: 돈이나 곡식을 꾸어 주고, 받을 때에는 한 해 이자로 본디 곡식의 절반 이상을 받는 변리) 돈을 꾸어서 썼으나 잇단 흉년으로 가난하고 궁핍하여 미처 갚지 못했다. 유정현이 수금하는 노예를 시켜 종의 집에 보내 그의 가마솥과 작은 솥까지 모조리 빼앗아 왔다. 솥은 밥을 지어 먹어야 하는 생필품이다. 실록의 기록대로라면 자신의 돈을 꾸어 쓴 정역의 종에게 솥까지 뺏어갈 정도로 유정현은 악덕 사채업자인 셈이다. 종이 울면서 정역에게 호소하자 정역이 효령대군에게 고하여 유정현에게 다시 돌려줄 것을 청했다. 효령대군은 정역의 사위였다.

'한 나라의 영의정이라는 자가 이러한 짓을 하니 심히 부끄럽다.'

효령대군이 그렇게 생각하고 유정현의 아들 총제 유장(柳璋)을 불러 호통을 쳤다.

"네 아비가 지위가 수상에 이르러 나라의 녹을 받는 것이 적지 아니하고, 또 주상의 백성을 아끼시는 뜻을 본받아 백성을 구휼하여 주는 것이 그의 직분인데 이제 궁핍한 종놈의 솥과 가마를 빼앗아 가니 영의정이란 자가 이리 해도 되는 것이냐? 만일 돌려보내지 아니하면 내가 네 아비의 종을 잡아다가 엄하게 때리고 임금에게 계달할 것이니 너는 즉시 돌아가 너의 아비에게 고하라."

효령대군이 펄펄 뛰면서 유정현의 아들 유장을 질책했다.

"저의 아비가 저의 말을 듣지 아니한 지 오래 되었으니 다른 사람을 시켜 고하는 것이 좋을 줄로 아옵니다."

유장이 고개를 숙이고 천연덕스럽게 말했다. 임금의 형인 효령대군이 질책하는데도 잘못을 인정하지 않는 것이다. 유정현은 인색하여 곡식 한 톨도 남을 주는 일이 없고, 집 뒤 동산에 있는 과일도 모두 시장에 팔아서 조그마한 이익까지 계산했다고 한다. 유정현은 자신의 집 반인(伴人: 수행원) 중 장리 준 돈을 다 받아들인 자에게는 상을 주고 역승(驛丞: 조선시대 각 역에 있던 종9품 벼슬)의 임명까지 하여 재물을 끌어모은 것이 7만여 석이나 되었다니 부를 축적하는 데는 피도 눈물도 없는 사람이라고 볼 수 있다. 이런 인물을 세종은 태종이 죽은 1년 후까지 중용하고 있는 것이다.

"비록 죽을망정 다시는 영의정의 장리는 꾸어 쓰지 않겠다."

유정현이 얼마나 가혹했는지 백성들이 원망을 하면서 말했다. 그러나 그가 죽을 때까지 세종은 곁에 가까이 두고 정치를 했다. 이는 택현론으로 자신을 세자가 되게 해준 공로에 보답하는 측면도 있었으나 유정현이 사적으로는 인색해도 공적으로는 철저하게 임무를 수행했기 때문이었다. 이는 세종이 개인의 단점을 보지 않고 장점만을 보는 독특한 용인술에 있었다.

성군을 키운 석학들 | 이수, 유관, 맹사성

　세종이 탁월한 리더십으로 조선의 르네상스를 이끈 원인(遠因)과 근인(近因)은 무엇인가. 원인은 태종의 무단 정치에 의한 정권의 안정에 있었고 근인은 세종이 자신이 다방면에서 해박한 지식을 갖고 있었다는 사실을 꼽을 수 있다. 세종의 지식은 두말할 것도 없이 방대한 독서에서 나왔다. 세종 스스로 고백하고 있듯이 그는 독서광이오, 책벌레였다. 한 번 책을 손에 잡으면 밤이 늦도록 놓는 법이 없었다. 일반인들에게 세종은 재미없고 무미건조한 인물이다. 태종이 죽은 뒤로 그의 생애는 언뜻 보기에 밋밋하기만 하다. 그러나 내면은 그 어느 임금보다 치열했고 파란만장했다. 그의 드라마틱한 생애는 일반인이 접근하지 않았던 지식 세계에 있다. 세종은 양녕대군과 달리 잡기를 좋아하지 않았다. 무장 출신인 태조 이성계의 영향으로 대부분의 왕자들이 말타기와 활쏘기를 배울 때 세종은 책을 읽었다. 책만 읽고 운동을 하지 않으니 살이 찔 수밖에 없었다.

　주상은 사냥을 좋아하지 않아 몸이 비중(肥重)하시니 마땅히 때때로 궁을 나와 노니셔서 몸을 존절히 하셔야 한다. 문과 무예 어느 하나를

편벽되이 할 수 없으니 나는 장차 주상과 더불어 무사(武事)를 강습하려 한다.

태종이 상왕으로 있을 때 하연에게 한 말이다. 비중하다는 것은 살이 찌고 무겁다는 말이니 뚱뚱하다는 뜻이다. 오죽하면 태종이 절제하라는 뜻으로 몸을 존절히 하시라고 했겠는가. 이제 세종의 내면인 지식 세계로 들어가 보자. 그의 지식 세계가 어떻게 형성되었는지 알기 위해서는 스승들을 살펴보아야 한다.

세종은 왕자였을 때 이수(李隨)에게 학문을 배웠다. 이수는 황해도 봉산군 사람으로 젊어서 학문을 좋아하여 명성을 떨치다가 생원시험에 1등으로 합격하고, 태종이 경학(經學)에 밝고 행실을 밝게 닦은 사람을 찾을 때 도관찰사의 추천으로 성균관에 들어갔다. 그러나 과거를 보기 위해 얼마 되지 않아 고향으로 낙향했다.

"지존께서 그대가 산야에 숨어 있음을 들으시고 특별히 명을 내려 부르시니, 곧 길을 떠나 달려오는 것이 마땅하다."

그가 고향에서 과거 공부를 하고 있을 때 지신사 김여지(金汝知)가 왕명을 받고 편지를 보내왔다. 이수가 서울에 도착하자 뜻밖에 태종이 왕자들에게 글을 가르치라는 명을 내렸다. 세자에게는 당대의 석학들이 서연(書筵)을 열어 학문을 가르치고 있었으나 왕자들에게는 석학이 아닌 일반 선비들에게 글을 가르치게 한 것이다. 이수는 젊은 사람들 중에는 학문이 뛰어났으나 당대의 석학은 아니었다. 그럼에도 불구하고 이수는 세종이 학문을 좋아하게 만든 인물이었고 세자에게만 가르치던 《대학연의》를 읽게 했다. 《대학연의》는 제왕학이라고 하여 치도의 근본이 되는 책이다. 그러나 세종이 글을 깨우친 뒤에 이수에게 처음 배운 것은 《소학》이었다. 세종은 《소학》을 30번이나 외울 정도로 열심히 읽었다. 이수는 세종에게 엄격했던 스승이었다. 세종의 학문하는 태도는 오로지 이수에게 나온 것이다.

"학문은 단순히 암송하는 것이 아니라 그 깊은 이치를 깨달아야 하는 것입니다."

이수는 세종에게 암송을 하는 것보다 정독을 하고 그 안의 깊은 뜻을 깨우쳐야 한다고 가르쳤다. 세종은 이수의 영향을 받아 학문의 세계에 빠져들었고 스스로 책 읽는 습관을 들였다. 이수는 이때의 인연으로 세종이 즉위했을 때 선공정으로 있었으나 동부대언으로 특별히 임명되고, 또 그 이듬해에 동지총제에 제수되어 순식간에 당상관의 반열에 올랐다.

세종은 세자에 책봉되자 비로소 석학들을 스승으로 모시면서 본격적인 제왕학을 배우게 되었다. 태종은 세종이 세자에 책봉되자마자 유관(柳觀)을 예문관 대제학 세자좌빈객으로, 맹사성(孟思誠)을 공조 판서 세자우빈객으로, 이지강(李之剛)을 호조 참판 세자좌부빈객으로, 권우(權遇)를 예문관 제학 세자우부빈객 판승문원사에 임명했다. 유관, 맹사성, 이지강, 권우는 모두 당대의 석학들이었다.

유관은 황해도 문화현 출신으로 경사(經史)에 밝고 문신으로는 드물게 무경(武經: 무예나 병법서)까지 섭렵한 인물이었다. 집에 있을 때 살림을 돌보지 아니하고 오직 서사(書史)만을 벗 삼아 스스로 즐기고 비록 가난하여 먹을 것이 없어도 조금도 개의치 않았다는 청백리다. 청렴결백하고 검소하여 거처하는 그 집은 비를 가리지 못했다.

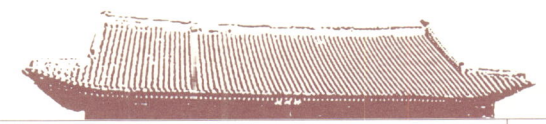

집에 7만 석을 쌓아 놓고 있는 유정현과는 대조적인 인물이다. 언젠가 한 달이 넘도록 장맛비가 내려 비가 주룩주룩 새자 유관이 손수 지우산을 펴들고 비를 막았다.

"우산 없는 집은 어떻게 견딜까?"

유관이 부인 보기에 민망했는지 공허하게 웃으면서 말했다.

"우산 없는 자는 지붕이 새지 않을 것입니다."

부인의 말에 유관이 그렇겠다고 하면서 껄껄대고 웃었다. 세상 사람들이 그 이야기를 듣고 화제로 삼아 유관의 검소한 것을 찬양하는 동시에 그가 세상 물정에 어둡다는 사실을 비웃었다. 그러나 지식인들은 유관의 말에 남보다 뛰어난 것이 두 가지이니, 비가 아직 다 내리지 않았다는 것이 그 하나이고, 백성들을 아직 다 구제하지 못했다는 것이 또 하나라고 평가했다. 유관은 초가집 한 간에 베옷과 짚신으로 일생을 담박하게 살았다. 조정에서 물러난 뒤에는 후학을 가르치는 일을 게을리 하지 않아 제자들이 구름처럼 모여들었는데 누구라도 와서 인사를 하면 고개를 끄덕일 뿐 그들의 성경도 묻지 않았다.

"매일 조회에 참석하시니 전하의 노고가 대단합니다. 청컨대 격일로 참석하소서."

유관이 늙었을 때 세종에게 아뢰었다.

"아뢴 뜻은 내가 알았소. 경이 늙은 몸으로 힘써 참여하니 내가 실로 두렵소. 후일 의논할 일이 있으면 사람을 시킬 것이니 경은 몸 편히 수양하여 쇠약한 몸을 더욱 보호하오."

세종은 늙은 스승이 경연에 참석하자 옷깃을 여미면서 말했다. 스승에 대한 세종의 공경하는 태도가 어떤지 알 수 있는 대목이다.

세종은 유관이 죽자 손수 상복을 입고 문상을 했다.

맹사성 역시 청백리로 명성을 떨친 인물이며 예절에 밝았다. 벼슬하는 선비로서 비록 품계가 얕은 자라도 찾아오면, 반드시 관대(冠帶)를 갖추고 대문 밖에 나와 맞아들여 상좌에 앉히고, 물러갈 때에도 역시 몸을 꾸부리고 손을 모으고서 가는 것을 보되 손님이 말에 올라앉은 후에라야 돌아서 문으로 들어갔다.

유관은 88세, 맹사성은 79세까지 장수했다.

세종은 이토록 뛰어난 인물들에게 제왕학을 배웠다. 그러나 세자로 있는 기간이 짧아서 세종이 실제로 제왕학을 배울 수 있었던 것은 보위에 오른 뒤라고 할 수 있다. 세종이 보위에 오르면서 그를 가르치는 스승들도 조선 최고의 인재들이 임명되었다. 영경연사 박은·이원, 지경연사 유관·변계량, 동지경연사 이지강, 참찬관 하연·김익정·이수·윤회, 시강관 정초·유영, 시독관 성개, 검토관 김자, 부검토관 권도 등이 《대학연의》를 강론했다. 《대학연의》는 조선시대에 간행한 송나라의 학자 진덕수(眞德秀)의 대학 주석서로 제왕학으로 불리는 책이다. 수신제가와 치국평천하의 요체를 담았다.

"과거를 설치하여 선비를 뽑는 것은 참다운 인재를 얻으려 함인데 어떻게 하면 선비로 하여금 헛된 부귀영화를 버리게 할 수 있겠는가?"

세종은 임금이 되어 공부를 하는 첫날 경연관들에게 과거에 대해 질문했다.

"초장(初場)에서는 의(疑 : 경전의 의난처(疑難處)를 논술로 풀이하는 것)와 의(義 : 경전 의의(意義)를 해설하는 문장)로 경학의 심천을 보

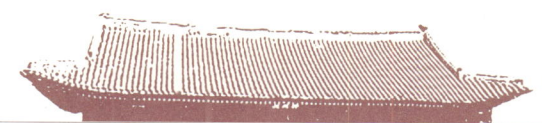

고, 종장에서는 대책(對策 : 어떤 사건에 대하여 처리 방법을 답하는 것. 시험을 책문, 답을 대책이라고 부름)으로 그 사람의 포부를 보는 것이 당초에 법을 만든 뜻입니다. 근자에 학생이 실학을 힘쓰지 않으므로, 초장에서 강경(講經 : 경서 중의 한 구절을 지정하여 암송하고 강해하는 것)하도록 법을 개정하였더니, 이로 말미암아 영민하고 예기 있는 쓸 만한 인재가 모두 무과로 달려갔습니다."

변계량과 이지강이 대답했다. 조선시대의 과거 시험은 초장, 중장, 종장으로 나누어 실시했다.

"강경은 가장 어려운 일이니 지금 비록 서 재상으로 하여 강론케 한다 하여도 어찌 다 정통할 수 있겠는가."

세종은 《대학연의》가 쉽지 않을 것이라고 한숨을 내쉬었다. 이에 영경연 외에 동지경연 이상은 하루에 한 사람씩 진강(進講)하고, 시독관 이하는 세 번으로 나누어 진강하며, 참찬관 김익정·이수·윤회도 역시 하루에 한 사람씩 진강하라고 명하였다. 이는 스파르타식 공부로 세종은 그야말로 눈에 불을 켜고 공부를 하게 된 것이다. 양녕대군이 6년 만에 마친 《대학연의》를 세종은 불과 6개월 만에 마쳤다. 그리고 《대학연의》를 불과 사흘 만에 다시 시작하여 이번에는 백일 만에 마쳤다.

세종은 첫 경연 이후 하루도 거르지 않고 경연에 나아가 공부를 하여 학문을 높였다. 태종이 상왕정치를 한 4년이 세종에게는 최고의 지식인으로 발돋움하는 기간이었다.

조선 최고의 학자들을 모으다 | 집현전

세종은 즉위 1년에 좌의정 박은의 주청으로 집현전을 설치했다. 집현전은 조선 전기에 오로지 학문 연구를 위해 궁중에 설치한 기관으로 중국에서 시작되어 당나라 현종 때 제도가 정비되었다. 학사를 두고 시강(侍講 : 강의), 장서(藏書 : 책의 보관), 사서(寫書 : 책이나 문서를 베끼는 일), 수서(修書)·지제고(知制誥 : 왕의 교서 등을 지음) 등을 담당하게 했다. 우리나라에서 집현전이라는 공식 명칭을 사용한 것은 고려 인종 때로 대학사, 학사를 두어 시강기관(侍講機關)으로 삼았으나 충렬왕 이후 고려가 부패하면서 유명무실한 기관이 되었다.

조선시대에 넘어와 정종 때 집현전이 일시적으로 설치되었으나 얼마 뒤 보문각(寶文閣)으로 개칭되었고, 학문에는 관심이 없던 정종으로 인해 보문각은 목적을 다하지 못한 채 방치되었다. 그러나 세종은 인재의 양성과 문풍을 진작하기 위해 박은의 주청이 있자 아름다운 일이라면서 집현전 설치를 지시한 것이다.

조선의 르네상스를 이끈 집현전은 이렇게 하여 시작되었다. 집현전은 세조 때에 혁파되었으나 세종이 당대의 인재들을 모아 학문을

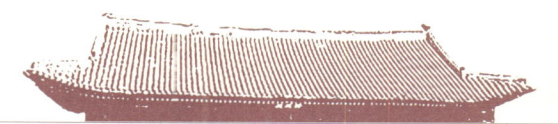

발전시키고 문풍을 진작시켰기 때문에 혁파되었어도 그들의 영향을 받아 많은 학자들이 등장하게 되었다.

집현전 학사의 수는 설치 당시에는 10명이었다. 그러다가 1422년에는 15명, 1426년에는 32명으로 점차 늘었으나, 1436년에 20명으로 축소되어 고정되었다. 자격은 학문이 뛰어나야 했고, 비교적 젊은 나이의 신진 학자들이 배치되었다. 집현전의 설치 목적이 신진 학자의 양성과 문풍의 진작에 있었기 때문에 집현전은 차츰차츰 천재 학자들의 요람이 되어 갔다. 집현전 학사에 임명되면 다른 관직으로 옮기지 않고 오로지 학문 연구에만 몰두해 오늘날의 대학교수들과 비슷한 위치에 있었다. 그들은 관리라기보다 학자들이었고 나라를 다스리는 일보다 학문 연구에 집중했다. 이들에게는 많은 지원이 이루어졌다. 세종의 각별한 관심 아래 도서를 구입하거나 편찬하고 보관하고 인쇄하여 반포했다. 필요한 학사들에게는 휴가를 주어 산사에서 공부를 하게 하기도 했다.

정인지(鄭麟趾), 신숙주(申叔舟), 권채(權採), 성삼문(成三問), 최항(崔恒), 박팽년(朴彭年), 이개(李塏), 윤회(尹淮), 설순(偰循), 유성원(柳誠源), 하위지(河緯地) 김문기(金文起) 등 수많은 신진 학자들이 집현전을 거쳐 요직에 등용되었다.

"내가 너희들에게 집현관(集賢官)을 제수한 것은 나이가 젊고 장래가 있으므로 다만 글을 읽혀서 실제 효과가 있게 하고자 함이었다. 그러나 각각 직무로 인하여 아침저녁으로 독서에 전심할 겨를이 없으니, 지금부터는 집현전에 출근하지 말고 집에서 전심으로 글을 읽어 훌륭한 성과를 나타내어 내 뜻에 맞게 하고, 글 읽는 규범에 대해서는 변계량의 지도를 받도록 하라."

세종이 권채(權綵)와 신석견(辛石堅), 남수문(南秀文)을 불러 지시했다. 이는 사가독서(賜暇讀書 : 유능한 문신을 뽑아 휴가를 주고 독서당에서 학문만 하게 하던 제도)의 첫 시행으로 이 과정을 마친 사대부들 중에 대제학이 많이 배출되었다. 세종은 집현전 학사들을 총애하여 여러 가지 혜택을 주었을 뿐 아니라 그들과 함께 학문을 연마했다. 세종의 집현전 학자들에 대한 애정은 권채라는 인물을 통해 살필 수가 있다. 그가 40세에 죽었을 때 조선의 문장이 날로 떨어졌다고 불렀을 정도로 그는 문장에 뛰어나서 세종도 각별한 애정을 가지고 있었다. 그러나 권채는 학문은 훌륭했으나 수신제가를 하지 못해 사관들의 비난을 받았다. 하루는 형조판서 노한이 퇴청을 하다가 노복으로 보이는 한 사내가 지게에 어떤 물건을 지고 가는 것을 발견했다. 노한이 타고 가던 초헌을 멈추게 하고 자세하게 살피자 앙상하게 마른 다리가 가마니 밖으로 삐져나와 있어서 사람의 형상이 뚜렷해 보였다.

"멈춰라! 저 가마니 안에 있는 물체가 사람이 아니냐?"

노한은 법을 다루는 형조판사다. 즉시 초헌에서 내려 노복의 지게를 조사하자 뜻밖에 죽어가는 여인이 가마니에 묶여 있었다. 노한은 노복과 여인을 형조로 끌고 갔다. 여인은 의원을 불러 치료하고 노복은 엄중하게 조사했다. 그러자 노복은 집현전 학사 권채의 종이고 여인 역시 여종이었으나 권채가 첩으로 삼자 부인이 학대를 하여 죽어가고 있다는 사실이 밝혀졌다. 노한은 사건에 집현전 학사가 연루되었기 때문에 세종에게 달려가서 보고했다.

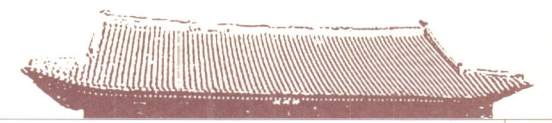

"신이 퇴청을 하다가 늙은 종 하나가 지게에 죽어가는 여인을 지고 가는 것을 발견하여 형조에 데리고 와서 조사를 했는데 여인은 어찌나 심하게 학대를 받았는지 사람의 형상은 갖추었으나 뼈가 앙상하게 드러나 있을 정도로 말라 있어서 사람인지 해골인지 분별을 하기가 어려울 정도였습니다. 신이 조사를 하자 집현전 학사 권채의 여종으로 권채가 첩으로 삼자 도망가려는 것을 붙잡아 그 지경으로 만들었다고 합니다."

"권채가 종을 어떻게 학대했는가?"

"권채의 여종 덕금이 도망치려고 하자 권채와 부인이 온갖 매질을 하고 종들을 시켜 덕금에게 똥오줌을 먹게 했다고 합니다."

세종과 좌우의 대신들이 경악하여 웅성거렸다. 권채의 부인은 여종 덕금에게 구더기가 들끓는 똥오줌을 먹게 했는데 여종이 먹지 않으려고 하자 항문을 찔러서 고통을 이기지 못한 여종이 억지로 먹게 만들었다. 조선을 뒤흔든 엄청난 사건이었다. 권채와 부인은 의금부에서 엄중한 조사를 받았다. 권채는 외방에 나가 있을 때 일어난 일이라 자신은 모른다고 법망을 벗어났고 권채의 부인은 사대부의 부인이라고 하여 곤장을 맞는 대신 속장을 하여 석방이 되었다.

세종은 이 사건을 여종의 입장에서 다룬 것이 아니라 기득권 세력의 입장에서 다루었기 때문에 애민 사상의 이율배반을 엿볼 수 있다. 앞에서도 언급했지만 세종은 선비들을 보호했다.

전대미문의 잔인한 짓을 저지른 권채는 죽은 부윤 권우(權遇)의 아들로 어릴 때부터 문명이 높았다. 장성하자 시문을 잘하여 권제(權踶)와 더불어 쌍벽을 이루면서 문장의 전형(銓衡)을 이룬다는 평가를 받은 인물이다. 권채는 세종 20년 5월 10일에 우승지로 있다가 죽는데, 세종이 쌀 20석과 콩 10석, 종이 100권(卷), 관곽(棺槨) 등을 부의(賻儀) 내릴 정도였다. 그때 그의 나이 겨우 40세에 죽어 사람들이 경악하고 탄식했다고 한다. 이토록 잔인하고 엽기적인 사건이 파면과 속전으로 끝난 것은 세종이 권채를 지극히 신임하고 있었기 때문이었다. 그러나 권채의 포악하고 잔인한 행위는 그가 단순한 관리가 아니라 소위 시문이 뛰어난 지식인이었기 때문에 더욱 충격적이다. 권채와 부인 정씨에게 학대를 당한 여종 덕금은 끝내 회생하지 못하고 죽는다. 그러나 권채는 특별한 벌을 받지 않고 석방되어 세종의 집현전 학사들에 대한 편애를 알 수 있다.

권채는 작성도(作聖圖)를 저작하고 유호통(俞好通), 노중례(盧重禮), 박윤덕(朴允德) 등과 함께 《신증향약집성방(新增鄉藥集成方)》을 편찬하여 간행했다.

권채는 조선 최고의 문장가로 불렸으나 40세로 요절했기 때문에 세종시대에 크게 기여하지는 못했다.

세조가 계유정난을 일으켜 김종서와 황보인을 척살한 뒤에 보위에 오르고 사육신의 단종복위운동이 실패했을 때 단종을 영월로 귀양 보내고 사사할 것을 요구하여 충절의 문재로 많은 비난을 받았으나 집현전 학사들 중에 가장 뛰어난 인물의 한 사람이 정인지였다.

정인지는 석성 현감 정흥인(鄭興仁)의 아들인데 1936년에 태어났다. 세종이 1937년에 태어났으므로 한 살이 더 많았다. 정인지는 어릴 때부터 총명하고 영민하여 다섯 살 때에 이미 책을 읽을 줄 알아 눈에 글만 스치면 암송하여 신동이라는 말을 들었다. 조선의 석학

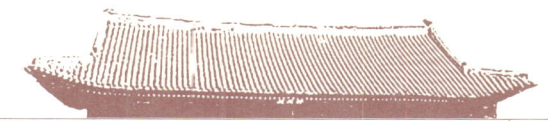

이라고 불리는 정도전과 권우에게 글을 배워 16세에 생원시에 합격하였고 이어 문과에 장원으로 뽑혀 예빈시 주부, 사헌부 감찰, 예조 좌랑을 거쳐 병조 좌랑으로 옮겼다. 연소한 나이에도 빈틈없이 일을 처리했을 뿐 아니라 학문이 출중하여 조야에 명성을 떨쳐 그의 이름이 태종의 귀에까지 들어갔다.

"정인지가 있는가? 있으면 앞으로 나오라."

어느 날 태종이 정인지를 대신들 앞으로 불렀다.

"내가 그대의 이름을 들은 지 오래였으나 다만 얼굴을 알지 못하였을 뿐이다. 머리를 들라. 내가 얼굴을 볼 것이다."

태종이 정인지에게 영을 내렸다. 정인지가 황송하여 머리를 들자 태종이 자세히 살폈다.

"나라를 다스림은 인재를 얻는 것보다 더 먼저 해야 할 일은 없다. 정인지는 크게 등용할 만하다."

태종이 대신들에게 말했다. 정인지는 이후 중시에 장원을 하고 중용되었다. 세종과 정인지의 관계는 각별하다. 나이가 비슷한 측면도 있었으나 세종은 정인지의 높은 학문과 식견을 좋아했다. 세종 때의 많은 업적들이 정인지와의 합작으로 이루어졌다고 해도 과언이 아닐 정도로 그들은 많은 일을 해나갔다.

정인지는 세종을 거쳐 문종에 이르고 세조가 김종서와 황보인을 제거하는 정변을 일으켰을 때는 적극적으로 가담하여 우의정에 오르고 세조가 즉위하자 영의정이 되었다. 정인지의 최대 오점은 권력을 가진 자의 편에 붙었다는 사실이다. 정인지는 성종이 즉위한 뒤에도 부귀를 누리다가 83세로 죽었다.

정인지는 타고난 자질이 호걸스럽고 학문이 뛰어나 통하지 않은 곳이 없었다. 세종이 천문과 역산에 뜻을 두어 크고 작은 간의(簡儀), 규표(圭表)와 흠경각(欽敬閣 : 자동으로 작동하는 천문시계인 옥루(玉漏)를 설치한 건물), 보루각(報漏閣 : 표준시계를 설치했던 경복궁의 전각)의 제작을 하려고 했으나 다른 대신들은 그 깊이를 이해하지 못했다.

"정인지만이 이것을 함께 의논할 수 있다."

세종이 역대의 역법(曆法)의 같고 다른 점과 일식, 월식을 따져서 편찬하게 하였는데 정인지가 직접 맡아서 계산한 것은 매우 정확하여 노련한 일관(日官)이라도 따라갈 수가 없었다. 정인지는《자치통감훈의(資治通鑑訓義)》,《치평요람(治平要覽)》,《역대병요(歷代兵要)》,《고려사(高麗史)》도 참여하여 편찬했다.

집현전의 최고 덕목은 한글 창제와 수많은 저서의 편찬이었다. 정인지는 이 모든 일에 관여했을 뿐 아니라 음악과 과학의 발전에도 많은 공로를 남겼다. 그러나 높은 학문과 경륜을 갖춘 정치가임에도 불구하고 행실에서는 비난을 받았다. 역사를 기록하는 사관의 평가는 냉정하다. 정인지는 정치적인 행로도 비난을 받았지만 사생활도 좋은 평가를 받지 못했다.

> 정인지는 성품이 검소하여 자신의 생활도 매우 박하게 했다. 그러나 재산 늘리기를 좋아하여 여러 만석(萬石)을 갖고 있었다. 그래도 전원(田園)을 널리 차지했으며 심지어는 이웃에 사는 사람의 것까지 많이 점유하였으므로 당시의 의논이 이를 그르다고 하였다.

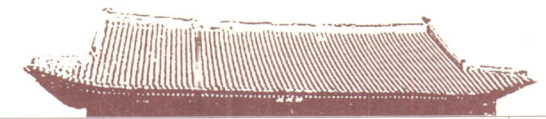

실록 정인지의 졸기에 있는 기록이다. 세종은 정인지의 이와 같은 사생활을 알고도 중용한 것일까. 세종시대를 살피면서 종종 끝이 없는 의문에 사로잡히는 것이 이러한 의문이다.

세종이 사랑한 학자(1) | 신숙주

　세종은 집현전 학사들을 총애했다. 세종이 집현전 학사들을 총애한 고사가 야사에서는 자주 발견된다. 그러나 권채나 정인지에게서 찾아볼 수 있듯이 충절의 문제는 다르다. 역모나 정변이 일어나지 않은 태평성대는 충신과 간신을 분리하지 않았으나 성군이 죽고 왕자들이 치열한 권력 쟁탈에 휘말리자 집현전 학사들의 성격이 드러났다. 집현전 학사들 중에 오랜 벗이면서도 정치적인 이해관계로 등을 돌리는 인물들이 신숙주와 성삼문이다. 이들은 세종에게 가장 총애를 받은 학자들이기도 했다.

　신숙주는 고령현 출신으로 공조 우참판 신장(申檣)의 아들이었다. 보통 아이들과 달리 글을 읽을 때 한 번만 보면 모두 기억했다는 천재였다. 세종이 시부 진사를 두었을 때 초시(初試)와 복시(覆試)에 연이어 장원을 했고, 또 생원에 합격하고 문과에 3위로 급제했다.

　집현전 부수찬에 제수되자 활발하게 활동하여 세종의 총애를 받았다. 국가에서 사신을 보내어 일본과 교빙하게 되자 신숙주를 서장관으로 임명했다. 서장관은 정사나 부사보다 낮은 직책이었으나 문필이 뛰어난 신하들이 임명되는 것이 당시의 관례였다. 신숙주가 마침

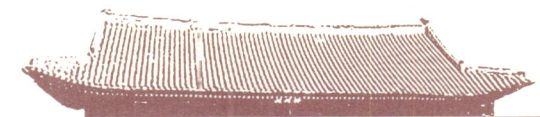

병들었다가 처음으로 나왔는데 세종이 편전에서 인견했다.

"들으니 네가 병으로 쇠약하다고 하는데 먼 길을 갈 수 있겠느냐?"

세종이 신숙주를 걱정스럽게 살피면서 물었다.

"신의 병이 이미 나았는데 어찌 감히 사양하겠습니까?"

신숙주는 공손히 아뢰었다. 신숙주가 도성을 출발하려고 하자 친척과 옛 친구들은 사별하는 것이라고 여겨 눈물을 흘리는 자까지 있었다. 신숙주의 낯빛은 지극히 온화하여 조금도 난처한 기색이 없었다. 신숙주가 일본에 도착하자 수많은 일본인들이 붓과 종이를 들고 몰려들어 시(詩)를 써 달라고 사정했다. 일본인들은 조선에서 사신이 오면 글을 받아서 가보로 삼는 이들이 많았다. 신숙주는 붓을 잡고 즉석에서 써 주었으므로 일본인들이 모두 탄복했다.

신숙주는 일본에서 사신의 임무를 무사히 마치고 대마도에 이르렀다. 조선은 대마도에서 조선에 드나드는 배의 숫자를 약정하려고 했다. 그러나 대마도 도주는 뱃사람들이 일제히 반대하자 머뭇거렸다.

"배의 숫자가 정해지면 권한이 도주에게 돌아갈 것이요, 아랫사람들에게 이익 되는 바가 없을 것이다. 숫자를 정하지 않으면 사람들이 마음대로 행할 것인데 무엇 때문에 도주에게 의존하겠는가? 그 이롭고 해로움은 지혜로운 자를 기다리지 아니하더라도 뒷날에 알 수 있을 것이다."

신숙주가 대마도 도주를 설득했다. 도주는 마침내 약정을 맺었다. 사신을 태운 배가 대마도를 출항하여 조선으로 향할 때 갑자기 폭풍우를 만났다. 배에 탄 사람들이 공포에 질려 어쩔 줄을 몰라 했다. 산더미 같은 파도가 덮칠 때마다 배가 뒤집힐 듯이 기우뚱거렸다.

"장부는 천하를 주유한다고 했는데 내가 이제 일본국을 보았고, 또 이 바람으로 인하여 배가 중국으로 간다고 한들 어떠하겠는가. 금릉(金陵)에 이르러 예악문물(禮樂文物)의 성(盛)함을 얻어 보는 것도 또한 유쾌한 일이 아니겠느냐?"

신숙주가 태연한 표정으로 호탕하게 웃었다. 위기에서도 흔들리지 않는 대인의 풍모가 엿보였다. 그 배에는 일본인들에게 납치되어 임신을 한 조선인 여자가 타고 있었다.

"아이 밴 여자를 배에 태웠으니 폭풍우가 몰아치는 것이다. 이 여자를 바다에 던져 용왕의 노여움을 풀어야 한다."

뱃사람들이 임신한 여자를 바다에 던지려고 했다. 임신한 여자는 뱃전에 쪼그리고 앉아서 폭풍우를 맞으면서 울고 있었다.

"남을 죽이고 삶을 구하는 것은 장부로서 차마 할 바가 아니다."

신숙주가 여자를 위해 뱃사람들에게 호통을 쳤다. 얼마 지나지 않아 세차게 몰아치던 비가 그치고 바람이 자게 되어 일행이 모두 무사히 조선으로 돌아왔다.

세종은 문치(文治)에 뜻을 두어 독실하게 인재를 기르며, 훌륭한 사람을 만드는 미덕이 옛사람보다도 훨씬 뛰어났다. 집현전을 설치하고 많은 선비들을 모아서 해가 저물고 밤이 깊도록 학문을 토론하게 하며, 또 학사에 대한 총애가 융성하니, 사람들은 집현전에 들어가는 것을 영주(瀛州: 신선이 있는 곳)에 오른 것으로 비교하였다. 문충공 신

숙주가 어느 날 숙직을 하는데, 누각(漏刻)이 이전(二箭)을 내리자, 임금이 소환(小宦: 어린 내시)에게 명하여 당직이 무엇을 하는가 엿보고 오라 하였다. 소환이 돌아와 아뢰기를, "촛불을 켜놓고 글을 읽더이다" 하는지라, 이같이 서너 차례 가서 엿보게 하였으나, 아직도 책을 덮지 않고 읽고 있었다. 첫 닭이 울고서야 비로소 취침한다고 보고 하는지라, 임금이 가상히 여기고 돈피 갖옷을 깊이 잠든 틈에 덮어주게 하였는데, 신숙주는 아침에 일어나서야 비로소 깨달았다. 선비들은 이 말을 듣고 더욱 학문을 권장했다.

신숙주는 중시(重試)에 합격하여 집현전 응교에 제수되었다.

신숙주는 세조가 사은사(謝恩使)가 되어 중국에 갈 때 서장관으로 따라갔다. 이때 세조와 인연이 되어 계유정난에 참여하여 공신이 되었다. 세조 때 영의정에 올랐다가 예종이 즉위하자 세조의 유명(遺命)으로써 원상(院相)을 설치하자 신숙주도 참여하였다. 예종이 승하하자 중외(中外)가 황황하여 어찌할 바를 알지 못하였는데 신숙주가 대왕대비에게 품(稟: 어떤 일의 가부나 의견을 글이나 말로 묻다)하여 대책(大策)을 처음으로 정하였다. 영의정에 제수되자 신숙주가 여러 번 사양했으나 대왕대비인 정희왕후가 영을 내렸다.

"세조께서 경을 일컬어 위징(魏徵: 중국 당나라 초기의 공신학자)이라 하였는데 이제 이를 잊었느냐? 어찌하여 사양하느냐?"

신숙주는 마지못해 또 다시 영의정을 맡았다. 위징은 중국 당 태종 때의 강직한 재상이다. 신숙주의 부음이 들리자 성종이 몹시 슬퍼했다.

"내가 깊이 의지하던 대신들이 근래에 많이 죽었는데 이제 영의정이 또 죽었으니, 내가 매우 애처롭게 여긴다."

성종은 장례를 후하게 치르라고 지시한 뒤에 탄식했다.

신숙주는 성품이 고매하고 관후하면서 활달하였으며 경사에 밝아서 의논에 항상 대체(大體)를 지녀서 까다롭거나 자질구레하지 아니하였다. 대의(大義)를 결단함에 있어 강물을 터놓은 것과 같이 막힘이 없어서 조야(朝野)가 의지하고 중하게 여겼다. 친척을 은혜로써 위무(慰撫)하였고, 요우(寮友)를 성심으로 대접하였으며, 비록 복례(僕隷)와 같이 천한 자라도 모두 은의(恩義)로써 대우하였다. 죽게 되자 듣는 자가 애석해하지 않는 이가 없었고 눈물을 흘리는 자까지 있었다. 유명(遺命)으로 검소하게 장례를 치를 것을 당부했다.

신숙주 졸기에 있는 기록이다. 비록 권력자의 편에서 정치를 했지만 신숙주는 인품이 뛰어나서 존경을 받았다.

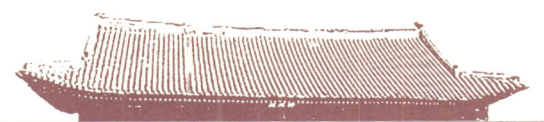

세종이 사랑한 학자(2) | 성삼문

신숙주와 성삼문은 세종의 총애를 받았으나 행로는 극명하게 갈라진다. 성삼문은 태종이 세종에게 양위를 하던 1418년 성승(成勝)의 아들로 태어나 1435년(세종 17) 생원시에 합격하고, 1438년에는 식년문과에 정과로 급제했다. 1447년에 문과중시에 다시 장원으로 급제하여 집현전 학사가 되어 세종의 지극한 총애를 받아 직집현전(直集賢殿)으로 승진했다.

성삼문이 집현전에서 활약할 때는 세종이 즉위한 지 여러 해가 되어 왕성한 문치를 펼칠 때였고 세종의 아들인 문종도 집현전 학사들과 함께 공부를 하던 시절이었다. 세종이 고지식할 정도로 수십 번씩 책을 읽는 성품이었다면 문종은 많은 어제시를 남길 정도로 문장이 뛰어났다.

문종은 1414년(태종 14)에 태어나 세종 3년에 세자에 책봉되었다. 그는 오래도록 세자의 지위에 있었는데 세종의 영향을 받아 학문에 빠져들었다. 달이 밝고 인적이 고요하면 손에 한 권의 책을 들고 걸어서 집현전 당직실에 가서 어려운 문제를 물어보곤 했다. 성삼문 등은 집현전에서 숙직하면서 밤에도 감히 의관과 의복을 벗지 못했다. 하루는 밤중이 되어서도 세자가 행차를 하지 않았기 때문에 옷을 벗고 자려고 했다.

"근보(謹甫 : 성삼문의 자), 근보 있는가?"

그때 세자가 성삼문을 부르면서 숙직실로 들어오는 바람에 성삼문은 깜짝 놀라 허둥대면서 절을 했다. 그러나 성삼문이 더욱 빛을 발한 것은 학문이 아니라 충절이었다. 세종은 문종을 비롯하여 여러 아들이 있었는데 첫째가 문종, 둘째가 수양대군, 셋째가 안평대군이었다. 세종은 문종의 학문에 일찍부터 관심을 기울여 집현전 학사들과 함께 학문을 연구하게 했다. 문종의 빛나는 학문은 집현전 학사들로부터 비롯된 것이었다.

문종은 성리학에 통달하고 문장이 당대의 학자들보다 뛰어나다는 평을 받았다. 필체가 뛰어나 지필을 들자마자 곧바로 썼으며 오랫동안 생각하지도 않았다. 조자앙(趙子昻)의 필법을 본받아 간혹 등불 밑에서 그 글씨를 그대로 모방하여도 정묘하여 입신의 경지에 들었다는 평가를 받아 대신들이 다투어 소장하기를 원했다. 조자앙은 중국 송나라 때의 서예가인 조맹부(趙孟頫)의 성과 자를 합쳐 부르는 이름이다. 문종이 재위 기간은 짧았지만 세자의 지위에 오랫동안 있었기 때문에 학문은 역대 어느 임금보다 훌륭했다.

千紅萬紫鬪春風(천홍만자투춘풍)
春盡都無一點紅(춘진도무일점홍)

천 송이 만 송이 붉은 꽃, 봄바람에 다투어 피더니,

봄이 가버리니 한 점의 붉은 꽃잎도 남지 않았네.

문종이 봄을 맞아 지은 시다. 문종이 세자로 있을 때 희우정(喜雨亭 : 양화나루 옆에 있던 효령대군의 별장)에 나가서 귤 한 쟁반을 집현전에 보냈다. 우리나라는 당시에 귤이 생산되지 않아 중국에서 수입하거나 왜인들이 토산물을 바칠 때 섞여 있어서 좀처럼 맛을 볼 수 없는 귀한 과일이었다. 학사들이 감격하여 사례하고 귤을 다 먹자 쟁반 복판에 시가 씌어 있었다.

旃檀偏宜鼻	전단향(旃檀香)은 코로 향기를 느끼고
脂膏偏宜口	기름진 고기는 입으로 맛을 안다
最愛洞庭橘	향기를 코로 느끼고 단맛을 입으로 느끼니
香鼻又甘口	동정호의 귤이 가장 사랑스럽다

문종의 시와 글씨 모두가 당대에 드문 빼어난 보배이기 때문에 여러 학사들이 그것을 본 떠 쓰려하자 안에서 쟁반을 가져오라고 재촉했다. 그때 학자들이 쟁반을 붙잡고서 차마 손을 놓지 못했다는 일화다.

세종이 죽고 문종이 왕위에 올랐으나 그는 이미 병이 깊어 있었다. 그는 어린 세자 단종을 품에 안고 집현전 학자들에게 당부했다는 일화다.

"내가 이 아이를 경들에게 부탁한다."

문종은 성삼문, 박팽년, 신숙주 등에게 단종을 부탁하고 술을 하사했다. 집현전 학사들은 망극하여 감히 술을 마시지 못했다.

"그대들은 사양하지 말고 마시라. 술을 마시지 않는 것은 나의 당부를 듣지 않겠다는 것이다. 반드시 취하도록 하라."

문종은 병 때문에 한 잔을 마시고 학사들에게 술을 권했다. 문종은 이미 친동생인 수양대군과 안평대군의 야심을 간파하고 있었다. 그것은 할아버지 태종 이방원으로부터 비롯된 원죄였다. 세종도 죽기 전에 집현전 학사들을 불러 놓고 어린 손자를 부탁했다. 학사들은 눈물을 흘리면서 단종에게 충성을 다할 것을 맹세하고 술을 마셨다. 그들은 문종이 계속 권했기 때문에 술에 취하여 임금 앞에서 쓰러져 정신을 차리지 못했다. 문종은 내시에게 명을 내려 방문 위의 인방(引枋) 나무를 뜯어다가 들것을 만들어 차례로 메고 나가 입직청(入直廳)에 눕혀 놓았다. 그날 밤 많은 눈이 내렸다. 이튿날 아침에 학사들이 술에서 깨어나자 좋은 향기가 방 안에 가득하고, 온 몸에는 담비 털 가죽옷이 덮혀 있었다. 문종이 손수 덮어준 것이었다. 학사들은 감격하여 눈물을 흘리면서 특별한 은혜에 보답하기로 맹세했다.

문종이 죽자 불과 1년밖에 되지 않아 세조는 계유정난을 일으켜 김종서와 황보인을 시해하고 정권을 잡았다. 단종이 수양대군의 핍박을 견디지 못해 선위를 할 때, 수양은 덕이 없다고 거짓으로 사양했다. 성삼문은 예방승지였기 때문에 옥새를 안고 목 놓아 통곡했다. 세조가 바야흐로 엎드려 겸양하는 태도를 취하다가 머리를 들어 성삼문을 빤히 쳐다보았다. 네가 어찌 단종의 양위에 이토록 슬퍼하느냐는 듯한 차가운 눈빛이었다. 이날 박팽년이 비통히 울부짖으면서 경회루 연못에 빠져 죽으려 하자 성삼문이 필사적으로 만류했다.

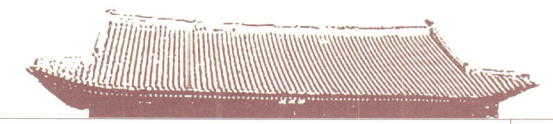

"지금 왕위는 비록 옮겨졌으나 임금께서 아직 상왕으로 계시지 않는가? 우리들이 살아 있으니 아직은 일을 도모할 수 있다. 다시 도모하다가 이루지 못하면 그때 죽어도 늦지 않다."

성삼문이 박팽년을 만류하면서 말했다. 박팽년은 성삼문이 후일을 도모하자는 말에 비로소 죽음을 포기했다.

집현전 학사들은 수양대군이 계유정난을 일으킨 뒤에 강제로 양위를 받아 보위에 오르자 단종복위운동을 하다가 실패하여 체포되었다. 성삼문을 비롯하여 사육신은 처절한 고문을 받게 되었다. 세조는 눈에 불을 켜고 집현전 학사들과 단종복위운동에 가담한 충신들을 친국(親鞫 : 임금이 중죄인을 몸소 신문하던 일)했다.

"상왕께서 춘추가 한창 젊으신데 손위(遜位)하셨으니, 다시 세우려 함은 신하된 자가 마땅히 할 일이라, 다시 무엇을 묻는가?"

성삼문은 형틀에 묶여 잔인한 고문을 당하면서도 수양대군을 질책했다.

"너희들이 어찌하여 나를 배반하는가."

세조가 성삼문을 노려보면서 언성을 높여 힐문했다. 친국이 벌어지는 장내는 삼엄한 경계가 펼쳐지고 피비린내가 진동했다.

"옛 임금을 복위하려 함이라, 천하에 누가 자기 임금을 사랑하지 않는 자가 있는가. 어찌 이를 모반이라 말하는가. 나의 마음은 나랏사람이 다 안다. 나리가 남의 나라를 도둑질하여 빼앗으니 내가 신하가 되어서 어찌 그런 무도한 짓을 보겠는가. 나는 차마 군부(君父)가 폐출되는 것을 볼 수 없다. 나리가 평일에 곧잘 주공(周公)을 끌어댔는데, 주공도 이런 일이 있었는가. 내가 이 일을 하는 것은 하늘에 두

해가 없고, 백성은 두 임금이 없기 때문이라."

성삼문이 눈을 크게 뜨고 세조를 노려보았다. 친국을 하는 곳에 참석한 정인지, 신숙주, 정창손, 한명회, 권람 등의 얼굴이 창백하게 변했다.

"저 불손한 자에게 형을 가하라!"

세조의 영이 떨어지자 처절한 고문이 시작되었다. 성삼문은 살갗이 찢어지고 살점이 떨어져 나가는 혹독한 고문을 받았다.

"형을 더 가하라. 내가 눈도 깜짝하지 않을 것이다."

성삼문은 처절한 고통 속에서도 얼굴에 웃음을 띠우고 세조를 꾸짖었다.

"선위를 받을 때에는 어찌하여 저지하지 않고, 도리어 내게 붙었다가 이제 나를 배반하는가."

세조가 발을 구르며 소리를 질렀다.

"사세가 불가능했던 것이다. 내가 원래 그것을 저지하지 못할 바에는 물러가서, 한 번 죽음이 있을 뿐임을 알지만 공연히 죽기만 해야 소용이 없겠으므로 참고 거사를 도모하려 한 것이다."

"네가 신이라 일컫지 않고 또한 나를 나리라고 하는데, 네가 내 녹을 먹지 않았느냐. 녹을 먹고 배반하는 것은 반역이다. 겉으로는 상왕을 복위시킨다 하면서도 실제로는 네가 권력을 쥐려했던 것이 아니냐."

"핫핫핫! 상왕이 계신데 나리가 어떻게 나를 신하로 삼을 수 있는가. 내가 또 나리의 녹을 먹지 않았으니 만일 믿지 못하거든 나의 집을 적몰하여 따져 보라. 나리의 말은 모두 허망하여 취할 것이 없

다. 반역한 것은 네가 아니라 그대다."

"네놈이 형벌의 무서움을 모르는구나. 저놈에게 낙형을 가하라!"

세조가 극도로 노하여 형방사령에게 영을 내렸다. 형방사령들이 일제히 달려들어 쇠를 달구어 성삼문의 다리를 뚫고 팔을 지졌다. 낙형(烙刑)은 인두나 쇠꼬챙이를 불에 달구어 살을 지지는 것이다. 성삼문은 처절한 고통 속에서도 얼굴빛이 변하지 않았다. 쇳조각을 달구어 배꼽 위에 놓자 기름이 지글지글 끓고 살이 타들어 갔다.

"핫핫핫! 다시 달구어 오게 하라. 나리의 형벌이 참 독하다."

성삼문은 쇳조각이 식자 앙천광소(仰天狂笑)를 터트리면서 세조를 비웃었다. 친국을 하는 당상관들은 모골이 송연해 지는 듯한 기분이었다. 그때 신숙주가 친국을 하는 세조의 옆에 있었다. 신숙주는 성삼문과 오랜 벗으로 수양대군의 계유정난을 지지하고 보위에 오르는 데 적극적으로 협조하여 성삼문과는 완전히 등을 돌린 상태였다.

"옛날에 너와 함께 집현전에서 번(番)을 설 적에 세종께서 원손(元孫)을 안고 뜰을 거닐면서 말씀하시기를, '나의 천추만세 뒤에 너희들이 모름지기 이 아이를 잘 생각하라' 하시던 말씀이 아직도 귓전에 남았는데 네가 어찌 잊었는가. 너의 악학이 이 정도에 이를 줄은 생각지 못하였구나."

성삼문이 쩌렁쩌렁 울리는 목소리로 신숙주를 꾸짖었다. 신숙주의 얼굴이 하얗게 변해 우물쭈물했다.

"경은 뒤편으로 피하라."

세조가 신숙주에게 말했다. 세조는 자신의 사돈인 신숙주가 성삼문에게 곤욕을 당하는 것을 보고 배려한 것이다. 세조는 박팽년의 학문과 재주를 사랑했다. 잔인한 국문이 며칠 동안 계속되었으나 박팽년만은 살리고 싶었다.

"네가 내게 항복하고 같이 역모를 안 했다고 하면 살 수 있을 것이다."

세조는 박팽년에게 은밀하게 사람을 보내 지시했다. 박팽년은 웃고 대답하지 않았다.

"내가 살려주고자 했는데 너는 어찌 말을 듣지 않는 것이냐?"

세조가 대노하여 다시 친국을 하기 시작했다. 친국장은 충신들의 피로 흥건하게 물들었다.

"핫핫핫! 내가 죽음을 두려워할 줄 알았느냐? 나는 죽음으로서 영원히 살 것이나, 그대는 땅속에 묻혀서도 대역죄인이라는 더러운 이름을 듣게 될 것이다. 수양아, 네가 네 죄를 알라!"

박팽년은 친국장이 쩌렁쩌렁 울릴 정도로 호통을 쳤다.

"네가 이미 신이라 일컬었고 내게서 녹을 먹었으니 지금 비록 신이라 일컫지 않더라도 소용이 없다."

세조는 대노하여 형방사령에게 영을 내려 박팽년의 입을 마구 때리게 했다.

"내가 상왕의 신하로 충청 감사가 되었고 장계에도 나리에게 한 번도 신이라 일컫지 않았으며, 녹도 먹지 않았다."

박팽년이 피투성이가 된 입으로 간신히 대답했다. 장계를 대조하여 보니 과연 신(臣)자는 하나도 없었고 신자를 써야할 자리에는 반드시 거(巨)자가 씌어 있었다. 녹은 받아서 먹지 않고 한 창고에 봉하여 두었다. 세조는 박팽년이 장계에 신자를 쓰지 않고 녹봉을 봉하

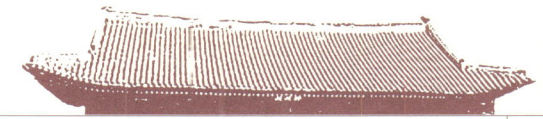

여 고스란히 보관한 것을 알고는 치를 떨었다.

"너는 무엇을 하려 하였느냐."

세조가 유응부를 친국하기 시작했다. 유응부는 포천 출신으로 무과에 급제하여 평안좌도 도절제사의 벼슬을 지내고 동지중추원사로 있다가 단종복위운동에 가담하여 운검을 설 때 세조의 목을 베려 했던 인물이었다.

"잔칫날을 당하여 한 칼로 족하(足下 : 상대를 낮추어 부르는 말)를 폐하고 본 임금을 복위하려 하였으나 불행히도 간사스러운 인간이 고발하였으니 다시 무엇을 하랴. 족하는 빨리 나를 죽이라."

세조가 노하여 말했다.

"네가 상왕의 이름을 내걸고 사직을 도모하려 하였구나."

세조는 형방 사령에게 영을 내려 유응부의 살가죽을 벗기면서 친국했다.

"사람들이 말하되 서생과는 같이 일을 꾀할 수 없다 하더니 과연 그렇도다. 지난번 잔치를 하던 날에 내가 칼을 시험하려 하니 너희들이 굳이 말하기를, '만전의 계책이 아니라' 하여 오늘의 화를 당하게 되었으니 너희들은 사람이라도 꾀가 없으니 짐승과 무엇이 다르랴."

유응부가 성삼문 등을 돌아보고 호통을 쳤다. 유응부가 태평관에서 거사를 하려고 할 때 성삼문과 박팽년이 시기가 좋지 않다고 만류하는 바람에 거사를 연기했다가 발각이 되었기 때문에 한 말이었다.

"만약 실정 밖의 일을 물으려거든 저 어리석은 선비에게 물으라."

유응부는 두 번 다시 대답을 하지 않았다. 세조가 더욱 노하여 쇠를 달구어 배 아래 두 허벅지 사이에 넣자 지글지글 끓으며 피부와 살이 익었다. 유응부는 얼굴빛을 변하지 않고 쇠가 식기를 기다려 크게 외쳤다.

"다시 달구어 오라."

유응부는 끝끝내 굴복하지 않았다.

"이것이 무슨 형벌이냐. 더 무서운 형벌은 없느냐?"

이개(李塏)는 단근질하는 형신을 받으면서 오히려 호통을 쳤다. 세조는 대답을 하지 못했다. 이개의 당당한 외침에 친국을 하는 사람들도 아연하여 대답을 하지 못했다.

"사람이 반역이란 죄명을 쓰면 마땅히 베는 형벌을 받게 되는데 다시 무엇을 묻는가."

하위지도 눈썹 한 번 까닥하지 않고 친국을 받았다. 거사에 실패했으니 대역죄인이다. 사육신은 마침내 참수형을 선고 받고 형장으로 끌려가기 시작했다. 성삼문은 사형을 당하기 위해 옥에서 끌려 나올 때 좌우 옛 동료들에게 말했다.

"너희들은 어진 임금을 도와서 태평성세를 이룩하라. 성삼문은 돌아가 옛 임금을 지하에서 뵙겠다."

옛 임금은 집현전에서 같이 학문을 토론하던 문종을 일컫는 것이었다. 집현전의 옛 동료들은 수양대군 일파의 눈이 무서워 눈물조차 흘리지 못했다. 성삼문은 수레에 실려 형장으로 끌려 나갈 때 친히 시 한 수를 지었다.

擊鼓催人命　　둥 둥 둥 북소리는 내 목숨을 재촉하는데

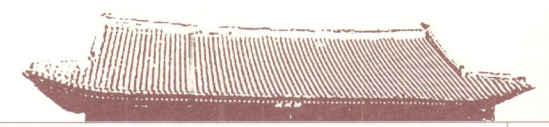

回頭日欲斜	머리 돌려 돌아보니 해는 이미 기울었네
黃泉無一店	머나먼 황천길에 주막하나 없으니
今夜宿誰家	오늘밤은 뉘 집에서 잘 것인가

성삼문의 시는 비통하기 짝이 없다. 성삼문의 대여섯 살쯤 된 딸이 수레를 따라오며 울었다.

"사내자식은 다 죽을 것이고 너는 딸이니까 살 것이다."

성삼문은 어린 딸을 보면서 비통한 심정을 가누지 못했다. 마침내 최후의 순간이 왔다. 성삼문의 종이 울면서 술을 올리자 몸을 굽혀 마시고 시를 지었다.

食人之食衣人衣	임이 주신 밥을 먹고 임이 주신 옷 입었으니
所一平生莫有違	일평생 한 마음이거늘 변할 리가 있으랴
一死固知忠義在	한 번 죽는 것이 충의인 줄 알았으니
顯陵松柏夢依依	현릉(顯陵)의 송백(松柏)이 꿈속에 아른거리네.

현릉은 문종의 시신이 묻힌 무덤이다. 성삼문이 죽은 뒤에 그 집을 적몰하니, 을해년(1455 : 세조가 즉위한 해) 이후의 녹봉을 따로 한 방에 쌓아 두고 아무 달의 녹이라고 적혀 있었다. 집에는 남은 것이 없고 침방에는 짚자리가 있을 뿐이었다.

학문의 요람, 집현전 | 집현전의 역할

　단종복위운동이 실패로 돌아가자 집현전 학사들을 비롯하여 모의에 가담했던 충신들은 사형장의 이슬로 사라졌다. 단종복위운동은 엄청난 회오리바람을 몰고 왔다. 신숙주는 성삼문을 국문하기까지 했다. 실록의 기록이나 야사의 기록은 완벽하지 않다. 그러나 단종복위운동이 세조를 비롯하여 한명회, 권람, 홍윤성 같은 정권을 찬탈한 사람들에게 공포를 몰고 올 것은 분명했다. 세종시대는 세조 때처럼 반역사건도 없었으나 세종은 선비들이 죄를 지어도 결코 사형을 선고하지 않았다. 세종과 세조는 부자지간이었다. 그럼에도 세조는 냉혹한 카리스마를 갖고 있는 태종을 닮았다. 그들은 반대파를 대대적으로 숙청하여 무서운 피바람을 불러 일으켰다. 반역을 일으킨 사육신의 형제들과 자식들까지 연좌되어 사형을 당해 한양은 공포 분위기가 연출되었다. 여자들은 모조리 공신들의 노비로 주어지거나 관노로 보내졌다. 세조는 단종복위운동이 집현전 학사들에 의해 주도되었다는 사실이 밝혀지자 집현전을 혁파했다. 그러나 집현전 학사들을 모조리 축출할 수는 없었다. 정인지와 신숙주만 해도 집현전을 발전시킨 학자들이었다. 집현전이 설치되어 세종시대의 르네

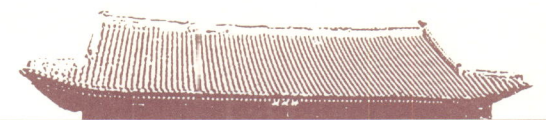

상스를 이끌었고 많은 선비들에게 학문하는 풍토를 만들었다. 집현전을 통해 수많은 학자들이 배출된 탓에 그들을 모조리 숙청하고서는 정치를 제대로 할 수 없었다. 조선건국 시기에 무장들이 정치의 주도권을 잡았으나 태종에 이어 세종으로 내려오면서 문치가 이루어진 것은 집현전의 역할이 컸다.

> 우리나라는 무반 재상(武班宰相)들도 모두 칼 차는 것을 부끄럽게 여겨서, 심지어 거동할 때에도 별배(伴人)들을 시켜 칼을 차게 하니 이것은 중국과 매우 다르다. 대저 칼을 차는 것은 단지 응변(應變)하자는 것만이 아니고 의식을 위한 것이니, 집현전 관리들은 옛 제도를 상고하여 아뢰라.

1432년 세종이 내린 영이었다. 이 기록에서 알 수 있듯이 세종조로 내려오면서 무장들은 칼을 차는 것을 부끄럽게 여겨 하인들에게 칼을 가지고 다니게 했다. 집현전 학사들이 정치의 주류로 등장하자 많은 선비들이 집현전에 들어가기 위해 공부했다. 세종은 집현전을 자신의 싱크탱크로 활용했다. 그는 대신들과 정책이 부딪칠 때마다 집현전에 영을 내려 역사나 규례를 찾아 시행하게 했다. 국가의 많은 정책을 시행할 때마다 집현전을 통해 연구하게 하고 그 정책이 옳은지 아닌지 판단하여 시행했다.

세종 재위 4년간은 상왕이 통치하던 시기였다. 택현론을 내세워 자신을 세자로 책봉하게 해준 유정현은 상왕이 죽은 뒤에도 4년을 더 살아 세종 8년에 죽었다. 실록의 여러 기사를 참고로 추정할 때

유정현은 칼날 같은 카리스마를 가지고 있는 인물이었고 세종은 온화한 성품을 갖고 있었다. 유정현은 철저한 원칙주의자였다. 세종은 자신의 장인인 심온을 끝내 신원하지 못했다. 심온의 죄라는 것이 애매모호했으나 아버지 태종에 의해 이루어진 옥사였다. 그러나 세종은 소헌왕후 심씨가 친정을 찾아가는 것을 막지는 않았다.

소헌왕후 심씨는 한낱 왕자의 부인에 불과했으나 남편이 갑자기 세자가 되고, 조선의 국왕으로 등극하는 바람에 왕비가 되었다. 태종이 상왕으로 있는 동안 그녀는 눈물과 공포로 세월을 보냈다. 대신들은 그녀를 왕비의 자리에서까지 폐출시키려고 했고 일가친척들은 완전히 몰락하여 천민이 되었다. 국가의 죄인이었기 때문에 아버지가 죽어도 눈물을 흘릴 수 없었고 어머니를 만날 수도 없었다. 그녀의 일생은 비참했다.

유정현이 죽은 뒤에 심씨가 친정어머니를 만나고 싶다고 세종에게 부탁을 했는지는 알 수 없다. 그러나 실록이나 야사에서 그러한 기록을 찾아볼 수 없고 세종이 심씨를 일컬어 한 번도 사사로운 부탁하지 않았다는 말을 하는 것으로 보아 친정을 위한 어떤 청탁도 하지 않았을 것으로 보인다. 그녀는 깊은 밤 혼자 울고 혼자 슬퍼해야 했다.

세종 6년 11월 19일 소헌왕후 심씨는 영돈녕으로 물러난 외조부 안천보(安天保)의 집을 찾아갔다. 겉으로는 안천보를 찾아가는 것이었지만 실제로는 친정어머니를 만나는 것이었다. 그녀의 친정 방문이 누구에 의해 주도되었는지는 알 수 없다. 그러나 다음의 기록을 살피면 세종이 자신의 사랑하는 부인 심씨를 위하여 깊은 배려를 하고 있다는 사실을 알 수 있다.

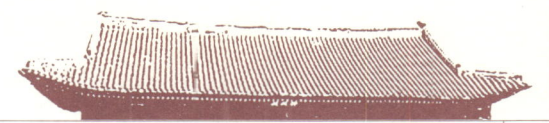

종실(宗室), 척리(戚里), 재상의 부인들에게 영을 내려 심씨를 호종하게 하고, 각사(各司)의 관원이 한 명씩 수행하도록 했다. 왕비가 머무는 장전(帳殿)을 안천보의 집 북쪽, 심온의 집 앞에 설치하고 잔치를 열었다.

이는 심온이 사형을 당한 지 6년 만의 일로 심씨의 친정인 심온의 가족들이 모두 천민으로 전락해 있었으나 세종이 심씨를 위하여 배려한 것이다. 심씨의 어머니가 죄인 신분이었기 때문에 직접 그 집에 들어갈 수 없고 안천보의 집을 찾는다는 핑계를 대고 있지만 오히려 안천보의 집에서 멀리 떨어져 있는 심온의 집 앞에서 만나게 한 것이다.

이날 심씨의 친정어머니 안씨가 나와 잔치에 참여하고, 심씨와 안씨 집 여자들이 모두 모여, 잔치에 참여한 자가 백여 명에 이르렀다. 소헌왕후 심씨는 어머니 안씨와 눈물의 해후를 한 뒤에 음악을 연주하면서 지극히 즐기다가 날이 저물어서 환궁했다.

심씨는 세종의 배려로 친정어머니를 만났으나 이후에는 자주 만날 수 없었다. 세종은 심씨의 친정어머니를 사면해 줄 듯 하면서도 사면하지 않았다.

심온이 비록 강상인의 옥사에 연루되어 태종께서 자진하라는 처분을 내리시고, 또 이양달(李陽達)에게 명하사 자리를 택하여 장사하게 하라고 하셨으니, 이는 대개 중전께서 지존의 배위(配位)가 되시고 세자를 탄생하여 양육하신 까닭입니다. 더욱이 그때 심온은 죄목을 승복하지 않았습니다. 만약에 죽지 않았더라면 의당 고신도 돌려주고 죄적(罪籍)에서도 삭제되었을 것인데 태종께서 갑자기 승하하셔서 미처 하교하시지 못하셨던 것입니다. 바라옵건대 고신을 도로 심온에게 내려주시어 신 등의 소망을 위로해 주소서.

의정부에서 아뢰었다. 대신들이 먼저 심온의 죄를 사면해 달라고 청한 것이다. 세종은 이에 대해 '이는 부왕 때의 일이므로 경솔히 논의할 수가 없다. 부왕께서 심온이 북경에서 돌아왔을 때에 추국하지 않고 외방으로 유배하려고 하셨지만, 그때 집사자(執事者:좌의정 박은을 일컫는다)한 사람이 국문을 굳이 청하므로 비로소 이를 허락하셨던 것인데, 심온이 드디어 병권은 마땅히 한 곳으로 돌아가야 한다는 말을 승복하였고, 또 이른바 한 곳이란 것은 어느 곳을 뜻하는 것이냐고 물으니, 한 곳이란 곧 주상을 가리키는 말이라 하였고, 또 병권이 한 곳으로 돌아간 뒤에는 어떻게 하겠다는 것이냐 하니, 나도 무반이다. 병권을 장악해 보려는 것이다 하였으니, 이것으로 보더라도 심온이 문초에 승복하지 않았던 것은 아니요, 그렇다고 반역한 신하가 아니니, 제경(諸卿)은 마땅히 의금부의 문안을 가지고 이를 잘 살펴보라' 하고 두루뭉실하게 대답했다. 세종의 의중에는 심온의 죄를 용서할 수도 있었다. 그러나 세종은 신하들이 심온의 죄를 용서해 주자고 요구하는데도 끝내 윤허하지 않았다. 심씨를 대궐에서 내보내 친정어머니를 만나게 해준 것과는 전혀 다른 모습이다. 이는 세종

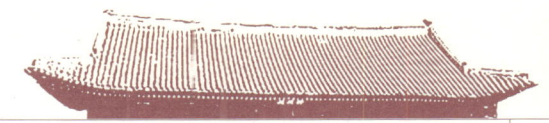

이 심온을 용서할 경우 처가의 죄도 없어져 척신이 발호할 것을 경계했기 때문으로 보인다.

　세종이 성군으로 불리는 것은 문치를 했기 때문이었다. 바꾸어 말하면 태종은 힘으로 나라를 다스렸으나 세종은 덕으로 다스렸다. 덕으로 다스리는 것은 문치를 이루는 것이다. 좌의정 박은은 세종의 장인 심온을 죽게 만드는 데 결정적인 역할을 했으나 집현전을 설치할 것을 건의한 인물이다. 태종처럼 성격이 강한 임금 밑에서 좌의정을 지낸 것은 그가 고도의 정치력과 비전을 갖고 있었기 때문이었다. 그러한 그가 세종이 등극하면서 세종조의 비전을 제시한 것이다. 이는 세종의 포부와 일치했기 때문에 집현전은 학문의 요람이 될 수 있었다.

　집현전 학사들은 초기에 세종의 경연이나 세자의 서연에 참석하는 것이 주된 업무였다. 세종이 학문을 좋아하는 임금이었기 때문에 세종의 질문에 답하려면 많은 공부를 해야했다. 박은은 집현전을 설치했으나 일찍 죽는 바람에 특별한 역할을 할 수 없었다.

　집현전을 발전시킨 인물로는 변계량이 첫 손가락에 꼽힌다. 변계량은 밀양 출신으로 어려서부터 총명하여 4세에 고시(古詩)를 외고 6세에는 이미 글을 지었다. 14세에 진사 시험에 합격하고 15세에 생원 시험에 합격하였으며, 17세에 문과에 급제했다. 이렇게 보면 조선시대의 신동이라고 불리는 문신들 중에 가장 천재적인 인물이라고 할 수 있다. 대부분의 천재들이 6세에 글을 읽고 썼다고 했으나 변계량은 불과 4세에 고시를 외운 것이다.

　세종은 누구보다도 변계량의 학문에서 많은 영향을 받았다.

寂寬藝臺晚	늦저녁 텅 빈 예문관에 앉아 있는데
相迎喜倍加	그대와 만나니 기쁘기 한량없네.
松聲秋更響	솔잎 소리는 가을밤에 유난스럽고
雨氣夜偏多	빗줄기는 밤이 되자 더욱 세차게 쏟아지네
漏滴仍催箭	물시계는 계속해서 시간을 재촉하고
燈殘自落花	타다 남은 심지가 저절로 떨어지네
團欒情話足	단란하게 정담을 나누니
却勝共樽歌	술잔 들고 노래하는 것보다 좋구나

'비 내리는 밤 궁중에서 맹사관과 같이 자며' 라는 제목의 시다. 시의 제목에 나오는 맹사관은 훗날 세종조의 명재상이 되는 맹사성으로 보인다. 변계량이 예문관에 숙직을 하다가 맹사관을 만나 빗소리를 들으면서 이야기를 나누는 모습이 손에 잡힐 듯이 느껴지는 아름다운 시다. 변계량은 문장이 뛰어났기 때문에 태종의 총애를 받았고 세종조에 와서도 집현전을 이끌 수 있었다.

변계량은 집현전 대제학이 되었다. 대제학은 문장이 가장 뛰어난 인물이 제수되는데 고려 때는 이를 대학사라고 불렀고 영의정이나 좌의정과 같은 정승들 못지않은 명성을 누렸다. 권근은 임금이 아무리 성군이라고 해도 자신과 같은 문장가들이 있어야 천추에 이름이 더욱 빛난다고 하여 대제학의 자부심을 은근히 자랑했다. 대제학을 문형(文衡)이라는 별칭으로 부르기도 했다.

변계량이 문형(文衡)을 거의 20년 동안이나 맡아서 대국을 섬기고 이

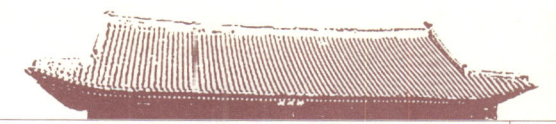

웃 나라를 교제하는 사명(詞命)이 그 손에서 많이 나왔고, 시험을 주장하여 선비를 뽑는 데 한결같이 지극히 공정하게 하여, 전조(前朝)에서 함부로 부정을 저지르던 습관을 다 고쳤으며, 일을 의논하고 의문을 해결하는 데에 이따금 다른 사람의 상상 밖에 나오는 일이 있었다.

변계량의 졸기에 있는 기록이다. 변계량은 집현전 대제학으로 많은 집현전 학사들을 발굴했다. 조선에서 첫손가락에 꼽히는 문장가이니만치 후학들도 많았다. 변계량은 세종의 덕을 찬양하는 〈화산별곡(華山別曲)〉을 지어 바쳤다.

경연을 열으사 경서와 사기를 보옵시니
학문은 하늘과 사람에 통달하시고
집현전 두옵시어 사시로 학문을 강구하옵시고
봄가을로 짓고 적으시니
위, 문학을 숭상하는 경 그 어떠하니잇고
하늘이 내신 성인이시니 학문도 거룩하다

변계량이 지은 〈화산별곡〉은 지나치게 세종을 미화시킨 느낌이 있다. 그러나 터무니없는 것만은 아니다. 실록을 편찬한 사관들은 공통적으로 세종이 학문을 좋아했다고 기록하고 있다. 유관, 변계량 같은 문장가들이 대제학으로 있으니 학사들의 학문도 일취월장했고, 결국은 집현전이 조선의 르네상스를 이끄는 요람이 되었던 것이다. 세종은 변계량을 높이 평가하여 그가 죽은 뒤에 제문을 지어 하사했다. 임금이 손수 제문을 지어 하사하는 것은 드문 일이었다.

> 경은 성질이 영특하고 날카로우며, 학식이 정밀하고 밝으므로 이미 태종께서 인정하시었고 나를 보좌하기에 힘썼도다. 항상 문장이 화려하여 명나라에서도 기리고 아끼었다. 이로써 신임이 바야흐로 깊었더니 어찌하여 묵은 병이 더욱 위독하던고. 마침내 부음을 들으니 진실로 아프고 슬프도다. 예관(禮官)을 보내어 치제하고 술잔을 권하는 말로써 마치 살아 있는 듯한 영혼에게 보이노라. 슬프다. 영령은 어디로 갔으며 구천이 이미 막혔으니 다만 위로하고 기리는 일을 더할 뿐이로다.

세종의 제문은 가히 명문장이라고 할 정도로 뛰어나다. 집현전은 연구기관이다. 세종은 경연에서 《자치통감(資治通鑑)》을 강(講)하게 하면서 집현전에 《자치통감훈의》를 찬집하도록 영을 내렸다. 《자치통감》은 송나라의 학자인 사마광(司馬光)이 중국 전국시대부터 송나라 이전까지 1,362년간의 역사를 기록한 방대한 역사서였다. 세종은 처음에 《자치통감》을 경연에서 강론하도록 했으나 대신들이 너무나 방대하다는 이유로 《근사록(近思錄 : 중국 송나라의 주자와 그 제자인 여조겸이 함께 편찬한 수신서)》을 권하자 《근사록》을 마친 뒤에 다시 《자치통감》을 강하게 했다. 《자치통감》은 송나라 이후 중국에서는 물론이고 조선에서도 사대부라면 반드시 읽어야 할 책으로 꼽혔다. 세종은 이 책을 보다 쉽게 읽도록 하기 위해 집현전 학자들을 동원하여 국가적인 사업으로 《자치통감훈의》를 편찬하도록 한 것이다.

"사마광의 《자치통감》은 사학(史學)의 근원인데, 제가(諸家)의 훈고(訓詁)와 주석(註釋)이 자세하고 간략함이 같지 아니하여, 편찬하고 고증하기가 어렵다. 그러므로 누구나 읽기 쉽게 읽을 수 있도록 전당(殿堂)에 문신들을 불러 모아 제가의 주(註)를 취하고, 겸하여 서(書)와 전(傳)을 널리 열람하여 참조하고 교정하여, 통감 본문(本文)에 붙이고 이름을 훈의(訓義)하라."

세종이 영을 내려 집현전은 본격적으로 훈의 편찬에 들어갔다. 세종은 초본이 만들어지면 일일이 읽어 보고 결재를 했다. 세종은 집현전 학사들에게 15일마다 한차례씩 잔치를 베풀어 노고를 위로했다. 임금이 15일에 한 번씩 잔치를 베풀어 주자 집현전 학사들의 사기는 높았다. 국내에 있는 《자치통감》의 이본들을 전부 대궐로 수집하여 대조하고, 중국에 사신까지 파견하여 원본을 구하여 누락된 부분을 수정했다. 《자치통감훈의》는 1434년(세종 16) 7월에 시작되어 1435년 6월에 대부분의 작업이 마무리되었다.

세종은 경회루에서 크게 잔치를 베풀었다. 집현전 학사들과 문신들은 이날의 즐거움을 위해 47인이 시를 지어 올렸고 세종도 기쁨을 감추지 못해 엮어서 책을 만들게 하고 승지 권채에게 서문을 쓰라는 지시를 내렸다.

주상께서 친히 경회루에 거둥하시어 잔치를 베풀어 위로하시니, 이때 해는 중천에 있고, 훈훈한 바람은 남쪽에서 불어오도다. 금중의 개천은 더위를 씻어 주고, 버드나무는 서늘하고 시원하구나. 화목한 용안을 바라보고 따사로운 말씀을 들으니 황홀하여, 꿈에 하늘 위에 올라서 천상의 풍악을 듣는 것 같았도다. 술이 일곱 순배에 이르매 이미 취하고, 이미 배불렀도다.

권채의 서문은 세종과 집현전 학사들이 경회루에서 잔치를 벌이는 풍경을 그리고 있다. 권채는 문장이 뛰어나 그가 죽은 뒤로 조선 선비들의 문장이 나날이 떨어졌다고 사관들이 탄식을 했던 인물이다. 그러나 행실은 그다지 아름답지 못하여 여종 덕금을 학대했다가 형조판서 노한에게 발각되어 곤욕을 치렀다.

신이 문장이 졸(拙)하여 성(盛)하고 아름다움을 찬양하지 못하고, 오직 성상께서 문적에 대하여 진념하신 일단(一端)을 기술하여, 후세 사람으로 하여금 우리 임금의 정치가 그 지극함을 쓰지 않은 것이 없음이 모두 이와 같다는 것을 알게 함이로다.

권채의 서문을 살피면 세종의 이 책에 대한 집념을 알 수가 있다.

천심이 민심이오, 민심이 천심이다

근원을 캐 보아야 하겠다 **풍수지리 연구**

세종조의 사회 풍경(1) **조선의 사기꾼**

세종조의 사회 풍경(2) **음부 유감동 사건**

세종조의 사회 풍경(3) **천민들의 처벌**

한글을 창제하다 **훈민정음**

世宗 ⑤

大東千古開矇矓

用字例

初聲ㄱ。如 감為柿 ᄀᆞᆯ為蘆ㅋ。如 우케為未舂稻 콩為大豆ㆁ。如 러울為獺 서에為流澌ㄷ。如 뒤為茅 담為墻ㅌ。如 고티為繭 두텁為蟾蜍ㄴ。如 노로為獐 납為猿ㅂ。如 불為臂 벌為蜂ㅍ。如 ᄑᆞ為蔥 ᄑᆞᆯ為蠅ㅁ

세종 15년(1433) 7월 26일 사헌부에서 토목공사의 남발과 풍수를 반대하는 상소문을 올렸다.

"요사이 보옵건대 도성과 경기 지방에는 궂은 장마가 재해를 일으키고 모진 바람이 불어 논밭의 곡식들이 물에 잠겨 썩어 사그라지기도 하고 꺾이고 뽑혀서 떠내려가 없어지기도 하오며, 또 듣자옵건대, 경상·전라도에는 역시 오랜 가물로 인하여 파종하는 일이 때를 잃어서 백성들이 장차 먹기에 곤란하겠다 하오니, 이는 곧 천심이 인애하여서 꾸지람함을 보인 것이옵니다."

사헌부는 먼저 한양과 경기 지역 일대에 장마로 수재가 일어난 것과 경상도 전라도의 가뭄을 거론한 뒤에 무리한 토목공사를 중지하고 집현전에서 유신(儒臣)들에게 풍수학을 강명하는 것은 옳지 않다고 논박했다. 조선시대 풍수학은 서운관(書雲觀)에서 다루고 있었다. 서운관은 고려말부터 조선 초까지 기상관측 등을 관장하여 기록하고, 역서를 편찬하며, 절기와 날씨를 측정하고, 시간을 관장했다. 그런데 집현전 학사들에게까지 풍수를 연구하여 강(講)하게 하는 것은 옳지 않다는 주장이었다.

"지리의 술법은 궁벽하며 지리하고 망령된 것이어서 성경(聖經) 현전(賢傳)에 보이지 아니하고, 유식한 선비가 모두 말하기를 부끄러워하는 바입니다. 그 말에 이르기를, '화와 복은 모두 조상의 묏자리나 사는 집터의 방위의 길흉에 연유한다'고 하오니, 처음부터 사

※ 훈민정음 해례본(訓民正音解例本)
  조선 세종 28년(1446)에 새로 창제된 훈민정음을 왕의 명령으로 정인지 등
  집현전 학사들이 중심으로 되어 만든 한문 해설서이다.

람의 수명이나 화복은 모두 처음부터 타고나는 것이요, 또 착한 일을 하면 백 가지 복이 내리고 착하지 않은 일을 하면 백 가지 재앙이 내리는 것은 이치의 당연한 것이온데, 만약 그 말과 같다 하오면 처음부터 타고난 것은 과연 어디에 있으며 선악의 보응이 틀리지 않는 이치는 또한 어디에 있겠습니까."

사헌부는 조상의 묏자리와 집터로 인간의 길흉을 말하는 것은 부당한 일이라며 논리적으로 비판했다. 사헌부의 상소는 계속된다.

"이제 최양선과 이진 등이 좁고 옹색한 편견으로 풍수지리를 약간 배워 가지고서 그것을 매개로 승진하고자 글을 올리어 망령하게 궁궐의 이해를 말한 일이 있사온데, 만일 전하의 명철하심이 아니었다면 태조께서 만대를 위하여 생각하신 것이 거의 떨어져 없어졌을 것입니다. 이 같은 무엄하고 망령된 무리를 그냥 두고 죄주지 아니하면 요망한 말과 괴상한 행위로 술법을 내세워 승진을 희망하는 무리가 잇달아 나올 일이 두렵기 짝이 없습니다. 청하건대 글하는 선비들에게 분명히 신칙(申飭)하시고 거짓 술법을 배우지 못하게 하시어 풍속을 철저하게 억제하시면 그보다 다행한 일이 없겠습니다."

사헌부는 풍수가인 최양선과 이진을 처벌해야 한다고 주장했다.

"그대들이 언관의 자리에 있으므로 그 본 바와 들은 바의 일을 말로 하여 아뢰니 내가 매우 가상하게 여긴다. 그러나 지리의 논설을 배척함은 너무나 과하지 아니하냐. 세상 사람들이 집을 짓고 부모를 장사지낼 때에 모두 지리를 쓰고, 또 우리 태조, 태종께서도 도읍을 건설하고 능침을 경영하심에 모두 지리를 쓰셨는데, 어찌 아뢴 말과 행한 것이 서로 다른가. 이는 말과 행위가 다른 것이다. 또 최양선은 자기가 공부한 것을 임금에게 진술하였으니 충성된다고 말하는 것이 옳을 일이지, 요망한 말과 괴상한 술법이라고 논하여 죄로 다스리려 함은 무슨 까닭이냐."

세종은 한양으로 천도를 할 때 태조도 풍수지리를 보았는데 풍수지리에 대해서 말한다고 해서 죄로 다스리는 것은 옳지 않다고 반박했다. 세종의 논리는 매우 독특하다. 그는 무조건적으로 대신들의 말을 반박하는 것이 아니라 과거의 역사에는 어떠어떠했는데 지금 네가 말하는 것은 과거의 역사에 비추어 틀리다고 반박하고 있는 것이다. 다시 말하면 태조가 한양으로 천도를 할 때 풍수지리에 의해서 한 것인데 태조가 틀렸느냐고 반박하는 것이다. 이렇게 되면 풍수지리를 요망하다고 비난한 대신들이 난처한 입장에 빠진다. 풍수지리가 요망하다고 하면 태조를 비난하게 되는 것이다.

"지리의 공부는 서운관에서 맡아 하는 것인데, 이제 집현전의 유신들에게 명하여 풍수학을 강명하게 하시어서 최양선이 그릇되고 망령스러운 소견으로 감히 궁궐의 이해를 말하였으니, 이것이 신등이 전하를 위하여 아뢰는 참뜻인 것입니다."

사헌부 지평 홍상검(洪尙儉)은 당황하여 풍수지리는 서운관에서 하는데 굳이 집현전의 유신들이 경연에서 강론할 필요가 없다고 변명을 하고 자신들은 임금을 위하여 아뢰는 것이라고 했다.

"그대의 말한 바가 소장(疏章)에 진술한 것과 같지 아니함은 또 어찌된 것이냐. 물러가 동료들과 더불어 다시 생각해 보라."

세종의 반박은 상소문에는 그렇게 말하지 않더니 말이 다르다고 질책하고 있는 것이다. 논리적으로 맞지 않으면 사헌부의 대신들이라도 세종에게 통렬한 비판을 받는다는 사실을 알 수 있다.

근원을 캐 보아야 하겠다 | 풍수지리 연구

세종은 집요한 면이 있었다. 사헌부에서 대사헌 신개, 집의 송포(宋褒), 지평 홍상검·정잠 등을 부르고, 사정전에 나가서 지신사 안숭선을 불러서 풍수지리에 대하여 본격적으로 토론하기 시작했다.

"사헌부에서 올린 글에 이르기를, '근기 지방에서는 궂은 장마가 재해를 일으키고, 경상도와 전라도에는 역시 오랜 가뭄으로 인하여 파종하는 일이 때를 잃었으니, 이것은 곧 천심이 인애하여 꾸짖는 것이니 청컨대 꾸지람하는 하늘의 뜻을 받아들여 토목 공사를 줄이고, 여러 도의 수재, 한재에는 사람을 시켜 조사해 밝히고, 백성들의 고통과 고을수령의 불법을 수시로 사람을 보내어 들추어내자'고 하였으니, 그 말이 성심에서 나온 것이므로 내가 매우 아름답게 여긴다."

세종은 일단 토목공사를 줄이자는 상소는 아름다운 일이라고 칭찬했다.

"지리에 있어서는, 신하들의 올리는 말도 옳은 것이 있고 그른 것이 있으므로, 채택하여 쓰고 안 쓰는 것은 모두 그때의 임금이 정하는 것인데, 사헌부에서 아뢴 말에 지리의 술법은 요괴하고 허망하여 경전에 보이지 아니하므로 유식한 선비들이 모두 말하기를 부끄러워하는 것이라 하였으니, 이 말은 과한 것이다."

　세종은 풍수지리가 무조건 옳지 않다고 말하는 것은 논리적으로 맞지 않는다고 비판했다.

　"최양선이 공부한 바를 가지고 숨김없이 아뢰는 것은 충성스러운 일인데 어찌 그것을 매개로 승진하려 한다고 하여 형벌을 가하려고 하는가. 하물며 임금은 포용하는 것으로 아량을 삼는 것이어서, 비록 꼴 베는 사람의 말이라도 반드시 들어 보아서 말한 바가 옳으면 채택하여 받아들이고, 비록 맞지 아니하더라도 또한 죄주지 않는 것이 백성들의 고통을 이해하고 자신의 총명을 넓히게 되는 것인데, 말을 올린 사람을 죄주려 하는 것은 나로 하여금 백성들의 고충을 듣지 못하여 몽매한 데로 빠지게 하자는 것이 아니냐?"

　세종은 서민들의 말이라도 취할 만하면 들어야 하는 것인데 이를 반대하는 것은 임금을 몽매하게 만드는 것이라고 비난했다. 세종이 논리적으로 조목조목 짚어 나가자 사헌부 관리들은 바짝 긴장했다.

　"경복궁의 주작이 허하고 명당에 물이 없으므로 개천을 파고 나무를 심으려 하는 것인데 이것이 나라에 유익한 것이 아니란 말이냐. 요즘에 상소를 올려 최양선을 배척하는 자도 있고, 혹은 면대하여 나무라며 비난하는 자도 있어 내가 매우 그르게 여기는데, 이제 대사헌은 국가의 대체(大體)도 알고 또 친히 나의 말을 들었거늘, 어찌하여 일의 시종을 생각지 아니하고 급작스레 글을 올려 아뢰는가. 설령 집현전에서 풍수학을 강습하는 것은 그르다 할지라도 풍수학을 강명하는 것이 어찌 유자의 분수 밖의 일이라 할 것인가. 그러나 나의 이 말은 실로 힐문하자는 것이 아니라 사헌부 사람들에게 나의 참뜻을 자세히 알게 함이다."

세종은 사헌부를 비난한 뒤에 논리적으로 설득했다.

"임금의 직분은 오직 사람을 알아보고 사람을 임용하는 일일 뿐이오니, 마땅히 임용하기 전에 선택할 것이요, 임용한 뒤에 의심하지 말아야 할 것입니다. 이제 감사와 수령을 이미 임용하셨으니 어떤 사람이 헐뜯고 칭찬하는 것으로 그 진퇴를 가볍게 할 수 없는 것입니다."

세종의 논리적인 반박에 궁색해진 사헌부 대신들은 화제를 바꾸어 아뢰었다.

"다른 조목은 말하지 말고 다만 지리에 대해서만 말하라."

세종이 화제를 바꾸지 말라고 사헌부 관리들을 다그쳤다. 사헌부 관리들은 더 이상 할 말이 없어서 입을 다물었다. 세종은 사헌부 관리들을 물러가게 한 뒤에 안숭선을 불러 사헌부에 할 말이 있으면 해 보라고 했다.

"최양선의 말이 새 땅을 정하자는 것이 아니고 태조께서 정하신 만대의 터를 나쁘다고 하여 궁궐을 망령되이 말하였으니, 이것을 놓아두고 논하지 아니하면 술법을 내세워 승진을 희망하는 무리가 장차 뒤따라 나올 것이매, 이것이 우리가 깊이 염려하는 것입니다."

사헌부 관리들은 여전히 궁색한 논리를 내세웠다.

"어찌 같은 말을 되풀이 하는 것이오? 만일 할 말이 있거든 물러가 의논하여 다시 아뢰도록 하오."

안숭선이 사헌부 관리들을 질책했다. 대사헌 신개는 말문이 막혀 그냥 물러갔다. 이는 세종이 불과 20일 전에 다음과 같이 지시를 하면서 비롯된 일이었다.

"역대의 훌륭한 임금을 보건대 통하지 않는 것이 없었다. 천문 지리의 이치에 대해서도 모르는 것이 없었고, 그만 못한 임금들도 천문 지리의 이치를 몸소 알지는 못하더라도 아래에서 그 직무를 받든 자가 세대마다 각기 인재가 있었으니, 진(晋)나라의 곽박(郭璞)과 원(元)나라의 순신(舜臣)이 그러했고, 우리나라의 일로 말하더라도 도읍을 건설하고 능 자리를 정하는 데에 모두 술수 전문가의 말을 채용해 왔는데, 지금 헌릉(獻陵) 내맥(來脈)의 길 막는 일에 있어서 이양달(李陽達)과 최양선(崔揚善) 등이 각기 제가 옳다고 고집하고, 나도 역시 그런 이치를 알지 못하기 때문에 그 옳고 그름을 판단하지 못하겠는지라, 장차 집현전의 유신들을 데리고 최양달과 함께 날마다 그 이치를 강론할 것이니, 지리에 밝은 자를 널리 선택하여서 보고하게 하라."

세종은 풍수지리 전문가들이 서로 자신이 옳다고 주장하자 자신이 직접 집현전 학사들과 함께 공부를 하겠다고 선언한 것이다.

"경연은 오로지 성현의 학문을 강론하는 곳이온데 풍수학이란 것은 잡된 술수 중에서도 가장 황당하고 난잡한 것이오니, 강론에 참예시킴이 옳지 못하옵니다."

지신사 안숭선이 아뢰었다. 안숭선도 경연에서 풍수학을 강론하는 것은 옳지 못하다고 반대한 것이다.

"비록 그러하더라도 그 근원을 캐 보아야 하겠다."

세종이 단호하게 선언했다. 세종은 대신들이 잡학이라고 비난하는 풍수학까지도 근원을 캐보겠다고 학구적인 태도로 나온 것이다.

"전부터 이미 경전의 학문만을 한결같이 해왔는데, 이제 만일 잡된 학문을 강론한다면 오랜 공적이 한 번 실수로 헛되이 될까 두렵습니다. 하물며 한(漢)나라의 무제(武帝)는 육경(六經)을 높이 장려하고 백가(百家)를 물리쳤사온데 우리 전하의 성스러운 학문이 한 무제만 못하겠습니까. 그러나 그 학문도 역시 국가를 위하는 한 가지 소용되는 것이라 폐해 버릴 수는 없사오니, 원컨대 경학에 밝은 신하를 선택하여 강습하게 하시되, 제조를 두어서 그 부지런하고 태만함을 조사하며 그 잘하고 못함을 살피게 하옵소서."

안숭선이 절충책을 아뢰었다. 세종은 부교리 이명겸(李鳴謙)·유의손(柳義孫), 박사 이사철(李思哲), 저작랑 김예몽(金禮蒙)으로 학관(學官)을 임명하고, 예문 제학 정인지로 제조를 삼아서 풍수에 대해서 본격적인 공부를 하기 시작했다.

세종조의 사회 풍경(1) | 조선의 사기꾼

조선은 한양을 도읍으로 삼았다. 조선이 개경에서 천도할 때까지만 해도 한양은 한낱 넓은 평야지대에 지나지 않았다. 그러나 조선이 개국을 하고 천도를 하게 되자 대궐을 짓고, 도로를 내고, 조정의 수많은 관청을 건축하는 대역사가 벌어졌다. 물론 한양을 천도하는 일은 조정 대신들의 많은 반대가 잇따랐다. 조정의 대신들은 대부분 개경에 집과 땅을 가지고 있어서 새로운 땅으로 이주를 하는 것을 원하지 않았다. 그러나 태조 이성계는 조선을 건국한 이상 지기(地氣)가 쇠하였다는 개경에 계속 머물러 있을 수 없었다. 천도는 처음에 무악(毋岳 : 한양)과 계룡산 두 곳이 풍수지리가들에 의해 검토되어 계룡산에서 대대적인 역사가 이루어졌다. 그러나 대신들이 계룡산이 지나치게 남쪽에 치우쳐져 있다고 반대하자 태조는 하륜과 정도전, 무학대사의 건의를 받아들여 1394년(태조 3) 한양으로 천도했다.

무악은 고려 때에 남경으로 불리면서 이궁(離宮)이 있었으나 오랫동안 돌보지 않아 폐허가 되어 있었다. 태조는 이궁 터에 새로운 대궐 경복궁을 건축하고 많은 전각을 배치했다. 좌묘우사(左廟右社)의 풍수지리 원칙에 의해 종묘를 왼쪽에 건축하고 오른쪽에 사직을 배치하고 대궐 남쪽으로 대로(지금의 세종로)를 만들어 양쪽에 육조와 중추부, 사헌부 등 주요 관청이 들어서게 했다. 한양의 국도 건설은 치밀한 계획 하에 이루어졌다. 대궐과 관청을 건축하면서 도읍을 보호하기 위한 성곽도 축조되었다. 건물의 건축과 도성의 축조로 수만 명의 백성들이 동원되고 물자가 공급되었다.

> 고려 왕조의 말기에 요역(徭役)이 실로 많았으므로 백성들이 이를 매우 고통스럽게 여기었다. 내가 즉위한 이래로 백성들이 편안하게 모여서 휴식하게 하려고 생각하였다. 성(城)이란 것은 국가의 울타리로서 난폭한 적을 막고 백성을 보호하는 장소이니, 방비하지 않을 수가 없다. 그런 까닭으로 지난해 가을에 지방 백성들을 징발하여 도성을 수축하게 했는데, 부역을 치르러 나온 뒤에 혹은 나무와 돌을 운반하거나, 혹은 질병으로 인하여 목숨이 끊어진 사람이 있었으니, 내가 매우 민망하게 여긴다. 도평의사사(都評議使司)에 명하여 소재관으로 하여금 3년 동안 그 집의 호역(戶役)을 면세해 주고 이름을 갖추어 아뢰게 하라.

한양 도읍 공사에는 전국의 백성들이 동원되어 공사가 계속되었으나 그로 인해 죽는 사람들도 많았다. 태조는 도성 수축 공사로 죽은 사람들에게 3년 동안 세금을 면제해 주는 혜택을 베풀었다.

한양 성곽 공사는 3년에 걸친 대역사로 1396년에는 백악산, 인왕산, 목멱산, 낙산을 띠처럼 잇는 길이 5만 9,500자(약 17km)의 도성이 축조되었고, 도성 안팎을 연결하는 4대문과 4소문이 건축되었다.

도성 축조에는 11만 8,070여 명의 장정들이 동원되었다.

　대궐과 관청이 건축되었다고 해서 완전하게 국도가 되는 것은 아니었다. 조정에서 일을 하는 관리들의 주택이 건설되고 민가가 들어선 것은 좀 더 오랜 시간이 걸렸다. 태조는 대궐이 완성되자 곧바로 한양으로 천도를 했기 때문에 조정의 수많은 대신들이 한양으로 이주하게 되었다. 그러나 제1차 왕자의 난이 일어나자 다시 개경으로 돌아왔다.

> 내가 한양에 천도하여 아내와 아들을 잃고 오늘날 환도하였으니 실로 도성 사람에게 부끄럽도다. 그러므로 출입을 반드시 밝지 않은 때에 해서 사람들로 하여금 보지 못하게 하여야겠다.

　정종 1년 개경으로 돌아온 태조는 백성들에게 부끄럽다고 출입조차 제대로 하지 않았다. 그러나 정종이 상왕으로 물러나자 1405년(태종 5)에 다시 한양으로 환도했다. 태종이 한양으로 오면서 다시 본격적인 도읍 건설이 시작되었다. 종로를 중심으로 행랑과 시전(市廛)이 배치되었고, 이를 중심으로 상업지역이 형성되었다. 종로에서 북쪽에는 양반계급의 주거지역인 북촌(北村)이, 그리고 상업지역을 지나 남산 기슭 쪽에는 하급관리인 중인과 세도가 없는 양반들이 모여 사는 남촌(南村)이 형성되었다.

　태종이 한양으로 환도한 지 13년이 지나 세종이 보위에 오르면서 한양은 마침내 뚜렷한 도성의 모습을 갖추게 되었다. 한양은 어느 사이에 사람들이 어깨를 부딪치고 다녀야 할 정도로 번화한 대도(大都)

가 되었다. 한양이 번화한 도시가 되자 강도와 사기꾼까지 등장했다.

　세종조가 과연 태평성대였는가. 세종조의 실록을 살피면 절도나 강도짓을 하다가 검거된 죄인들을 사형에 처한 기사가 자그마치 200건에 가깝다. 절도나 강도를 하는 것은 살기가 어렵기 때문인데 민초들의 입장에서 보면 세종조가 어느 임금 때나 다를 바가 없는 것이다. 세종 8년 4월 7일 희대의 사기꾼들이 검거된다.

　사노(私奴) 박막동(朴莫同), 악공 최대평(崔大平), 백성 김유(金宥) 등이 납철(鑞鐵) 조각을 만들어 가지고 일부러 길 가운데 버려, 길가는 사람에게 이것을 줍도록 하고는 뒤따라가서 말하기를,
　"값비싼 은 조각을 우연히 길 가운데서 잃었는데 만약 이것을 주운 사람이 있으면 적당한 값으로 계산해 주겠다."
　하고, 주운 사람이 내어 보이면 반가운 척하면서 말하기를,
　"이것이 바로 내가 잃은 것이다. 그러나 보답할 물건이 없다."
　고 하며, 당황하면서 답답해하는 표정을 지으면 그 무리들 중 한 사람이 곁에서 길 가는 사람처럼 하면서 말하기를,
　"당신의 중한 보물은 이미 길에서 잃어버려 당신의 소유가 아니며, 벌써 다른 사람이 이를 얻었으니 당신의 보물은 아니고 주운 사람의 보물인 것이다. 비록 반값을 받고라도 이를 주는 것이 옳다."
　고 한다. 주운 사람은 이 말을 믿고 가졌던 의복과 잡물을 다 주고 이를 교환하게 되는데, 이런 일을 여러 번 했던 것이다. 일이 발각되어 의금부에서 추문하니, 모두 죄를 자복하므로 형률에 의거하여 두목(頭目)인 박막동(朴莫同)에게는 곤장 백 대에 몸은 수군에 충원하고,

가산은 관청에서 몰수하였는데, 종범인 최대평과 김유는 곤장을 치게 하되, 차등이 있게 하였다.

납철 조각을 은 조각이라고 사기를 치는 것인데 방법이 놀랍기 짝이 없다. 한양이 도읍이 되고, 새로운 도읍에 시장과 민가가 들어서면서 희대의 사기꾼까지 들어서고 있는 것이다.

세종조의 사회 풍경(2) | 음부 유감동 사건

　세종 9년 조선 최대의 성 스캔들의 하나인 유감동(兪甘同) 사건이 발생한다. 세종 9년이면 집현전을 설치하여 문치를 실시하려는 때다. 유감동 사건을 살피는 것은 세종시대의 진실을 살피는 몇 개의 코드가 숨어 있기 때문이다. 그 하나가 태평성대라는 세종시대에 어찌하여 이런 사건이 발생했느냐는 의문으로 시작된다. 세종은 역대 임금 중 보기 드문 성인이니 백성들이 교화를 받아 윤리적이어야 하는 것이다. 유감동 사건은 부랑배인 김여달(金如達)로부터 비롯된다. 유감동은 남편 최중기(崔仲基)가 무안 현감으로 있을 때 병이 들어 요양을 위해 한양으로 갈 때 김여달이 기찰을 한다면서 으슥한 곳으로 끌고 가 겁탈을 하여 발단이 되었다. 유감동은 그날 이후 김여달과 불륜의 사랑을 불태우기 시작했다. 그러나 유감동은 김여달과의 사랑에 만족하지 않고 섹스의 화신이 되어 한양의 숱한 남자들과 염문을 뿌리기 시작했다. 유감동 사건은 단순하게 그녀의 음행에 문제가 있는 것이 아니라 유감동과 염문을 뿌린 세종조의 지도층의 윤리의식에 더욱 문제가 있는 사건이었다.

　"사헌부에서 음부 유감동을 가뒀다는데 간부는 몇이나 되며, 본 남편은 누구인가?"

사건이 발생하자 세종이 물었다.

"간부는 이승(李昇), 황치신(黃致身), 전수생(田穗生), 김여달, 이돈(李敦) 등과 같은 사람이고, 몰래 간통한 사람은 이루 다 기록할 수 없사오며 본 남편은 평강 현감 최중기입니다. 최중기가 무안 군수가 되었을 때에 유감동을 거느리고 가서 부임했는데, 이 여자가 병을 핑계하고 먼저 서울에 와서는 음란한 행실을 계속하여 최중기가 내쫓았습니다. 그 아비는 검한성 유귀수(兪龜壽)이니 모두 사족(士族)입니다."

좌대언 김자(金赭)가 대답했다. 이승은 양녕대군을 폐세자 하게 만든 어리의 전 남편 곽선의 양자이고 황치신은 현직 좌의정 황희의 아들이다.

"평강 현감 최중기의 아내 유감동이 남편을 배반하고 스스로 창기라 일컬으면서 서울과 외방에서 멋대로 행동하면서 여러 달 동안 간통했는데 모두 형문에 처하여 추국하기를 청합니다."

사헌부는 유감동과 스캔들에 휘말린 세종조의 저명한 지도자들을 형장을 때리면서 신문을 해야한다고 아뢰었다.

"유감동의 간부로서 총제 정효문(鄭孝文), 상호군 이효량(李孝良), 해주 판관 오안로(吳安老), 전 도사 이곡(李谷), 수정장 장지(張智), 안자장 최문수(崔文殊), 은장 이성(李成), 전 호군 전유성(全由性), 행수 변상동(邊尙同) 등이 더 나타났으니, 청하건대 직첩을 회수한 뒤에 잡아와서 국문하게 하소서."

유감동의 간부는 사대부들만이 아니라 천민들인 수정장과 안자장, 은장이 포함되어 있었다. 이는 유감동이 닥치는 대로 뭇 남자들과 간통을 했다는 사실을 알 수 있고 그 당시에 공인들이 한양에 널리 퍼져 있을 정도로 한양이 번화해졌다는 사실을 알 수가 있다.

"정효문의 범죄는 비록 사면령이 있기 전에 있었지만, 그의 숙부 정탁(鄭擢)이 간통했는데 이를 알면서도 고의로 범했으니, 죄가 강상(綱常: 삼강오상, 곧 사람이 지켜야 할 도리를 이른다)에 관계되므로 내버려 둘 수 없으며, 이효량은 최중기의 매부이면서 간통했으니, 두 사람의 행실이 짐승과 같으니 엄중하게 다스려야 합니다."

정탁은 우의정이면서 유감동과 간통했고, 그의 조카 정효문이 또한 간통했기 때문에 근친상간을 범한 것이다. 정탁은 일시적으로 희대의 요부인 유감동을 첩으로 들였으나 소문이 나쁘게 나돌자 내쫓았다. 정효문은 숙부의 첩이었던 유감동과 통정을 하여 비난을 받았다.

"이 여자를 더 추국할 필요가 없다. 이미 간부가 십수 명이 나타났고 또 재상도 끼여 있으므로 일의 대체(大體)는 벌써 다 파악되었으니 이것을 가지고 죄를 판결해도 될 것이다. 계속 추국한다 하더라도 이 여자가 어떻게 능히 다 기억하겠는가. 정효문은 알지 못하고 간통했다고 말하고 또 공신의 아들로서 사면령이 있기 전의 일이니 다시 추국하지 말라."

세종이 영을 내렸다. 세종은 유감동으로 인하여 조정이 발칵 뒤집히자 일단 수습하려고 했다.

"유감동의 간부인 황치신, 변상동, 전수생은 형장으로 때려 묻기를 청합니다."

사헌부에서 아뢰었다.

"세 사람이 만약 알았더라면 유감동이 세 권의 고문에도 참고 말하지 않겠는가. 이 여자가 말하지 않는데 또 이 세 사람을 고문하는 것은 옳지 못하니 고문하지 말고 보석하라."

세종이 다시 영을 내렸다. 세종은 유감동 사건을 처리하면서 사대부들에게 관대한 처분을 내린다.

"검한성 유귀수의 딸이며, 현감 최중기의 아내인 유감동의 간부 성달생(成達生), 정효문(鄭孝文), 유승유(柳升濡), 김이정(金利貞), 김약회(金若晦), 설석(薛晳), 여경(余慶), 이견수(李堅秀), 이곡(李谷)과 장인 최문수(崔文殊), 장지(張智), 이성(李成) 등은 범죄한 것이 사죄(赦罪) 전에 있었고, 전유성(全由性), 주진자(朱嗔紫), 김유진(金由畛), 이효례(李孝禮), 이수동(李秀東), 송복리(宋復利), 안위(安位) 등은 이 여자의 지내온 내력을 살피지 않고 아무 곳에서나 간통하여 그 욕심을 마음대로 부렸으며, 이자성(李子成)은 비록 간통은 하지 않았으나 간통한 것과 다름이 없으며, 황치신(黃致身)은 아전으로서 지나가는 여자를 불러 서로 간통했는데, 후에는 그 지나 온 내력을 알면서도 또한 계속 간통했으며, 변상동(邊尙同)은 이승이 첩으로 정하여 거느리고 살 때에 몰래 훔쳐서 간통했으니, 다만 마음과 행실이 불초할 뿐만 아니라 여러 달을 간통했으니 어찌 이 여자의 지내온 내력을 알지 못했겠습니까. 이승과 이돈(李敦)은 유감동의 내력을 알면서도 안연(安然)하게 간통하면서 그의 아버지의 집에까지 드나들었으니, 그 뻔뻔스러움은 말할 수 없습니다. 오안로(吳安老)는 이미 백성의 사표(師表)로서 지나온 내력도 모르는 여자를 관아에 끌어들여 간통하고, 관청의 물건까지 팔기도 하고 주기도 하였으며, 전수생도 또한 여러 달 동안 간통하였으니, 그가 내력을 안 것은 확실하며, 또한 최복해(崔福海)에게 청하여 맹인의 청이라 하고는 단자(單子)를 써서 군자감에 바쳐 친히 쌀 10두(斗)를 주었는데도 오히려 부족하게 여겨 또 서생의 청이라 하여 쌀 1곡(斛)을 주었으니, 벽을 뚫어서 물건을 훔치는 도적과 다름이 없었으며, 이효량은 비록 복제(服制)에 들지 않는 친척이라 하지마는 처남의 정처(正妻)와 간통했으니 사람이라 할 수 없으며, 권격(權格)은 고모부인 이효례가 일찍이 간통한 것을 알면서도 또 여러 차례 간통했으며, 김여달은 길에서 요양하러 가는 유감동을 만나자 순찰한다고 속이고 위협하여 강간하고, 드디어 음탕한 욕심을 내어 최중기의 집에까지 왕래하면서 거리낌 없이 간통하다가 마침내 거느리고 도망하기까지 했으니 완악(頑惡)함이 비할 데가 없었습니다. 유감동은 벼슬하는 선비의 본처로서 남편을 버리고 도망하여 거짓으로 창기라 일컬어, 서울과 외방에 횡행하면서 밤낮으로 음란한 짓을 하여 추악함이 비할 데가 없으니, 마땅히 크게 징계시켜 뒷사람을 경계해야 될 것입니다. 최복해는 전수생의 간사한 꾀를 듣고 거짓으로 맹인이라 핑계하고는 군자감 유귀수에게 쌀을 구하였으니, 다만 여자의 음란한 행실을 막지 못했을 뿐만 아니라 그 간부도 또한 집안에서 접촉하기를 허용하였습니다."

사헌부는 마침내 유감동 사건의 백서를 발표했다.

"전유성, 주진자, 김유진, 이효례, 이수동, 송복리, 안위, 이자성 등은 관리로서 창기에게 유숙했으니 곤장 60대를 칠 것이며, 황치신은 남편이 없는 여자와 서로 눈이 맞아서 간통했으니 곤장 80대를 칠 것이며, 이승은 임지에 거느리고 가서 영을 어겼으니 태형 50대를 칠 것이며, 오안로는 관리로서 창기에게 유숙했으니 곤장 60대, 포물(布物)을 받고 잡물을 방매(放賣)했으니 태형 40대, 양미를 주어 스스로 도적질을 하였으니 곤장 80대를 칠 것이며, 전수생은 창기에게 유숙했으니 곤장 60대, 군자 주부로 있을 때에 1곡(斛)이 넘는 쌀을 준 것이 장물(臟物) 1관(貫) 이하는 될 것이니 곤장 80대를 칠 것이며, 이효량은 곤장 100대, 권격은 곤장 90대를 쳐야 할 것입니다."

유감동과 정을 통한 사대부들은 줄줄이 곤장을 맞게 되었다. 세종조의 최대 섹스 스캔들인 유감동 사건은 사회 지도층인 사대부들에게 곤장을 때리는 것으로 매듭이 지어졌다.

"유감동이 최중기와 같이 살 때에 김여달과 간통했는데, 후에 가장과 함께 자다가 소변을 본다고 핑계하여 김여달에게 도망하여 돌아왔습니다. 따라서 남편을 배반하고 도망하여 개가한 자이니 교수형에 처할 것이며, 김여달은 1등을 감형하여 곤장 100대를 치고 3000리(里) 밖으로 귀양 보낼 것이며, 유감동이 정탁의 첩이 되었을 때에 동성 조카인 정효문은 백숙(伯叔)의 아내를 간통한 자이니 참형에 처하고 첩은 1등을 감형할 것이며, 간통한 최중기의 매부 이효량은 곤장 100대를 쳐야 할 것입니다."

의금부에서 다시 아뢰었다. 세종은 유귀수는 다른 형벌은 내리지 않고 자원하여 부처(付處)하도록 하고, 황치신은 다만 그 관직만 파면하도록 하고, 오안로는 자자(刺字 : 얼굴이나 팔뚝의 살을 따고 홈을 내어 먹물로 죄명을 찍어 넣던 벌)를 면제하고 곤장 80대만 치라는 영을 내렸다. 유감동은 멀리 유배되어 천역에 종사하라는 영을 받았다. 그러나 얼마 지나지 않아 천역을 면제하고 관비로 지내게 했다.

유감동 사건은 사회적인 파장에 비하여 처리가 애매하다. 세종은 기이할 정도로 사건에 연루된 사대부들에게 가벼운 처벌을 내리고 있는 것이다.

세종조의 사회 풍경(3) | 천민들의 처벌

성군은 어진 임금이어야 한다. 세종은 기득권층인 사대부에게는 자비를 베풀었으나 천민들에게는 무서운 임금이었다. 세종은 희대의 섹스 스캔들인 유감동 사건에 연루된 수많은 사대부들에게 가벼운 처벌을 내리거나 무죄로 석방했으나 궁녀들이나 천민들에게는 엄정한 법 적용을 하여 처형했다. 국왕에게는 생사여탈권이 있다. 이는 임금이 마음대로 백성들을 죽이거나 살리는 권한이 아니라 재판에서 사형선고를 받은 죄수들에 대한 사면권이다. 세종은 자신이 갖고 있는 사면권을 일반 백성들이나 천민들에게는 행하지 않고 유독 사대부들에게만 행한 것이다. 친인척인 종친이나 사대부들에게는 사면권을 행사하고 백성들에게는 가혹한 법집행을 지시했다.

세종 9년 충주의 종 내근내(乃斤乃)가 주인을 구타한 사건이 발생했다. 종이 주인을 구타하면 율문에 참형으로 되어 있다. 형조에서 이 사건을 재판하여 참형에 해당한다고 아뢰자 세종은 두말 없이 참형에 처하라는 지시를 내렸다.

세종은 철저한 원칙주의자였다. 그는 원칙에 따라 법을 집행했는데 유독 천민들에게만 엄격한 법 집행을 했다.

세종 26년 수강궁에서 궁녀가 도망가는 사건이 발생했다. 부마 권공(權恭)에게 시집간 숙근옹주는 태종의 후궁 소생이었다. 숙근옹주가 결혼하기 전부터 거느리고 있는 궁녀 고미(古未)를 데리고 수강궁에 들어갔는데, 고미가 몰래 담을 넘어서 달아난 것이었다. 수강궁은 태종이 상왕으로 물러나 앉으면서 오랫동안 기거했던 대궐이었다.

"고미가 어디로 간 것이냐?"

숙근옹주는 사저로 돌아가려다가 고미가 보이지 않자 궁녀들에게 물었다. 그러나 궁녀들 누구도 고미가 어디로 갔는지 알 수가 없었다. 숙근옹주는 화가 나서 오라버니인 세종에게 고했다. 세종이 궁녀들과 내금위 갑사들을 추궁하자 고미가 담을 넘어 달아났다고 아뢰었다.

"궁녀가 달아나다니 용납할 수가 없다. 진양대군 이유(李瑈)와 광평대군 이여(李璵), 금성대군 이유(李瑜), 좌부승지 황수신(黃守身)을 들라하라."

세종이 대군들을 불러 들였다. 대군들이 황망한 걸음으로 들어와 세종 앞에 엎드렸다.

"숙근옹주가 데리고 있던 궁녀 고미가 담을 넘어 달아났다. 이는 궁녀가 담을 넘어 외인과 사통한 것이 분명하다. 고미와 사통한 자가 누구인지, 고미가 어디로 달아났는지 낱낱이 밝혀내라."

세종이 대군들에게 엄중한 영을 내렸다. 대군들은 경복궁 밀실에서 수강궁 궁녀들을 잡아들여 문초하기 시작했다. 고미와 이야기를 나누었거나 고미와 알고 지내는 모든 궁녀들이 경복궁 밀실로 끌려와 처절한 고문을 당했다.

"고미와 사통한 자를 밝히라!"

대군들은 황수신과 함께 궁녀들을 다그쳤다.

"저희는 모르는 일이옵니다."

궁녀들은 대군들의 살벌한 취조를 받게 되자 공포에 떨었다.

"너희들이 자복하지 않으면 형장을 가할 것이다."

"모르는 일을 어찌 고하라고 하십니까?"

대군들의 문초에도 궁녀들은 모른다고 대답했다. 대군들은 궁녀들에게서 신통한 답을 들을 수 없자 세종에게 가서 그대로 고했다.

"옹주의 궁녀가 담을 넘어 달아났다. 이는 그 궁녀가 분명히 사통하는 남자가 있기 때문일 것이다. 엄중히 추궁하라. 형장을 가하여 반드시 사실을 밝히라."

세종이 벌컥 화를 내면서 대군들에게 영을 내렸다. 대군들은 전에 없는 세종의 격노에 얼굴이 하얗게 변했다. 대군들은 어전에서 물러나와 밀실에 갇힌 궁녀들을 가혹하게 조사하기 시작했다.

"고미가 어디로 갔는지 말하라."

"소인들은 모르옵니다."

"네년들이 무서운 형장을 당해 보아야 실토를 할 모양이구나."

대군들은 궁녀들을 형틀에 묶어 놓고 곤장을 마구 쳤다. 곤장을 때릴 때는 남자는 맨 엉덩이에 때리고 여자는 한 겹의 속치마만 걸치게 하고 때린다. 궁녀들은 곤장을 맞을 때마다 처절하게 비명을 질러댔다. 곤장이 10대가 넘어가면 살갗이 찢어져 피가 낭자하게 흐르고 옷자락이 달라붙는다. 20대를 맞으면 인사불성이 되고 형틀 아래로 피가 낭자하게 고인다. 85명에 이르는 궁녀들이 경복궁 밀실에서 곤장을 맞아 피투성이가 되었다.

"죄 없는 자는 놓아 보내고 죄 있는 자를 의금부에 내리라."

세종이 다시 영을 내렸다. 궁녀들은 의금부로 끌려가서 다시 수백 번이나 곤장을 맞았다. 그러나 고미의 행방이나 고미가 외간 남자와 사통한 일을 승복하지 않았다.

"압슬형(壓膝刑)을 가하라."

세종이 의금부에 영을 내렸다. 압슬형은 죄인을 기둥에 묶어 사금파리 조각 위에 무릎을 꿇게 하고 무릎에 맷돌 같은 무거운 돌을 얹어 고통스럽게 만드는 형벌이다. 압슬형을 당하면 무릎이 부서져 걷지도 못한다. 의금부의 조사는 겨울에서 봄까지 계속되었으나 고미의 행방이나 사통한 외인의 실정을 알아내지 못했다.

숙근옹주의 남편은 권공이었다. 권공은 강계 절제사 권복(權復)의 아들로 태종의 후궁 김씨의 딸 숙근옹주와 혼례를 올려 화천군에 책봉되었다. 권공은 젊어서 무예를 업으로 삼아 도진무가 된 전형적인 무장이었다. 세종은 그를 군사들을 사열할 때마다 대장으로 임명했고 사졸은 모두 그를 따랐다. 성품이 활달하여 집은 가난해도 안빈낙도(安貧樂道)를 위안으로 삼았다.

내가 젊었을 때에 화천군의 집에 이르니, 나를 맞이하여 방으로 들어갔는데, 4벽이 소연(簫然 : 가구가 없이 텅 비어있는 모양)하였다. 내가 탁주(濁酒) 두어 잔을 마시고 나왔다. 평생에 산업을 경영하지 않고 또한 비단옷을 입는 습관이 없었으며, 그 마음이 바르고 진실하였고 일을 시키면 싫어하는 기색이 없었다.

권공이 죽자 세종이 도승지에게 회상하면서 내린 말이었다. 세종이 세자로 책봉되기 전의 일이니 17, 8세 때의 일이다. 세종은 가난한 권공의 집에서 막걸리 두어 잔을 마시고 나왔다니 서민적인 풍모를 갖고 있다고도 볼 수 있을 것이다. 그럼에도 천민들의 범죄를 가혹하게 처벌했고 궁녀들에게 압슬형을 가할 정도로 냉혹했다.

한글을 창제하다 | 훈민정음

세종이 한글을 창제하게 된 배경에는 여러 가지 설이 전해져 내려오고 있다. 이규경이 쓴 《오주연문장전산고(五洲衍文長箋散稿)》에 의하면 세종이 하루는 어전에서 측주(廁籌)를 배열하다가 홀연히 깨달아서 성삼문 등을 시켜 창제했다고 기록하고 있다. 측주는 인도인들이 변소에서 종이 대신 쓰는 대나무 조각으로 중국에서는 중들이 사용했다고 한다. 그러나 이 이야기는 어딘지 모르게 신빙성이 없어 보인다. 세종이 하필이면 어전에서 측주를 배열했다는 것은 믿기 어렵다. 오히려 훈민정음 서문에서 세종이 밝힌 것이 더욱 타당해 보인다.

나랏말이 중국과 달라 한자와 서로 통하지 아니하므로, 우매한 백성들이 말하고 싶은 것이 있어도 마침내 제 뜻을 잘 표현하지 못하는 사람이 많다. 내 이를 딱하게 여기어 새로 28자를 만들었으니, 사람들로 하여금 쉬 익히어 날마다 쓰는 데 편하게 할 뿐이다.

훈민정음(訓民正音)의 훈민은 백성을 가르친다는 뜻이니 세종은 자신의 통치를 백성들까지 골고루 알게 하기 위해 훈민정음을 창제하여 반포한 것이다. 세종은 재위 기간 동안에 많은 법률과 규제를 만들었다. 그러나 세종의 규제는 백성들이 글을 몰랐기 때문에 시행할 수 없는 경우가 많았다. 특히 법조문이 도두 한문으로 되어 있어서 글을 배우지 않은 천민들은 어느 것이 금법(禁法)인지 전혀 알지 못해 죄를 저지르는 경우가 많았다. 심지어는 법을 다루는 율관들조차 어려운 한문으로 되어 있는 법조문을 잘 이해하지 못하는 경우가 있어서 엉뚱한 판결을 내리기까지 했다.

세종은 집현전 안에 언문청을 만들어 정인지, 신숙주, 성삼문, 최항에게 언문을 창제하라는 영을 내렸다. 그러자 언문을 창제하는 일이 옳지 않다고 집현전 학자들이 일제히 반대했다. 세종은 이미 중국어에 지대한 관심을 갖고 학자들에게 연구하게 하고 있었다. 그러나 강례생(講隷生)을 두어 중국 문자를 연구하기 하는 것은 별다른 반발이 없었으나 문자를 만들겠다고 하자 일제히 반발한 것이다. 세종은 학구적인 인물이었다. 세종은 언문 창제에 반대하는 학자들을 논리적으로 설득하기도 하고 윽박지르기도 하면서 언문에 대한 연구를 계속했다. 한글 글자의 모양은 대개 고전(古篆 : 중국에서 한자를 표기하는 데 쓰던 서체의 하나인 전자(篆字))을 본떠서 초성(初聲), 중성(中聲), 종성(終聲)으로 나누었다.

ㄱ은 아음(牙音)이니 군(君)자의 첫 발성(發聲)과 같은데 가로 나란히 붙여 쓰면 규(虯)자의 첫 발성(發聲)과 같고, ㅌ은 설음(舌音)이니 탄(呑)자의 첫 발성과 같고, ㄴ은 설음(舌音)이니 나(那)자의 첫 발성과 같고, ㅋ은 아음(牙音)이니 쾌(快)자의 첫 발성과 같고, ㅇ은 아음

(牙音)이니 업(業)자의 첫 발성과 같고, ㄷ은 설음(舌音)이니 두(斗)자의 첫 발성과 같은데 가로 나란히 붙여 쓰면 담(覃)자의 첫 발성과 같고, ㅂ은 순음(脣音)이니 별(彆)자의 첫 발성과 같은데 가로 나란히 붙여 쓰면 보(步)자의 첫 발성과 같고, ㅍ은 순음(脣音)이니 표(漂)자의 첫 발성과 같고, ㅁ은 순음(脣音)이니 미(彌)자의 첫 발성과 같고, ㅈ은 치음(齒音)이니 즉(卽)자의 첫 발성과 같은데 가로 나란히 붙여 쓰면 자(慈)자의 첫 발성과 같고, ㅊ은 치음(齒音)이니 침(侵)자의 첫 발성과 같고, ㅅ은 치음(齒音)이니 술(戌)자의 첫 발성과 같은데 가로 나란히 붙여 쓰면 사(邪)자의 첫 발성과 같고, ㆆ은 후음(喉音)이니 읍(挹)자의 첫 발성과 같고, ㅎ은 후음(喉音)이니 허(虛)자의 첫 발성과 같은데 가로 나란히 붙여 쓰면 홍(洪)자의 첫 발성과 같고, ㅇ은 후음(喉音)이니 욕(欲)자의 첫 발성과 같고, ㄹ은 반설음(半舌音)이니 려(閭)자의 첫 발성과 같고, ㅿ는 반치음(半齒音)이니 양(穰)자의 첫 발성과 같고, ㆍ은 탄(呑)자의 중성(中聲)과 같고, ㅡ는 즉(卽)자의 중성과 같고, ㅣ는 침(侵)자의 중성과 같고, ㅗ는 홍(洪)자의 중성과 같고, ㅏ는 담(覃)자의 중성과 같고, ㅜ는 군(君)자의 중성과 같고, ㅓ는 업(業)자의 중성과 같고, ㅛ는 욕(欲)자의 중성과 같고, ㅑ는 양(穰)자의 중성과 같고, ㅠ는 술(戌)자의 중성과 같고, ㅕ는 별(彆)자의 중성과 같으며, 종성(終聲)은 다시 초성(初聲)으로 사용하며, ㅇ을 순음(脣音) 밑에 연달아 쓰면 순경음(脣輕音)이 되고, 초성(初聲)을 함해 사용하려면 가로 나란히 붙여 쓰고, 종성(終聲)도 같다. ㅡㆍㅗㆍㅜㆍㅛㆍㅠ는 초성의 밑에 붙여 쓰고, ㅣㆍㅓㆍㅏㆍㅑㆍㅕ는 오른쪽에 붙여 쓴다.

세종이 반포한 훈민정음에 직접 쓴 글이다. 그러나 훈민정음이 완성되기까지는 여러 해가 걸려야 했고 언어학에 뛰어나지 않으면 엄두도 낼 수 없는 일이었다. 중국의 한림학사 황찬(黃瓚)이 이때 요동에 유배되어 있었는데 성삼문 등에게 명하여 황찬을 만나 음운(音韻)을 배워 오도록 했다.

세종은 중국어에 관심이 많았다. 그는 이문(吏文: 조선 시대에 중국과 주고받던 문서에 쓰던 특수한 관용 공문의 용어나 문체)를 배우라고 강례생 제도를 만들어 요동을 오가게 하기까지 했다.

"강례생 권안(權按)이 병을 핑계로 하여 배우기를 게을리 하오니 청하옵건대 그 죄를 논하소서."

세종 21년 동부승지 정충경(鄭忠敬)이 아뢰었다.

"강례생이 국가의 중대한 임무의 뜻을 돌보지 아니하고 그 업에 게을리 하고 있사온데, 권안이 더욱 심합니다."

예조 판서 민의생(閔義生)도 아뢰었다.

"권안의 죄는 진실로 마땅히 징계하여야 할 것이다. 대저 이문을 강습하는 생도들의 학업 공부는 어떠한가."

"비록 그중에는 수준이 떨어지는 자도 있사오나 우수한 자도 또한 많사옵니다. 이들 생도들은 비록 중국 조정에 가서 배우지는 못하여도 요동에 왕래한다면 그 학업 강습 효과가 갑절이나 될 것입니다."

민의생이 아뢰었다.

"외국에서 중국말〔華語〕을 배우려고 하는 것은 진실로 아름다운 일이다. 위로는 한나라, 당나라 때부터 송나라, 원나라에 이르도록 모두 자제들을 보내어 국학에 입학시켜서 배우게 했다. 생도들을 보내 중국의 음훈(音訓)을 학습시키려는 것은 나의 소지(素志)이나, 다만 중국에서 외국 사람이라 하여 허락하지 않을까 하는 것뿐이다. 다시 가부를 의논하여 아뢰게 하라."

세종이 영을 내렸다. 세종은 중국에 가서 음훈까지 배워 오게 했다. 어쨌거나 집현전 학자들과 유신들의 반대에도 불구하고 세종의 한글 창제는 계속되었다. 세종은 성삼문을 요동에 13차례나 보내면서《운서(韻書 : 일종의 발음 사전)》에 대해 배워오게 했다. 집현전 학자들은 세종이 한글을 창제한다고 하더라도 그것을 실제로 사용하지는 않으리라고 생각했다. 그들은 세종의 명을 받들어 한글 창제에 모든 정성을 기울였다. 세종 역시 한글에 대해 모든 노력을 경주했다. 마침내 언문이 어느 정도 만들어지자 집현전 교리 최항, 부교리 박팽년, 부수찬 신숙주·이선로(李善老)·이개, 돈녕부 주부 강희안(姜希顔) 등에게 명하여 의사청(議事廳)에 나아가 언문(諺文)으로《운회(韻會)》를 번역하게 하고, 동궁(東宮)과 진안대군 이유, 안평대군 이용에게 그 일을 관장하게 했다.《운서》나《운회》는 자음사전(字音辭典)이었다.

모두가 임금의 뜻을 잘 받들어 상(賞)을 거듭 내려 주고, 대우하는 것을 넉넉하고 후하게 하였다.

실록에서 볼 수 있듯이 세종은 자음사전《운회》를 번역하는 집현전 학자들에게 상을 주고 대우를 풍족하게 해주었다. 아울러 신숙주와 성삼문을 요동에 보내 《운서》를 배워 오게 했다. 이런 각고의 노력 끝에 마침내 한글 창제가 이루어진 것이다. 게다가 한글을 창제할 무렵 세종은 건강이 악화되어 있었다. 고루한 대신들의 반대와 자신의 몸을 좀먹는 심각한 병마에 시달리면서도 세종의 집념은 변하지 않았다.

세종 26년 2월 20일 집현전 부제학 최만리 등이 언문 제작이 부당하다고 상소를 올렸다.

"신등이 엎드려 보옵건대 언문을 제작하신 것이 지극히 신묘하와 만물을 창조하시고 지혜를 운전하심이 천고에 뛰어나시오나, 신등의 구구한 좁은 소견으로는 오히려 의심되는 것이 있사와 감히 간곡한 정성을 펴서 삼가 뒤에 열거하오니 살펴주시기 바랍니다."

최만리의 상소는 점잖게 시작되었다. 그러나 조목조목 한글 창제의 부당성을 지적하여 세종을 격노하게 했다.

> 첫째, 우리 조선은 조종 때부터 내려오면서 지성으로 대국을 섬기어 한결같이 중화의 제도를 받들었는데, 이제 글을 같이하고 법도를 같이하는 때에 이르러 언문을 창제하신 것은 보고 듣기에 놀라움이 있습니다. 만일 중국에라도 흘러 들어가서 혹시라도 비난하여 말하는 자가 있으면 어찌 대국을 섬기고 중화를 사모하는 데에 부끄러움이 없사오리까.
>
> 둘째, 옛부터 구주(九州)의 안에 풍토는 비록 다르오나, 지방의 말에 따라 따로 문자를 만든 것이 없사옵고, 오직 몽고, 서하, 여진, 일본,

서번의 무리들이 각기 그 글자가 있으되, 이는 모두 오랑캐의 일이므로 족히 말할 것이 못되옵니다. 옛글에 말하기를, '화하(華夏)를 써서 이적을 변화시킨다' 하였고, 화하가 이적으로 변한다는 말은 듣지 못하였습니다. 역대로 중국에서 모두 우리나라는 기자(箕子)의 남긴 풍속이 있다 하고, 문물과 예악을 중화에 견주어 말하기도 하는데, 이제 따로 언문을 만드는 것은 중국을 버리고 스스로 이적과 같아지려는 것으로서 어찌 문명의 큰 흠절이 아니오리까.

셋째, 신라 설총(薛聰)의 이두(吏讀)는 비록 야비한 이언(俚言 : 저속한 말)이오나, 모두 중국에서 통행하는 글자를 빌어서 어조(語助)에 사용하였기에, 문자가 원래 서로 분리된 것이 아니므로, 비록 서리(胥吏)나 복예(僕隸)의 무리에 이르기까지라도 반드시 익히려고 하면, 먼저 몇 가지 글을 읽어서 대강 문자를 알게 된 연후라야 이두를 쓰게 됩니다. 이두를 쓰는 자는 모름지기 문자에 의거하여야 능히 의사를 통하기 때문에 이두로 인하여 문자를 알게 되는 자가 자못 많사오니, 또한 학문을 흥기시키는 데에 한 도움이 되었습니다. 어찌 예로부터 시행하던 폐단 없는 글을 고쳐서 따로 야비하고 상스러운 무익한 글자를 창조하시나이까.

최만리의 상소는 자그마치 6조목에 이르고 있었다. 최만리는 한글을 야비하고 상스러우면서 무익한 글자라고 비난했다. 이 정도의 비난이라면 세종이 펄펄 뛰면서 격노해야 했다. 태종이라면 당장 목을 베어야 할 중죄였다.

"너희들이 이르기를, 음(音)을 사용하고 글자를 합한 것이 모두 옛글에 위반된다고 하였는데, 설총의 이두도 역시 음이 다르지 않느냐? 또 이두를 제작한 본뜻이 백성을 편리하게 하려 함이 아니겠느냐? 만일 이두가 백성의 편리를 위해 만든 것이라면, 지금의 언문도 백성을 편리하게 하려 한 것이다. 너희들이 설총은 옳다 하면서 군상(君上)의 하는 일은 그르다 하는 것은 무슨 까닭이냐?"

세종이 불쾌한 심사를 감추지 않고 최만리를 논박했다. 세종의 논박은 계속된다.

"네가 《운서(韻書)》를 아느냐? 사성칠음(四聲七音)에 자모가 몇이나 있느냐? 만일 내가 그 운서를 바로잡지 아니하면 누가 이를 바로잡을 것이냐? 또 소(疏)에 이르기를, '새롭고 기이한 하나의 기예라' 하였으니, 내 늘그막에 날[日]을 보내기 어려워서 서적으로 벗을 삼을 뿐인데, 어찌 옛것을 싫어하고 새것을 좋아하여 하는 것이겠느냐? 매사냥을 하는 것도 아닌데 너희들의 말은 너무 지나침이 있다. 그리고 내가 늙어서 국가의 서무(庶務)를 세자에게 오로지 맡겼으니, 비록 세미(細微)한 일일지라도 참예하여 결정함이 마땅하거든, 하물며 언문이라 다르겠느냐? 만약 세자로 하여금 항상 동궁에만 있게 한다면 환관에게 이 일을 맡길 것이냐? 너희들이 시종하는 신하로서 내 뜻을 잘 알면서도 이러한 말을 하는 것은 옳지 않다."

세종은 조목조목 반박하여 최만리를 꾸짖었다.

"설총의 이두는 비록 음이 다르다 하나 음에 따르고 해석에 따라 어조(語助)와 문자가 원래 서로 떨어지지 않사온데, 지금의 언문은 여러 글자를 합하여 함께 써서 그 음과 해석을 바꾼 것이고 글자의 형상이 아닙니다. 또 '새롭고 기이한 한 가지의 기예'라 하온 것은 특히 문세(文勢)에 인하여 이 말을 한 것이옵고 의미가 있어서 그러한 것은 아니옵니다. 동궁은 공사(公事)라면 비록 세미한 일일지라도 참결하시지 않을 수 없사오나, 급하지 않은 일을 무엇 때문에 시간을 허비하며 심려하시옵니까?"

최만리는 궁색한 답변을 했다. 세종의 분노는 김문과 정창손에게 폭발했다.

"전번에 김문(金汶)이 아뢰기를, '언문을 제작함에 불가할 것은 없습니다' 하였는데, 지금은 도리어 불가하다 하고, 또 정창손은 말하기를, '삼강행실(三綱行實)을 반포한 후에 충신, 효자, 열녀의 무리가 나옴을 볼 수 없는 것은, 사람이 행하고 행하지 않는 것이 사람의 자질 여하에 있기 때문입니다. 어찌 꼭 언문으로 번역한 후에야 사람이 모두 본받을 것입니까' 하였으니, 이따위 말이 어찌 선비의 이치를 아는 말이겠느냐? 아무짝에도 쓸데없는 용속(庸俗)한 선비이다."

세종은 정창손을 신랄하게 비난했다. 세종이 정창손을 이토록 몰아세운 것은 언문으로 번역한 삼강행실 때문이었다.

"내가 만일 언문으로 삼강행실을 번역하여 민간에 반포하면 어리석은 남녀가 모두 쉽게 깨달아서 충신, 효자, 열녀가 반드시 무리로 나올 것이다."

세종이 얼마 전에 정창손에게 이런 말을 했는데 정창손이 반대하는 상소에 연명(連名)을 하고 언문으로 번역을 해야 충신, 효자, 열녀가 나오는 것이 아니라고 한 탓이었다.

"내가 너희들을 부른 것은 처음부터 죄주려 한 것이 아니고, 다만 소(疏) 안에 한두 가지 말을 물으려 하였던 것인데, 너희들이 사리를 돌아보지 않고 말을 바꾸어 대답하니 너희들의 죄는 벗기 어렵다."

세종은 최만리, 신석조(辛碩祖), 김문, 정창손, 부교리 하위지, 부수찬 송처검(宋處儉), 저작랑 조근(趙瑾)을 의금부에 하옥시켰다가 이튿날 석방하게 했으나 김문과 정창손은 파직했다. 김문은 한글을 창제할 때 반대하지 않다가 말을 바꾸어 반대를 했기 때문이었다.

세종은 훈민정음을 반포한 뒤에 이를 실질적으로 사용할 수 있는 방안을 모색했다.

금후로는 이과(吏科)와 이전(吏典)의 취재(取才) 때에는 훈민정음도 아울러 시험해 뽑게 하라.

이과는 상급 서리, 소위 아전을 뽑는 시험이다. 세종은 하급 공무원 시험에 훈민정음도 시험 과목에 추가했다. 이로 인하여 서리가 되려고 하는 사람들은 누구나 훈민정음을 공부하지 않으면 안 되었다. 세종은 이에 그치지 않고 승정원이나 사헌부에 내리는 문서도 종종 언문으로 작성하여 내려 보내기까지 했다. 한글은 아침 글이라는 별명이 붙을 정도로 배우기가 쉬워서 빠르게 전국으로 퍼져 나갔다. 특히 부녀자들에게 인기가 좋아 언문은 부녀자가 익히는 글이라는 말을 낳기도 했다.

조선의 르네상스를 이끌다

조선의 법을 세우다 **흠휼정책**

하늘이 내린 조선의 인재(1) **장영실**

하늘이 내린 조선의 인재(2) **박연**

여진과 전쟁을 선포하다 **4군 6진의 개척**

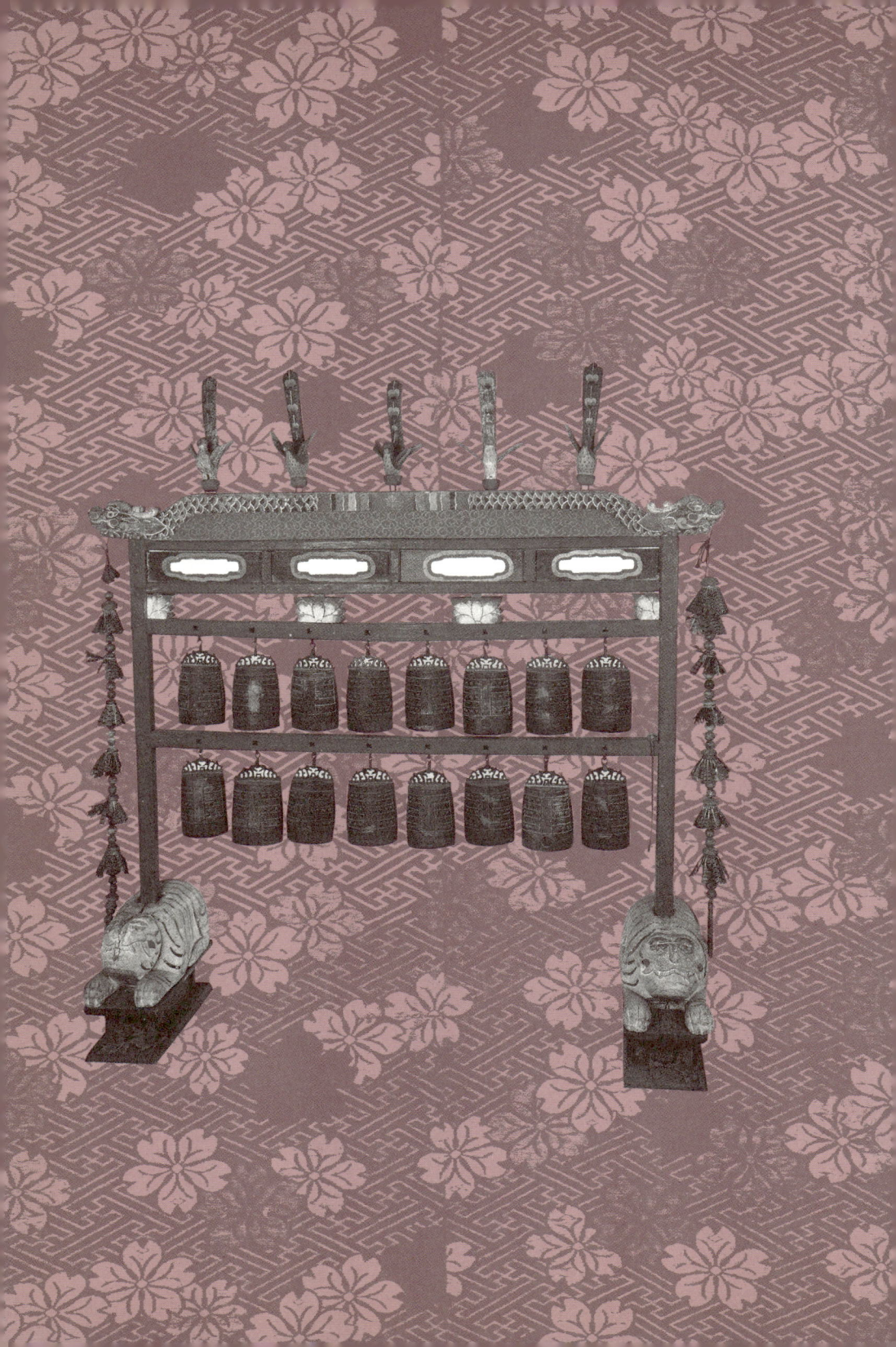

세종은 학문을 좋아하는 임금이어서 풍수학까지 깊은 관심을 기울였다. 그는 이에 그치지 않고 과학, 음악, 법률 등에도 지대한 관심을 기울여 조선시대에 가장 뛰어난 과학자 장영실과 음악가 박연을 배출하고 수사지침서인《신주무원록(新註無冤錄)》을 편찬했다. 아울러 조선시대의 법률이었던《육전(六典 : 이조, 호조, 병조, 공조, 예조, 형조에 관련된 법률서)》을 정비하고 개정하여《속육전(續六典)》을 펴냈다.

※ 편종(編鍾)
　국악기 중 금부(金部)에 속하는 유율타악기.
　편경과 함께 문묘제례악 등에 주로 사용되었다.

조선의 법을 세우다 | 흠휼정책

　세종은 철저한 원칙주의자이면서 법에 의한 통치를 국정의 근간으로 삼았다. 그는 많은 책을 섭렵하여 유학에 정통했고, 이를 바탕으로 유교적 민본주의를 실시하기 위해 육전수찬색(六典修撰色)을 설치하고 법전의 수정과 편찬에 직접 참여했다.

> 내가 감옥의 죄수가 오랫동안 판결이 지체됨을 염려하여 여러 번 교지를 내려 삼한(三限)의 법을 만들어 죄수들로 하여금 원통하고 억울한 일이 없도록 하게 하였는데, 근래에는 감옥의 죄수가 오랫동안 갇히어 여러 번 생명이 끊어지는 데 이르게 되니 내가 매우 슬퍼하노라.

　세종은 죄수들이 감옥에 갇히면 오랫동안 재판도 받지 않고 갇혀 지내는 폐단을 없애기 위하여 삼한의 법을 만들었다. 사죄(死罪)에 관계되는 큰 사건은 90일, 도류형(徒流刑)에 관계되는 사건은 60일, 태장(笞杖)에 관계되는 작은 사건은 30일 안에 재판을 마치도록 했다. 그러나 관리들이 삼한의 법을 어기고 죄수들이 뇌물을 바칠 때까지 재판을 진행하지 않아 감옥에서 죽는 일이 종종 발생했다.

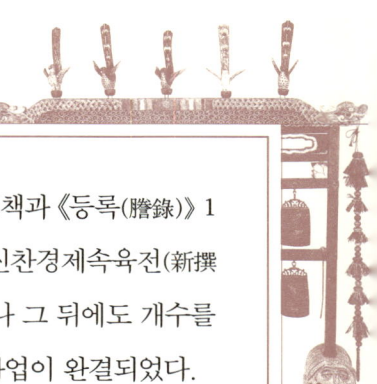

　수찬색은 세종 8년 12월에 완성된 《속육전》 6책과 《등록(謄錄)》 1책을 세종에게 바쳤다. 그리고 세종 15년에는 《신찬경제속육전(新撰經濟續六典)》 6권과 《등록》 6권을 완성했다. 그러나 그 뒤에도 개수를 계속해 세종 17년에 이르러 일단 《속육전》 편찬사업이 완결되었다.

　세종은 형벌제도를 백성을 불쌍하게 여기는 흠휼(欽恤)정책에 두었다. 법률에 합치되는 조목이 없는 경우에는 법률의 적용을 신중히 하고, 고문으로 사망하는 일이 없도록 하고, 사죄는 반드시 삼복법(三覆法)을 적용하게 했다. 삼복은 오늘날의 재판인 삼심제도와 흡사한 것이었다.

　15세 이하와 70세 이상인 자는 살인과 강도죄를 제외하고는 구속하지 못하게 하고 10세 이하 80세 이상인 자는 죽을죄를 지어도 구속하지 않았다.

> 형벌은 중대한 일이니 조심하지 않아서는 안 된다. 모든 관리가 형벌을 사용할 때에 누군들 그 적중(適中)함을 잃으려고 하겠느냐마는, 그 중에는 간혹 형벌을 남용하게 되는 것은 착오로 잘못 보기 때문이었다. 비록 부득이하여 형벌을 쓰더라도 만약 불쌍히 여기며 구휼하려는 마음만 있으면 거의 억울하게 죽는 자는 없게 될 것이다.

　세종은 형벌의 남용을 철저하게 금지했다. 감옥에 대해서도 세종은 많은 배려를 했다. 세종 21년, 세종은 감옥을 시찰한 뒤에 죄수들의 처우를 개선하는 방안을 찾아보라는 영을 의정부에 내렸다. 조선시대의 감옥은 열악하기 짝이 없어서 수십 명의 죄수들이 한방에서 지내는가 하면 환경이 불결하여 병에 걸려 죽는 죄수들이 많았다. 한여름에는 더위 때문에 고통스러웠고 겨울에는 난방이 되지 않아 얼어 죽는 죄수까지 있었다.

> 무릇 중외(中外)의 옥에 높은 대(臺)를 쌓고, 서늘한 옥 3칸[楹]을 그 위에 짓되 문과 벽은 모두 두꺼운 판자를 사용하고, 밖의 벽에는 틈과 구멍을 내어서 바람을 통하게 하옵소서. 또 남자의 옥 4칸과 여자의 옥 2칸을 지어 각기 경한 죄와 중한 죄를 분간하게 하되, 모두 판자를 깔고 처마 밖에는 4면으로 채양을 만들어 죄수들로 하여금 더운 때에는 형편에 따라 앉고 눕게 하고, 밤이면 도로 옥으로 들여오고 자물쇠로 채우게 하옵소서. 또 따뜻한 옥을 짓되, 그 남녀와 경중(輕重)의 옥 수효는 서늘한 옥과 같이 모두 토벽(土壁)으로 쌓게 하소서. 이 도면과 설계를 각도에 반포하여 관찰사로 하여금 도면에 따라 형편을 짐작하여 점차로 축조하게 하소서.

의정부는 세종의 영을 받들어 양옥(涼獄 : 시원한 감옥), 온옥(溫獄 : 따뜻한 감옥), 남옥(男獄), 여옥(女獄)에 관한 구체적인 조옥도(造獄圖)를 제작하여 각 도에 반포했다.

세종은 형정(刑政)을 신중하게 처리하게 하면서 흠휼정책을 시행했으나 절도범에 관해서는 자자(刺字), 단근형(斷筋刑 : 손의 힘줄을 자르는 벌)을 실시하고 절도 3범은 교형(絞刑)에 처하기도 했다. 도둑질 세 번에 교수형을 집행하는 것은 무서운 형벌이었다. 그러나 세종시대 절도를 세 번 저질렀다고 교수형을 당하는 죄수들이 여럿

눈에 띈다.

형조에서 아뢰기를,
"경주에 수감된 사노 고음삼(古音三)은 세 번이나 절도를 범한 자로 율문에 의하면 교형에 처하여야 합당합니다."
하니 그대로 따랐다.

형조에서 아뢰기를,
"사노 귀철(貴哲)이 세 번이나 절도죄를 범하였사오니 율이 교형에 해당합니다."
하니 그대로 따랐다.

형조에서 아뢰기를,
"통진 사람 백정 말수(末守)가 절도죄를 세 번 범하였사오니 율이 교형에 처함에 해당합니다."
하니 그대로 따랐다.

세종 12년 9월과 12월, 세종 13년 9월, 단순하게 절도를 세 번 했다고 죄수들이 사형되었다. 그러나 절도를 세 번 저질렀다고 하여 반드시 사형을 시켰던 것은 아니다.

형조에서 계하기를,
"사노 박경(朴敬)·박효생(朴孝生)과 백성 오달행(吳達行)이 절도를 세 번 범하였으니, 그 죄가 응당 교형에 처하여야 합니다."
하니, 각각 한 등을 감하라고 명하였다.

임금의 사면권이다. 세종은 절도죄를 세 번 이상 범한 죄수들을 사형에 처하기도 하고 1등을 감하기도 했다.

재판은 사건이 발생하면서 비롯된다. 태평성대라는 세종시대에도 많은 살인사건이 발생했다. 집현전 학자 권채는 여종을 학대하여 죽게 만들어 조야의 비난을 받았고 봉생이라는 여인은 자신의 남편이 억울하게 죽자 14년 동안이나 남장을 하고 전국을 헤매고 다니다가 범인을 찾아냈다. 약노라는 여자는 손님에게 밥 한 그릇을 주었다가 손님이 돌연사를 하자 주술을 걸어 죽였다는 죄로 고발되어 억울하게 10년 동안이나 옥살이를 했다.

이는 살인사건의 수사가 잘못되었기 때문이었다. 세종은 수사상의 오류를 바로 잡기 위해 《신주무원록(新註無冤錄)》을 편찬하게 했다.

1438년(세종 20) 집현전 학사인 최치운(崔致雲) 등이 원나라 왕여(王與)가 편찬한 《무원록(無冤錄)》에 주해를 더하고 음훈을 붙여 편찬한 《신주무원록》은 검험(檢驗 : 시체를 검시하는 것) 전문서로서 법의학 서적이었다. 송나라의 《세원록(洗冤錄)》과 《평원록(平冤錄)》을 바탕으로 검시하는 방법과 수사하는 방법을 세밀하게 기록하여 조선에서 오랫동안 검시 지침서로 사용되었다. 세종은 유의손(柳義孫)에게 서문을 쓰게 한 뒤 한양과 지방에 두루 반포했다.

《신주무원록》을 출간한 뒤에는 한성부에 명하여 검시장식(檢屍狀

式 : 검시 보고서를 쓰는 서식)을 따로 공포, 간행하고 다시 각도 관찰사를 시켜 반포하게 하였다.

1442년에는 검시하는 방법을 완전히 《무원록》의 규정에 따르도록 하였을 뿐 아니라, 인명치사(人命致死)에 관한 사건이 있을 때에는 그 사체가 있는 곳에서 고을 수령이 직접 검시를 한 뒤에 검시장식에 따라 사체검안서를 만들어 재판을 실시하게 했다. 이러한 법의학적 지식을 재판에 활용한 것은 봉건시대의 재판으로서는 획기적인 것이었다. 《신주무원록》의 간행으로 유무죄를 판별할 수 있었고 범인을 검거하는 데도 많은 도움이 되었다. 《신주무원록》은 검시를 하는 방법까지 수록했다.

초검(初檢) : 살인사건이 발생한 때에는 사체가 있는 곳의 지방 수령이 초검을 실시한 뒤에 검안서를 《신주무원록》 시장식의 규례에 따라 만들어 상부 기관에 제출한다.

복검(覆檢) : 초검관은 인근 지방관에게 제2차의 검험, 즉 복검을 위촉하는데, 초검관이 그 검험의 사정을 복검관에게 누설할 수 없고 복검관은 독자적으로 검안서를 작성하여 상부 기관에 제출한다.
상부 기관은 제출된 초검과 복검관의 의견이 일치될 때에는 이것으로 그 사건을 결정짓도록 하나, 만일에 두 검관의 의견이 일치되지 않거나 또는 그 검험에 의혹이 있을 때에는 다시 3검(三檢)을 실시한다.

삼검(三檢) : 3검은 중앙에서는 형조에서 낭관(郎官 : 六曹의 5~6품급

문관)을 보내고, 지방에서는 관찰사가 차원(差員 : 지방관아의 관리)을 정하여 다시 검험을 실시하고 초검관과 복검관의 검안서를 참작하여 최후의 판결을 내린다. 사건에 따라서는 4검 내지 5검을 실시할 수도 있고, 임금에게 직소(直訴)할 수도 있다.

《신주무원록》중에서 검시에 대한 내용이다. 신주무원록을 편찬하는데 주도적인 역할을 한 최치운은 태종 8년에 과거에 급제하여 세종 때에 활약을 한 문신이다. 최윤덕이 야인을 정벌할 때 종사관으로 따라가서 이기고 돌아왔다. 최치운은 그 공로로 참의에 올랐다가 얼마 안 되어 좌승지가 되었다. 그 무렵 여진이 조명(朝命 : 천자의 명)을 받들어 조선을 침략한다는 정보가 입수되어 조정이 발칵 뒤집혔다. 그러나 자세한 실정을 파악하니, 여진인 범찰(凡察)과 동산(童山)이 경성 지방에 모여 살다가 건주의 여진 이만주(李滿住)에게 달아난 것이 확인되었다. 조선은 이만주와 대립을 하고 있었기 때문에 범찰까지 합류하면 국경이 소란스러워질 것이 분명하기 때문에 이들을 경성으로 다시 데리고 오는 방법이 논의되었다. 그러나 여진 문제는 중국의 허락을 받아야 했다.

"천자에게 아뢰어 해결하는 것보다 더 나은 방법이 없습니다."
최치운이 세종에게 아뢰었다.
"그러면 보낼 사신을 논의하라."
세종이 영을 내렸으나 아무도 사신으로 가려고 하지 않았다. 중국에 가서 중국인들을 조선의 백성으로 삼겠다는 외교적인 일을 처리할 자신이 없었던 것이다.

"경만 한 사람이 없다."

세종은 자원자가 없자 최치운을 공조참판으로 삼고 이튿날 중국으로 보냈다. 최치운은 중국에 가서 황제의 윤허를 얻고 칙서를 받아 가지고 돌아왔다. 황제의 칙서는 여진에게 조선의 경계를 침략하지 말라는 영을 내렸다는 내용과 범찰 등의 무리에게 경성으로 돌아가라는 영을 내렸다는 내용이 있었다. 세종은 크게 기뻐하여 전토 500결과 노비 30명을 최치운에게 하사했다. 최치운은 노비만은 굳이 사양하며 7차례나 글을 올렸다.

"30명밖에 안 되는 노비는 최치운의 공로에 비하여 부족합니다마는 마땅히 억지로라도 주어야 됩니다."

대신들이 일제히 아뢰었다.

"이 사람이 거짓으로 사양하는 것이 아니라 진실한 마음에서 원하지 않는 것이니 그것을 받아들여서 후일의 명예를 이루게 하는 것이 좋습니다."

예조판서 허조가 세종에게 아뢰었다. 세종은 최치운에게 하사했던 노비를 거두어들였다.

"오늘 나는 전토를 얻었노라."

최치운이 집에 가서 가족들에게 자랑했다.

"임금께서 주시는 노비를 사양했으니 굴러온 복을 걷어찬 것입니다."

부인이 최치운에게 눈을 흘기면서 서운해했다. 세종은 최치운을 총애하여 자주 불러서 국정을 논의했다. 최치운이 술을 좋아하여 자주 말썽을 빚자 세종이 글을 써주고 조심하라는 지시를 내렸다. 최치운은 세종의 글을 벽의 좌우에 붙이고 출입할 때마다 살피곤 했다. 그러나 외출하면 반드시 취해서 집에 돌아와 쓰러졌다. 부인이 혀를 차면서 최치운의 머리를 들고 벽을 보게 했다. 그때 최치운은 아무리 취중이라도 머리를 숙이고 사죄하는 시늉을 했다고 한다.

"내가 임금의 은혜에 감복하여 술을 조심하려고 마음먹고 있으나 술자리만 가면 이상하게 앞서 한 맹세를 잊어버리고 취하게 된다."

최치운은 술을 너무 좋아한 탓에 술병이 들어 겨우 40세가 넘은 나이에 죽었다. 그러나 《신주무원록》을 수정하고 편찬하여 법의학 발전에 지대한 공을 남겼다.

하늘이 내린 조선의 인재(1) | 장영실

　세종시대에 가장 뛰어난 업적을 남긴 인물이 장영실(蔣英實)과 박연(朴堧)이다. 장영실은 과학기술자로 박연은 음악가로 명성을 떨쳤다.

　박연과 장영실은 모두 우리 세종의 제작을 왕성하게 하기 위하여 때에 맞추어 태어난 인재들이다.

　장영실과 박연을 두고 당시 사람들이 이렇게 평했다. 《필원잡기》에 있는 기록이다. 장영실과 박연이 이미 최고의 명성을 떨쳤다는 사실을 알 수가 있다. 장영실은 천문학자다. 과학기술로 명성을 얻었지만 그의 발명이나 기술이 대부분 천문 분야다. 장영실은 귀화한 중국인과 기생 사이에서 태어났다. 그의 아버지 이름이 무엇인지, 어쩌다가 조선으로 귀화하게 되었는지 전혀 기록에 남아 있지 않다. 기록에 의하면 그는 동래현의 관노로 세종의 눈에 띄어 발탁되었다. 장영실이 어떤 경로로 세종에게 발탁되었는지도 그의 출신 내력처럼 베일에 싸여 있다. 그러나 동래현의 관노로 있을 때 천문 기계에 관심이 많아 1423년(세종 5) 상의원 별좌로 임명받아 궁중 기술자가 되었다.

세종은 풍수학까지 관심을 기울일 정도로 다양한 분야의 학문을 섭렵했는데 천문에도 남다른 애정을 갖고 있었다. 장영실이 발탁된 것은 세종이 천문에 관심을 나타내면서 그 방면에 타의 추종을 불허하는 이론과 기술을 갖고 있었기 때문에 발탁된 것이다. 그렇다면 세종은 왜 그토록 천문에 관심을 기울이고 있었는가. 천문을 관측하는 것은 일상생활 뿐 아니라 농사에도 지대한 영향을 미친다. 세종은 가뭄과 수재로 흉년이 들자 이를 타파하기 위한 방법의 하나로 천문 관측을 중시했다. 세종은 남양부사 윤사웅, 부평부사 최천구, 동래 관노 장영실을 내감(內監)으로 불러서 선기옥형(璇璣玉衡 : 천문을 살피는 천문시계) 제도를 토론하여 연구하게 했다. 세종이 장영실과 함께 연구하고 토론하는데 이론이 정연하고 기술이 뛰어나 크게 기뻐했다.

"장영실은 비록 지위가 천하나 재주가 민첩한 것은 따를 자가 없다."

세종은 장영실이 관노인데도 측근에 두고 연구 활동을 계속하게 했다. 그러나 조선의 천문 기계는 열악한 수준에 지나지 않았다.

"너희들이 중국에 들어가서 각종 천문 기계의 모양을 모두 눈에 익혀 와서 빨리 모방하여 만들어라."

세종은 윤사웅, 최천구, 장영실을 중국에 파견하여 조력학산(造曆學算) 등 각종 천문 서책을 수입하고, 보루각(報漏閣 : 물시계로 시간을 알리는 일을 맡은 관청)과 흠경각(欽敬閣 : 자동으로 작동하는 천문시계인 옥루(玉漏)를 설치했던 건물)의 혼천의(渾天儀 : 천체의 운행과 그 위치를 측정하던 천문관측기) 도식을 견본으로 가져오게 하고 막대한 예산

까지 내주었다.

장영실은 중국에 가서 각종 천문 서적과 기계를 수입해 왔다. 세종은 양각혼의성상도감(兩閣渾儀成象都監)을 설치하고 장영실을 그 곳에서 연구하고 실험하게 했다. 3년만에 양각이 준공되자 세종은 직접 기계와 기구를 살피면서 감탄했다.

"기이하고 훌륭한 장영실이 중한 보배를 성취하였으니 그 공이 둘도 없다."

세종은 장영실의 기술에 감탄하여 관노의 신분에서 면천을 시켜 준 뒤에 실첨지를 제수하고 겸하여 보루사(報漏事)를 살피게 하여 한양을 떠나지 않게 했다. 장영실은 이후 행사직, 호군으로 거듭 승진하여 대호군(大護軍: 종3품 무관 벼슬)에까지 이르렀다.

1424년 장영실은 물시계를 만들었고 1432년에는 김돈과 이천을 도와 간의(簡儀: 천문관측기구)의 제작에 착수했다. 1433년에는 혼천의를 완성하고 1434년에는 자동으로 시간을 알리는 자격루(自擊漏)를 만들었다.

자격루는 장영실의 최대 발명품이고 세종의 위대한 과학 업적으로 남는다.

자격루는 보루각과 흠경각 두 곳에 설치되었다. 자격루는 자동으로 시간을 알리는 장치다. 자격루는 설계부터 어려웠기 때문에 밤낮으로 연구를 하지 않으면 안 되었다. 시간을 측정하는 것도 어려운데 자동으로 시간을 알리는 것은 당시로서는 획기적인 발명이었다. 필요는 발명의 어머니라고 한다. 세종이 지대한 관심을 보이자 장영실은 밤낮을 잊고 연구에 몰두했다. 한글을 만든 집현전 학자들에게 보름에 한 번씩 잔치를 베풀어주었던 세종이었다. 세종은 장영실 등 조선의 과학자들이 일을 하는 곳에 수시로 찾아와서 함께 연구하고 격려했다. 장영실은 1434년 경회루의 남쪽에 보루각을 세우고 그 안에 자격루를 설치하는 데 성공했다.

자격루는 4개의 파수호, 2개의 수수호, 12개의 살대, 동력전달장치 및 시보장치로 만들어졌다. 파수호에서 흘러내려온 물이 수수호로 들어가서(그동안 일정한 시간이 흐른다) 살대를 띄워 올린다. 살대가 떠오름에 따라 이 부력이 지렛대와 쇠구슬에 전달되어 구슬이 떨어지면서 시간을 알리는 장치를 움직이게 한다. 파수호보다 높은 곳에는 나무로 만든 세 개의 인형이 서 있다. 이 인형들 중 하나는 시(時 : 하루를 12시로 나눈 것)를 알리기 위하여 종을 치는 일을 맡고, 다른 하나는 경(更 : 하룻밤을 다섯으로 나눈 것)을 알리기 위하여 북을 치는 일을 맡고, 나머지 하나는 점을 알리기 위하여 징을 치는 일을 맡았다.

이러한 설계는 상당히 세밀해야 했다. 그러나 장영실과 그의 과학자들은 오랜 연구 끝에 성공할 수 있었다.

나무인형보다 낮은 곳에 평륜(平輪)이 있어서 그 둘레에 12신을 배치해 놓았다. 시간을 알리는 인형은 12지로 되어 있다. 12지는 자(子 : 쥐)·축(丑 : 소)·인(寅 : 호랑이)·묘(卯 : 토끼)·진(辰 : 용)·사(巳 : 뱀)·오(午 : 말)·미(未 : 양)·신(申 : 원숭이)·유(酉 : 닭)·술(戌 : 개)·해(亥 : 돼지)이다. 이들 신(神)은 각각 한 시씩 열두 시를 담당하고 있다. 자시(子時)가 되면 자시를 맡은 서신(鼠神 : 쥐의 신)이 자시의 시패(時牌)를 들고 솟아올라 왔다가 내려간다. 축시가 되면

우신(牛神), 인시가 되면 호신(虎神)이 솟아 올라왔다가 내려간다. 이와 같이 이 자격루는 종, 북, 징의 소리와 12신의 동작을 통해 각각 시간을 알 수 있게 설계 되었다.

흠경각의 자격루는 경복궁 천추전(千秋殿)의 서쪽에 조그마한 집을 지어놓고, 그 속에 풀을 먹인 종이로 높이 7척의 산을 만들어 산 속에는 옥루(玉漏)와 기계바퀴를 설치하여 역시 물의 힘으로 돌아가도록 만들었다. 금으로 만든 작은 태양이 낮에는 산속에 머물고 밤에는 산 밖으로 나타나게 했다. 태양이 지나가는 시간으로 하루를 측정하고 다시 월과 계절을 측정했다.

태양이 지나는 길의 아래에는 시간을 맡은 4명의 옥녀(玉女)가 있고, 그 아래에 4신이 있는데 각각 자기의 방위에 서서 시간에 맞춰 매 시간마다 제 자리를 한 방위씩 돌게 되어 있다.

산의 둘레에는 12신이 각각 제 위치에 엎드려 있다. 12신 뒤에는 각각 구멍이 뚫려 있으나 평소에는 닫혀 있다. 자시가 되면 서신(鼠神: 쥐신) 뒤의 구멍이 자동으로 열리고 옥녀가 시패를 들고 나오며 서신은 그 앞에서 일어난다. 이때 갑옷을 입은 무사 인형이 종을 친다. 다음에 옥녀는 들어가고 구멍도 저절로 닫히고 서신은 엎드린다. 축시가 되면 우신(牛神)이 같은 짓을 하고 동시에 옥녀도 시패를 들고 나왔다 들어간다. 이와 같이 하여 시간을 자동으로 알리는 것이 흠경각의 자격루였다.

세종은 재위 기간에 많은 책을 편찬했다. 장영실은 금속활자인 경자자(庚子字: 경자년에 만든 활자)를 보완하여 갑인자(甲寅字: 갑인년에 만든 활자)를 만들었다. 갑인자는 경자자보다 더 아름다운 자체로

20여 만자의 크고 작은 활자로 주조 되었다. 세종 18년에는 납 활자인 병진자(丙辰字)가 주조됨에 따라 조선시대의 금속활자와 인쇄술은 일단 완성을 보게 되었다. 이 인쇄 기술을 종래보다 훨씬 많은 양을 빠르게 인쇄할 수 있었다.

1437년에는 천체관측용 기구인 대소간의, 공중시계인 앙부일구, 휴대용 해시계인 현주일구를 제작했다.

장영실은 경상도 채방별감이 되어 동, 철의 채광과 제련을 감독했다.

1441년에는 강우량을 측정하는 측우기를 만들었고 개천의 수위를 관찰하는 수표(水標)를 만들어 청계천에 설치했다.

1442년 장영실은 임금이 타는 안여(安輿 : 수레)를 감독하여 제조하였는데 견실하지 못하여 부러지고 허물어졌으므로 의금부에 하옥되어 국문을 받았다. 안여가 부서지자 사헌부와 여러 곳에서 탄핵했다.

> 대호군 장영실이 안여를 감독하여 제조함에 삼가 견고하게 만들지 아니하여 부러지고 부서지게 하였으니 형률에 의거하면 곤장 백 대를 쳐야 될 것입니다.

세종 28년 의금부에서 아뢰었다. 세종은 장영실에게 2등을 감형하라는 영을 내렸다. 2등의 감형이 어느 정도인지까지는 알 수 없다. 그러나 이날 이후 장영실에 대한 기록은 실록에서 전혀 찾아볼 수 없다.

그렇다면 조선시대 최고의 과학자인 장영실은 어떻게 안여를 만

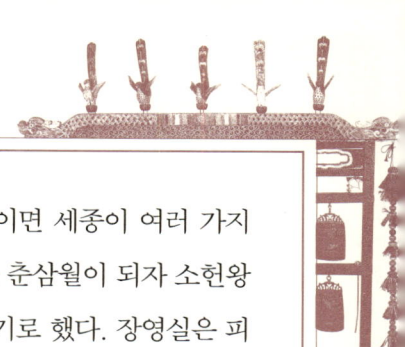

들었기에 부러지고 허물어졌는가. 세종 24년이면 세종이 여러 가지 병으로 몸이 좋지 않을 때였다. 세종은 꽃피는 춘삼월이 되자 소헌왕후 심씨와 함께 강원도 온천으로 피병을 떠나기로 했다. 장영실은 피병을 떠나는 세종을 위하여 특별한 안여를 제작했는데 실패로 돌아간 것이다. 이 수레가 어느 정도 특별했는지는 알 수 없다. 그러나 과학자인 장영실이 제작했으므로 그동안의 수레와는 달랐을 것으로 추정될 뿐이다.

하늘이 내린 조선의 인재(2) | 박연

조선시대 유자(儒者)들은 세종시대에 장영실과 박연을 일컬어 성군 세종의 업적을 높이기 위해 하늘이 내린 인재들이라는 평가를 했다. 과학자나 기술자들에게 비교적 인색했던 유자들로서는 드문 일이었다. 세종시대의 유자들이 관대했기 때문이었을까. 장영실에 대한 높은 평가가 그의 박학 때문이었을까. 아니면 세종시대만 해도 유자들이 교조적이지 않았기 때문이었을까. 박연은 조선조 초기의 혼란한 음악을 정비하여 높은 평가를 받았다. 그러나 악(樂)을 이해하지 못하면 아무리 훌륭한 악인(樂人)이라고 해도 인정을 받을 수가 없다. 박연이 세종시대에 높은 평가를 받을 수 있었던 것은 세종이 박연에 못지않은 음악적 소양을 갖추고 있었기 때문이다. 세종은 어렸을 때부터 금슬(琴瑟: 거문고와 비파)를 잘하여 세자인 양녕대군에게 가르쳐줄 정도로 음률에 조예가 깊었다. 박연은 신라의 우륵, 고구려의 왕산악과 함께 3대 악성(樂聖)으로 불리는 인물이다.

박연은 영동에서 시골 선비 박천석의 아들로 태어났다. 유생이었을 때 피리를 잘 불어서 고을 사람들이 선수(善手: 솜씨가 뛰어난 사람)라고 불렀다. 박연이 한양으로 올라왔을 때 어떤 젊은 광대 앞에

서 피리를 연주하게 되었다.

"음절이 야비하여 가락에 맞지 않는데, 이미 습관이 되어 고치기도 어렵겠다."

광대가 웃으면서 절레절레 고개를 흔들었다. 고향에서는 선수라는 이름을 들었던 박연은 얼굴이 붉어져 광대에게 피리를 불어 보라고 말했다. 광대가 코웃음을 친 뒤에 피리 한 곡을 부는데 확실히 일절이라고 부를 만했다. 박연은 광대에게 음악을 가르쳐 달라고 청했다.

"선배님은 후생(後生)을 가르칠 만합니다."

광대가 며칠 동안 박연을 가르치고 나더니 말했다.

"규범이 이미 이룩되었습니다."

다시 며칠이 지나자 광대가 탄복하여 말했다.

"나로서는 미칠 수 없습니다."

며칠이 지나자 광대는 더 이상 가르칠 것이 없다면서 무릎을 꿇었다. 박연은 천재적인 음악가였던 것이다. 박연은 27세 때인 1405년(태종 5) 생원시에 급제하고 1411년에 진사시에 급제하여 조정에 진출했다. 그러나 마땅한 벼슬이 내리지 않아 거문고와 비파 등 모든 악기를 연습하여 정묘한 경지에 이르렀다. 박연은 세종 때에 집현전 교리가 되었고 실록에는 세종 5년이 되어야 간신히 등장한다.

제생원의 의녀 중에서 나이 젊고 총명한 3, 4인을 뽑아서 잘 가르쳐 문리를 통하게 하라.

세종이 영을 내려 의영고 부사 박연(朴堧)을 훈도관으로 임명하여 의녀들을 가르치게 했다는 대목이 실록에 나오는 것이다. 2년 후인 세종 7년에는 악학별좌(樂學別坐)가 되어 등장한다.

예조에서 악학별좌 박연의 수본(手本)에 의거하여 계하기를,
"음악의 격조가 경전, 사기 등에 산재하여 있어서 상고하여 보기가 어렵고, 또《문헌통고(文獻通考)》,《진씨악서(陳氏樂書)》,《두씨통전(杜氏通典)》,《주례악서(周禮樂書)》 등을 소장한 자가 없기 때문에, 비록 뜻을 둔 선비가 있더라도 얻어 보기가 어려우니, 진실로 악률(樂律)이 사라지지 않을까 두렵습니다. 청컨대, 문신 1인을 본 악학에 더 설정하여 악서를 찬집(撰集)하게 하고, 향악(鄕樂), 당악(唐樂), 아악(雅樂)의 율조(律調)를 상고하여, 그 악기와 악보법(樂譜法)을 그리고 써서 책을 만들어, 한 질(秩)은 대내(大內)로 들여가고, 본조와 봉상시(奉常寺)와 악학관습도감(樂學慣習都監)과 아악서(雅樂署)에도 각기 한 질씩을 수장하도록 하소서."
하니 그대로 좇았다.

박연은 악학별좌라는 한직(閑職)에 있었기 때문에 세종에게 직접 상소를 올리지 못하고 예조를 통해 상소를 올린 것이다. 그런데 박연이 올린 상소에 조선의 통치 이념인《주례악서》가 거론되고 있다. 세종은 박연이 올린 상소에서 고금의 악서가 두루 거론되고 있어서 비상한 관심을 기울였다.

세종은 유교를 절대적인 통치 이념으로 삼았다. 조선시대의 모든

왕들이 그러했고, 모든 대신들이 그러했듯이 공자를 성인으로 받들면서 공자가 가장 존경했던 주공(周公)을 규범으로 삼으려고 했다.

나도 이제 늙었구나, 이토록 오랫동안 꿈에서 주공을 뵙지 못하다니!
(子曰甚矣吾衰也久矣吾不復夢見周公)

《논어》술이편(述而篇)에 있는 말이다. 공자는 주공을 숭배하여 꿈속에서도 보았다고 했다. 주공은 유교의 경전인 《주례》의 편찬자로 알려져 있고, 주나라 무왕(武王)의 어린 아들 성왕을 보좌하여 섭정을 하다가 노나라의 제후가 된 인물이었다. 성인인 공자가 꿈속에서도 볼 정도로 숭배하는 인물이었기 때문에 주공은 조선의 유자들에게 신이나 다를 바 없었다. 게다가 노나라 출신인 공자는 후세의 모든 황제들과 대신들이 주공을 모범으로 삼아야 한다고 주장했다. 오늘의 관점으로 보면 씁쓸한 일이다. 어쨌거나 공자는 예를 가장 중시했고 악(樂)도 예의 완성을 위해 필요한 것이라고 역설했다.

박연과 세종 모두 유학을 한 인물들이고 공자의 제자들이다. 그들은 공자가 역설한 예의 완성을 위해 조선의 악을 정비할 필요가 있다는 사실에 의기투합했다. 고려조에서부터 조선 초기의 악은 악기가 제대로 갖추어지지 않고 악보조차 정비되지 않아 예의 관점에서 보면 난잡하기 짝이 없었다.

세종은 박연에게 아악(雅樂: 우리나라에서 공식 행사에 사용하던 음악)을 정비하도록 지시했다. 박연은 세종의 지시를 받자 본격적으로 아악을 정비하기 시작했다. 아악을 연주할 수 있는 악기가 부족하면 중국에서 수입하거나 직접 제작했다.

　박연은 편경(編磬 : 돌로 만든 악기의 하나)의 음정을 맞출 정확한 율관(律管)을 제작하기 위하여 수차례에 걸쳐 시험제작을 했다. 아울러 흐트러진 악제를 바로잡기 위하여 수십 회에 걸쳐 상소를 올리기도 했다. 편경은 서양악기의 피아노와 같아서 모든 악기의 음을 조율하는 데 사용되었다. 그러므로 편경의 제작은 가장 정밀해야 했다.

　박연은 진사시에 급제한 뒤에도 10여 년을 한직에 머물러 있었다. 그는 그 시간 동안 악에 대해 깊이 빠져 들어갔다. 그가 일찍이 문신으로 활약했더라면 조선조 최고의 악인(樂人)이 되지는 않았을 것이다.

　박연은 앉거나 누울 때면 언제나 손을 가슴에 포개어 놓고 악기 치는 모양을 하고, 입속에서 목구멍을 굴려 율려(律呂 : 한 옥타브 안에 배열된 12율(律)의 양률(陽律)과 음려(陰呂))의 소리를 냈다. 이렇게 10여 년을 한 끝에 악을 다루는 관원이 되어 음악에 관한 일을 전적으로 관장했다.

　하루는 세종이 박연을 불러서 음률을 교정하게 했다.

　"아무 율(律)이 1푼이 높습니다."

　박연이 가만히 음악을 듣고 있다가 아뢰었다. 세종이 다시 살피니 높은 율에는 남은 먹줄이 있었다. 세종이 그 먹줄 1푼을 깎도록 명하고, 또 낮은 율에는 다시 1푼을 붙이게 하고 연주했다.

　"이제는 율이 정확합니다."

　박연이 다시 음악을 듣고 아뢰었다. 세종을 비롯하여 대신들은 박연이 음률에 정확한 것을 보고 감탄했다.

　박연은 중국의 아악에 정통했고 세종은 아악도 중요하지만 향악(鄕樂 : 삼국시대부터 이어져 내려온 전래 음악)에도 많은 관심을 기울이고 있었다. 박연은 악서 제작, 편경 제작과 각종 아악기 제작, 조회악 및 회례아악의 창제, 제향아악, 특히 종묘악의 정정 등 조선음악의 기반과 아악의 정리로 큰 업적을 남겼다.

　1453년(단종 즉위년) 수양대군이 김종서와 황보인 등을 참살하고 정권을 장악하는 계유정난이 일어났다. 박연의 아들 박계우는 계유정난의 후속조치로 김종서의 잔당이 되어 처형되고 며느리는 홍윤성에게 노비로 하사되었다. 아들과 며느리를 잃는 비통함 속에서도 박연은 원로대신이라는 이유로 고향 영동으로 자원부처 되었다.

성임(成任)에게 이르기를,

"경은 재간과 기예가 많으니 내가 매우 가상하게 여긴다. 우리나라 사람은 천문, 지리 등 잡학에는 조금 아는 이가 있으나, 악에는 아는 이가 대개 적다. 악공들의 배우는 바와 같은 것은 한갓 음탕한 소리일 뿐 악이라고 말할 수 없다. 경은 힘써 내 뜻을 살펴 음악에 마음을 두라."

하고 묻기를,

"배우면 박연에게 미칠 수 있을까?"

하니, 성임이 대답하기를,

"박연에게는 미칠 수 없으나 배우면 혹시 깨달음이 있을까 합니다."

하므로 임금이 말하기를,

"요는 마음을 오로지하는 데 있을 뿐이다."

하고, 여러 신하들에게 이르기를,

"지금의 악은 자못 정밀하지 못함이 있으니 내가 음률에 정통한 자 몇 사람을 골라 제조의 임무를 맡게 하여 개구리 끓듯 하는 소리를 일체 고치고자 하는데 또 누가 가하겠는가?"

하니, 황수신 등이 아뢰기를,

"어효첨(魚孝瞻)이 근검(勤儉)하여 맡길 만합니다."

하므로, 임금이 말하기를,

"어효첨은 음률을 알지 못한다."

하자, 다시 예조 참판 조효문(曺孝門)을 천거하니, 곧 성임과 조효문을 악학 도감 제조로 삼았다.

세조 7년에 있었던 일이다. 박연이 죽은 뒤에도 그가 조선의 악에 남긴 영향은 이토록 지대했던 것이다.

여진과 전쟁을 선포하다 | 4군 6진의 개척

　세종의 업적 중 빼놓을 수 없는 것이 4군(四郡 : 압록강 상류의 여연·자성·무창·우예)과 6진(六鎭 : 두만강 하류 남쪽에 종성·회령·경원·경흥·온성·부령))을 개척한 일이다. 이는 압록강과 두만강 이남이 우리 영토로 확보된 결정적인 계기였다. 고려를 개국했을 때는 압록강과 두만강 남쪽의 대동강까지 발해의 영토였다. 그러나 발해가 거란족이 세운 요(遼)나라의 태조 야율아보기(耶律阿保機)에 의해 멸망함으로서 이 지역은 무주공산이 되어 여진족이 자리 잡고 있었다. 고려는 건국 이후 차츰 북방으로 진출하여 의주와 함주(咸州 : 함흥) 일대까지 영토로 확장했으나 백두산 일대는 산세가 험준했기 때문에 방치해 두고 있었다. 이성계의 조상들은 동북면 일대에서 성장했는데 여진과 이합집산을 거듭하면서 군벌로 자리 잡았고, 결국은 고려의 중앙무대에 진출하여 조선을 개국했다.
　함경도 지역은 이성계의 고향이자 조선의 발상지나 마찬가지였다. 그러나 조선조 초기 한양으로 천도한 조선 왕실은 굳이 평안도 북쪽과 함경도 북쪽 지역을 조선의 영토로 확보하려고 하는 의지는 없었다. 그러나 세종은 아버지 태종이나 할아버지 태조와는 달랐다.

그들은 조선을 건국하는 데 일생을 바쳤으나 세종은 선조의 땅을 지켜야한다는 명제를 갖고 있었다. 태종 때부터 여진족의 침략이 자주 있었기 때문에 세종은 이를 정벌하여 국경을 확정 짓고 변경 지역을 안정시키려는 계획을 갖고 있었다. 그러나 그는 압록강과 두만강 이남에만 관심이 있었다. 당시의 조선의 지도층 대부분은 양강 이북은 중국 땅이라는 인식을 같이 하고 있었다. 요동까지 세종의 가슴속에 담고 있었다면 오늘날의 우리 영토는 달라졌을 것이다. 그러나 조선은 명나라에 사대를 하고 있었다. 요동의 광대한 땅을 지배하려면 명나라의 허락을 받아야 했다.

세종은 일단 여진이 활개를 치는 함경도 북쪽과 평안도 북쪽에 남쪽 백성들을 옮겨 가서 살게 하는 이주 정책을 강력하게 실시했다. 아무리 조선의 영토라고 주장을 해도 사람이 살지 않으면 황폐해 진다. 백성들의 이주 정책은 사실상 1398년(태조 7)에 처음 실시된 것이었다. 그러나 강력하게 시행하지 못하고 후속조치가 제대로 따르지 못해 많은 문제점이 드러나고 있었다. 1418년(세종 원년) 함길도 경원 병마절제사 조비형(曹備衡)이 장계를 올렸다.

> 신사민(新徙民 : 새로 이주한 백성) 400호 가운데서 그 당시 도착한 사람은 다만 180호에 불과했으므로, 무인년(1398)에 공주성(孔州城)을 중수하여 경원부(慶源府)를 설치하고, 도내의 부유한 백성들을 이주시켰으나 그 후 또 다시 병란을 겪게 되자 백성들이 사방으로 흩어지고 말았습니다.

　태조는 함길도에 경원부를 설치하고 400호, 약 2,000여 명의 백성들을 이주시켜 마을을 이루고 살게 했다. 경원부는 두만강과 인접해 있고 대륙의 여진족들이 언제나 건너올 수 있었다. 경원부 일대에 살던 여진족들도 있었다. 그들은 이주민들이 들어오자 대륙으로 쫓겨 갔으나 고향을 잊지는 않았다. 걸핏하면 두만강을 건너 침략하여 약탈을 하고 부녀자들을 납치해 갔다. 조비형의 장계는 여진족들의 침략으로 이주민들이 견디지 못하고 흩어졌다는 것이다. 이주민들은 원주민들이나 다름없는 여진족들의 침략, 추위와 질병, 맹수들의 습격으로 정착을 하는 데 많은 어려움을 겪었다. 이주민들은 개척자였고 세종은 이들을 보호하기 위해 모든 지원을 아끼지 않았다.

　세종은 병조와 상의하여 함길도 도내에서 산업을 갖고 있지 않은 자들을 그곳으로 이주시켜서 3년 동안 요역(徭役)을 시키지 않고 조세를 면제해 주었다. 세종은 부역과 세금까지 면제해 주면서 이주 정책을 실시하고 있는 것이다.

　"평안도는 중국과 국경이 인접하였는데, 백성이 매우 드물고 적으므로 하삼도(下三道 : 전라도, 경상도, 충청도)의 백성들을 옮겨다가 충실하게 하여 후환에 대비하고자 한 것이 1년 반이 되었다. 그러나 백성들을 옮겨간다는 것은 중대한 일이어서 반드시 원성이 일어날 것이므로 과단하여 실행하지 못하였다. 만약 그곳에 들어가 살게 한다면 10년 동안 복호(復戶 : 각종 부역에 종사하지 않게 하는 것)하고 세금도 면제하는 것이 어떠하겠는가?"

　세종이 대신들에게 물었다.

　"오로지 평민만 들어가 살게 한다면 원망이 매우 심할 것이지만,

만약 범죄자를 옮겨 간다면 거의 원망의 폐단이 없을 것입니다. 당나라 태종이 일찍이 남쪽 지방의 죄수들을 옮겨다가 요동을 충실하게 하였으니 마침내 인구가 조밀하게 되었습니다. 그 백성들이 비록 원망을 하더라도 어찌 죄 없는 백성과 같겠습니까."

우의정 맹사성이 대답했다. 백두산 일대는 개마고원의 험산준령이 놓여 있었다. 이러한 고원에 들어가 사는 것은 사실상 죽음을 각오하지 않으면 안 되었다. 농사를 지으면서 여진족과 전쟁까지 해야 하는 이주민들은 많은 희생이 따랐다. 태고의 원시림에는 맹수들이 우글거렸고 강 건너에는 여진족들이 살고 있었다. 세종은 특단의 대책을 세워 십악대죄(十惡大罪)를 저지른 살인자 외의 범죄자들을 모두 무죄 방면하여 개척자가 되도록 내몰았다.

"죄수가 몇 사람이나 되느냐."

"범죄자는 반드시 많지 않을 것입니다. 또 강제로 옮기는 것은 어려운 일이니 갑자기 실행하는 것은 좋지 않습니다. 평안도의 백성이 비록 희소하였다고 하나, 지금은 평양에서 북으로 강계, 서로 의주에 이르기까지 성보(城堡)가 서로 바라보이고, 닭 우는 소리와 개 짖는 소리가 서로 들립니다. 다만 근년에 흉년으로 인하여 타도(他道)로 떠난 자가 자못 많습니다. 이제 7, 8년 동안 그들의 요역(徭役)을 면제하고 조세를 감하여 준다면 처음에는 비록 원망할지라도 마침내는 반드시 고향으로 돌아온 것을 기뻐할 것입니다."

병조 판서 최윤덕(崔閏德)이 아뢰었다.

"그 법은 이미 정해져 있으니 마땅히 다시 거듭 밝혀 시행하여야 하겠다."

　세종이 말했다. 세종은 맹사성의 건의로 압록강과 두만강 지역에 사람들을 이주시키기 위해 여러 가지 혜택을 베풀었다.

　양민이라면 그곳의 토관직을 주어 포상하고, 향리(鄕吏)나 역리(驛吏)라면 영구히 그의 이역(吏役)을 해제하여 주며, 노비라면 영구히 풀어주어 양민이 되게 하여 주어야 합니다.

　세종은 병조의 건의를 받아들여 이주하는 백성들에게 특혜를 베풀었다. 세종시대에 압록강과 두만강 이남 지역은 신분 상승을 할 수 있는 황금의 땅이 되었다. 그러나 문제점도 많았다. 그 지역에는 조선에 귀화하여 살고 있는 여진족도 있었고 소수에 지나지 않았지만 조선인들 중에도 오랫동안 살고 있던 사람들도 있었다. 그들은 서로 반목(反目)했다. 이주민들은 군대의 보호를 받았으나 범죄자까지 끼어 있었기 때문에 사고가 빈발했다. 무엇보다 남쪽에서는 상상할 수도 없었던 맹렬한 추위에 많은 이주민들이 얼어 죽었다. 개마고원 일대는 태고의 원시림이 우거져 있어서 맹수들의 습격으로 죽는 일도 자주 발생했다.

　황금의 땅이라고 생각하여 북변으로 몰려왔던 사람들이 이런저런 이유로 죽자 고향으로 돌아가는 사람들이 많아졌다. 세종은 그들을 쇄환하는 문제에 온갖 노력을 기울였다. 그는 여진족이 항구히 북변을 침략하지 못하도록 만들기 위해 모든 방법을 동원했다.

　여진과 조선은 두만강과 압록강 일대에서 치열하게 대립했다. 1433년(세종 15) 1월 9일 평안도 감사가 여연성(閭延城 : 함경도 갑산군 여연촌)과 강계에서 여진이 기습을 하여 전사한 사람이 48명이라는 보고를 해왔다. 세종은 즉시 의정부 대신들을 불러 여진을 정벌하는 문제를 논의했다. 그러나 여진을 정벌하는 것은 쉬운 일이 아니었다. 여진이 소부족 단위로 광대한 대륙과 험준한 산 속에 숨어 있었기 때문에 대대적인 소탕을 벌이려면 수십만의 군대도 부족했다.

백두산 남쪽도 산세가 험준했으나 북쪽 역시 장백산맥의 첩첩 연봉이 이어져 있었다. 여진은 건주여진이 가장 컸으나, 작은 부족들이 이러한 지세를 이용하여 걸핏하면 조선을 침략하여 약탈하고는 했다. 세종은 평안도 절제사 최윤덕(崔潤德)에게 군사 3,000명으로 두만강 건너 파저강(婆猪江) 일대에 근거지가 있는 이만주(李滿住)의 건주여진을 공격하라고 지시했다. 최윤덕은 3,000명은 턱없이 부족하니 1만 명을 이끌고 출정하게 해달라고 요구했다. 건주여진의 족장 이만주는 조선을 약탈한 여진이 자신의 부족이 아니라고 했으나 최윤덕은 파저강 일대로 군사를 휘몰아 달려갔다. 그러나 이만주가 눈치 채고 부족을 분산시키고 집과 농토를 불태운 뒤에 달아나는 바람에 잔당만 소탕하게 되었다. 최윤덕은 여진족 약 500여 명을 참수하거나 살해했다.

최윤덕은 태어나면서 어머니를 여의고 아버지는 국경의 수비에 나가 있어 한 마을에 사는 양수척(楊水尺 : 고려시대의 천민계급)에 의하여 자랐다. 어려서부터 힘이 세고 활을 잘 쏘았으며, 어느 날 소에게 꼴을 먹이러 산에 갔다가 호랑이를 만나 화살 하나로 쏘아 죽였다는 일화도 있다. 그 뒤 음관(蔭官)으로 기용되어 아버지를 따라 여러 번 전공을 세우고 부사직이 되었다. 1419년(세종 1)에 의정부참찬으

로 삼군도통사가 되어 체찰사 이종무와 함께 대마도를 정벌했고 평안도 도절제사가 되어 여진을 격파한 것이다.

'최윤덕은 수상(首相)이 될 만하나 그 직임이 지극히 무거우므로 전공으로 인해 상을 줄 수는 없다'고 하였다. 지금 최윤덕이 비록 전공이 있으나 만약 경륜과 덕망이 없으면 단연코 줄 수가 없다. 나는 일의 선후와 취사의 가림이 이러하니, 경은 이 뜻을 대신들에게 구체적으로 이야기하여 잘 의논해 가지고 아뢰라.

최윤덕이 여진과의 전쟁에서 승리하자 세종이 김종서에게 한 말이었다. 김종서가 이를 재상들에게 알렸다.

"최윤덕은 청렴 정직하고 부지런하여 삼가 임금의 뜻을 받드니, 수상이 되어도 부끄러움이 없겠습니다."

맹사성이 아뢰었다.

"내 생각이 이러하고 대신들의 뜻이 또한 그러하니 최윤덕을 우의정으로 삼는다."

최윤덕은 여진족을 대파한 공을 세워 우의정에 특진되었다. 그는 호랑이에게 잡아먹힌 남편의 원수를 갚아달라는 여인의 호소를 듣고 그 호랑이를 잡은 뒤에 배를 갈라 남편의 뼈를 찾아 장사를 지내게 해주었다는 일화도 있다. 최윤덕은 무인으로 재상이 되는 것은 바람직하지 않다면서 여러 차례 사직 상소를 올렸으나 좌의정에까지 이르렀다.

조선의 대대적인 토벌 작전은 여진족을 분노하게 했다.

여진족은 조선과의 본격적인 전투에 돌입했다. 조선조 중기에는 여진을 통일하고 청나라를 세운 누르하치가 등장하여 조선을 오히려 속국으로 만들지만 이 당시에는 두만강, 압록강, 혼강 일대에 산재해 있는 소부족에 지나지 않았다. 그럼에도 불구하고 강을 건너 끊임없이 침략하고 조선에서 정벌하려고 하면 토산물을 바치는 등 유화정책을 펼쳤다.

최윤덕이 건주여진을 공격하자 오량합(吾良哈)의 2,700명에 이르는 여진족이 대대적으로 여연성을 공격해 왔다. 여연 군수 김윤수(金允壽)는 분전하여 여진족 백여 명을 사살했다.

본월 13일에 오량합의 여진 2,700여 명의 기병이 와서 여연성을 포위하므로, 진시(辰時)로부터 미시(未時)까지 군수 김윤수(金允壽)가 도진무 상호군 이진(李震), 수군첨절제사 여성렬(余成烈), 도안무사 군관 김수연(金壽延) 등과 더불어 군인을 인솔하고 성위에서 대치하고 싸워 적 90여 명과 말 60여 필을 쏘아 명중시키니, 적들이 후퇴하매, 김윤수가 이를 급히 보고하면서 병력의 증강을 요청해 왔는데, 이 싸움에서 김윤수는 오른손 엄지손가락에 화살을 맞았고, 군졸 4명도 역시 살을 맞아, 그중에 군졸 한 명은 죽었다고 합니다. 김수연은 적이 물러간 이튿날에 정예병 백 명을 인솔하고 강변까지 추적하였으나, 적들이 숨어 있어 보이지 않았으며, 다만 백여 명의 기병이 나와 싸우다가 거짓 이기지 못하고 달아나는 체하므로, 수연이 복병(伏兵)이 있지 않나 의심하고 좌우를 살펴 돌아보니, 왼쪽에 산골짜기가 있는데 그 깊이가 만여 명의 병력을 매복할 만하고, 적의 복병 300여 기(騎)

를 마침 산골짜기 입구에서 발견하고는 드디어 물러나 성으로 들어가니, 적도 역시 불리함을 알고 누둔동(漏屯洞)으로 후퇴하여 있다가 5, 6일을 경과하고는 가버렸는데, 수연이 군졸을 파견하여 적들이 있던 산비탈을 순시케 한 바, 죽은 사람이 몹시 많았으며, 그 흐른 피가 눈 위에 얼어붙어 있었다고 합니다.

세종 17년 1월 18일 평안도 감사가 보고를 해왔다. 여진족은 물러갔으나 다시 파상적인 공격을 해왔다.

전쟁은 계속되었다. 세종은 평안도 도절제사에 이천(李蕆)을 임명하여 여진 토벌의 임무를 맡겼다. 최윤덕의 승전 이후에도 여진족은 여전히 파상적인 침략을 해오고 있었다. 이천은 장영실과 함께 금속활자를 만드는 데 지대한 공헌을 한 인물이었다. 세종은 여러 가지 전술을 짜냈다. 화포부대를 편성하고 여진의 화살 공격에 대비하여 군대를 밀집시키지 않고 소부대로 나누었다.

여연과 강계는 북방의 큰 진(鎭)이나 화포군(火砲軍)이 너무 적어서 남도(南道) 사람들을 모집하여 그 기술을 널리 익히고자 하는데, 어떻게 하면 사람들이 모두 자원하게 하겠는가.

세종은 국방정책에도 발군의 리더십을 보였다. 태종이 주도했으나 자신의 집권 초기에 일어난 대마도 정벌이 완승을 거두지 못했기 때문에 적을 압도하는 전술이 필요했고 세종은 이를 화포의 개발에 두었다. 세종시대에 화포는 10여 년 동안 연구하고 개발되어 여진을 정벌할 때 실전에 배치되었다. 화포군을 편성하여 교육시키고 이들에게 토관(土官 : 토착관리)을 세습시키는 특혜까지 베풀었다. 이천의 여진 토벌군은 마침내 세종 19년 9월 7일 상호군 이화(李樺)가 1,818명을 거느리고 올라산 남쪽 홍타리(紅拖里)로 향하고, 대호군 정덕성(鄭德成)은 1,203명을 거느리고 올라산 남쪽 아한(阿閒)으로 향하여 모두 이산(理山)에서 강을 건너고, 이천은 여연 절제사 홍사석(洪師錫)과 강계절제사 이진(李震)과 더불어 4,772명을 거느리고, 옹촌(甕村) 오자점(吾自岾), 오미부(吾彌府) 등을 향해서 강계에서 강을 건넜다.

이번 9월 7일에 좌군 도병마사 상호군 이화와 우군 도병마사 대호군 정덕성이 산양회(山羊會)에서 압록강을 지나갔고, 도절제사 이천 등은 만포 구자(滿浦口子)의 앞 여울을 지나서, 11일에 좌·우군이 고음한(古音閒) 지방에 들어가서 적의 전장(田庄)을 양쪽으로 공격하니, 적이 모두 도망하므로 좌군은 홍타리(紅拖里)로 향했고, 도절제사의 군대는 오자점에서 강을 따라 내려와서, 적의 소굴 12호를 수색하고는 적 35명을 목 베이고 5명을 생금(生擒)하였으며, 소와 말들을 빼앗고 그들이 쌓아 둔 서속을 불태웠습니다. 12일에는 우군이 파저강을 지나서 올라 산성과 아한(阿閒) 지방을 수색하였으나, 적이 모두 도망하여 숨었으므로 단지 1명만 목 베이고, 그들의 집과 콩과 서속을 태우고는 즉시 파저강을 도로 건너서, 13일 새벽녘에 우군과 도절제사 군사들이 함께 오미부에 이르러서 그 적의 소굴을 포위하니, 이미 적이 미리 알고 다 숨어서 드디어 그들의 빈집 24호와 쌓아 둔 콩

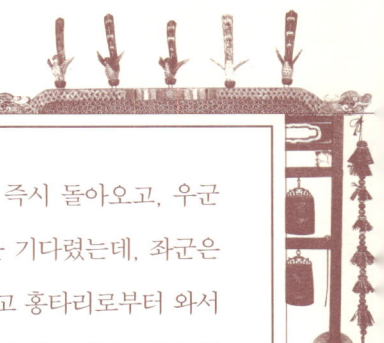

과 서속들을 불태웠습니다. 도절제사의 군사는 즉시 돌아오고, 우군은 소토리(所土里)에 군사를 주둔시키고 좌군을 기다렸는데, 좌군은 적 10명을 목 베이고 남녀 9명을 사로잡아 가지고 홍타리로부터 와서 모이니, 이날 해질 무렵에 적이 우군이 진을 치지 않은 틈을 타서 돌입(突入)하여 교전(交戰)하였으니, 이기지 못하고 물러갔습니다. 14일에 아침에 적이 또 곧장 좌군을 가리키면서 크게 호통을 치며 진을 범하기로, 우리 군사가 화포를 쏘니 적이 물러났고, 좌·우군이 모두 군사를 돌려서 좌군이 앞을 서고 우군이 뒤에서 오다가, 길에서 또 적의 50여 기(騎)가 갑자기 숲 사이에서 나왔으나, 우리 군사가 공격하여 그들의 말 2필을 빼앗았습니다. 16일에는 좌·우군과 도절제사 군사가 모두 도로 강을 건너 돌아왔습니다. 모두 적을 죽이고 잡은 것이 60명이옵고, 우리 군사인즉, 황해도에서 자원하고 들어온 1명이 살에 맞아 죽었습니다.

평안도 감사 박안신(朴安臣)이 올린 장계였다. 이천의 2차 여진 토벌군은 9월 7일에서 9월 14일까지 작전을 벌였으나 여진족이 눈치를 채고 달아났기 때문에 승전다운 승전을 할 수 없었다. 세종은 10여 년 동안 여진 토벌의 의지를 불태웠으나 마땅히 승리를 거둘 수가 없었다. 이천의 여진 토벌군마저 별다른 효과를 거두지 못하자, 세종은 변경을 토벌에서 방어하는 것으로 정책을 바꾸었다.

세종은 1433년 12월 김종서(金宗瑞)를 함길도 관찰사에 임명하여 6진(六鎭)을 개척해 두만강을 국경선으로 확정했다.

삭풍은 나무 끝에 불고
명월은 눈 속에 찬데
만리변성 일장검 집고서서
긴 바람 한 소리에 거칠 것이 없어라

김종서가 6진을 개척할 때 남긴 시다. 김종서는 지략이 뛰어났기 때문에 대호(大虎)라는 별명으로도 불렸다. 그는 무략이 출중한 장군으로 알려졌으나 실제로는 문무를 겸비한 인물이었다. 1405년(태종 5) 문과에 급제하여 1435년 함길도 병마도절제사가 되어 5년 동안 북쪽 변방에서 여진족을 무찌르고 비변책(備邊策)을 올리는 등 6진을 개척하는 데 투신했다.

그는 집현전 학사 출신이 아니면서도 당시 최고 수준의 학자·관료였던 집현전 학사와 그 출신들을 지휘해 《고려사》 편찬의 책임을 맡아 그가 학문적으로 출중한 인물이라는 사실을 알 수가 있다.

1451년 새로 편찬된 《고려사》를 왕에게 올리는 자리에서 편년체의 《고려사》 편찬을 건의하자, 왕이 즉시 편찬의 착수를 명해 이듬해에 《고려사절요》가 이루어졌다.

단종이 즉위한 뒤 의정부 대신들의 권한은 왕권을 압도할 정도였다. 특히, 학문과 지략에 무인적 기상을 갖춘 김종서의 위세는 대호(大虎)라는 별명을 들었고 수양대군이 야망을 실현하는 데 가장 큰 걸림돌이 되어 결국 계유정난 때 살해되었다.

세종, 그는 누구인가

세종의 리더십과 용인술
세종의 집념
세종의 일생

7

세종은 깊이 파고들수록 정체를 알기 어려운 인물이다. 온화한 듯 하면서 강경하고, 강경한 듯 하면서 온화하다. 그러면서도 대신들이 놀랄 정도로 집요하고 일관되게 정책을 밀고 나갔다. 아울러 자신이 중용한 인물들에게는 절대적인 신뢰를 보냈다. 임무를 맡긴 뒤에는 내팽개쳐두지 않고 끝까지 함께 논의하고 결정했다. 평안도 절제사 이천이 여진족을 공격할 때 조정에서 먼저 전술과 전략을 논의하여 16조목을 내려 보내고 현지 사령관인 이천에게 보완할 점이 있으면 아뢰라고 한 뒤에 이천이 수정 보완을 하여 다시 보고를 하자 그것을 또 다시 대신들과 논의하여 토벌작전을 펼치게 했다. 세종은 사안의 핵심을 꿰뚫어 보는 능력을 갖고 있었다. 평안도 절제사 이천이 여진을 정벌하러 출정했을 때 여진족 추장 이만주는 주민들을 소개하고 달아나 제대로 전투다운 전투를 할 수 없었다. 8,000여 명의 대군이 여진족의 본거지까지 진출했으나 여진의 주력은 보이지 않고 잔당만 남아 있었다. 이천이 이들을 공격하여 승전보를 올리자 우의정 노한이 비판했다.

중국 사람은 '조선 군사는 우리를 해치지 않을 것이다' 하여, 안심하고 거처하면서 아무렇지도 않게 여겼는데 이천이 모두 죽였고, 부녀자에 이르기까지도 아울러 죽여 없앴고, 오직 10여 세 된 계집아이 하나만 살았을 뿐이니 그 계책이 음흉스럽습니다. 가령 여연 판관 이종효(李宗孝)에게 군사 2, 3백 명만 거느리고 가게 하였더라도 포획한 것이 이보다 못하지는 않았을 것입니다. 후일에도 변장으로서 이와 같은 일이 많을 것이니 어찌 다 상을 줄 수 있겠습니까?

세종은 노한이 이천을 비판하자 벌컥 화를 내고 파직했다. 사실상 이천의 여진 토벌은 완전히 실패한 작전이었다. 여진의 주력은 400명밖에 되지 않았는데 그들마저 조선군이 토벌하러 온다는 사실을 미리 알고 달아났던 것이다. 세종이 이와 같은 사실을 몰랐을까. 그러나 세종은 이천의 토벌작전이 실패했다는 사실에 대해서 정확하게 알고 있었다. 그럼에도 불구하고 이천의 토벌작전에 참여한 군사들 중에 500여 명을 포상하기까지 했다. 이는 이천의 토벌작전이 실패했으나 4군 6진을 개척하려는 의지가 확고하다는 사실을 내외에 천명하기 위한 것이었고 군사들의 사기를 돋우려는 세종의 정책이었다.

세종의 리더십과 용인술

세종조에는 많은 명신들이 배출되었다. 신숙주, 성삼문 같은 집현전 학사들로부터 황희, 맹사성 같은 정치가, 이천과 장영실 같은 과학자, 3대 악성으로 불리는 박연까지 다양한 인물들이 등장하여 조선의 르네상스를 이끌었다. 이런 인물들이 오케스트라의 연주자들이라면 세종은 이들을 지휘한 마에스트로였다. 오케스트라의 지휘자는 악기 하나하나와 연주자를 완벽하게 파악해야 한다. 세종은 오케스트라의 연주자들을 완전하게 파악하고 조율했다.

세종시대의 문민정치를 입안한 인물은 변계량이었다. 변계량은 어려서부터 총명하여 4살에 고시대구(古詩對句)를 외고 6살에 비로소 글귀를 지었다. 그러나 자식 복은 없었다. 그는 처음에 철원 부사 권총(權總)의 딸에게 장가들었다가 버리고, 다시 오씨(吳氏)라는 여인에게 장가들었다가 죽자, 이번에는 승전내시 이촌(李村)의 딸에게 장가들어 몇 달 만에 버렸다. 이어 도총제 박언충(朴彦忠)의 딸에게 장가를 들었으나 아내가 있으면서 다른 아내에게 장가들었다는 일로 탄핵을 받았다. 이는 변계량이 부인들에게서 아들을 낳지 못했기 때문이었다. 결국 변계량은 비첩(婢妾)에게서 아들 하나를 낳았다.

세종은 변계량에게 이런 결점이 있는데도 불구하고 그의 학문과 경륜을 높이 평가하여 중용했다.

세종의 리더십은 간단했다. 그는 능력이 있는 자와 전문성을 갖춘 자를 선호했다. 한 번 일을 맡기면 오랫동안 그 임무를 맡겼다. 세종조의 명신들은 대부분 오랫동안 한 자리에 머물러 정책을 시행했다. 유정현은 태종 때 이미 영의정을 지낸 인물이었는데 세종조에서도 6년 동안이나 영의정에 있었다. 유정현은 고리대금업자로 유명했고 7만 석에 이르는 재산가였다. 세종은 그럼에도 불구하고 그를 오랫동안 국가의 수반으로 삼았는데 그것은 유정현이 국가의 일에서는 바늘로 찔러도 피가 나오지 않는다고 할 정도로 철저한 인물이었기 때문이었다. 국가적인 중요한 쟁점이 있으면 눈치를 살피지 않고 강직하게 처리했다.

유정현은 여러 가지 공과가 있는 인물인데 과감하게 택현론을 내세워 세종을 세자로 세우는 데 결정적인 역할을 했고, 세종의 장인 심온을 죽게 만든 인물이기도 했다. 세종은 유정현이 사적으로 어떤 인물이었든지 간에 공적인 능력만 평가하여 중용했던 것이다.

이천은 과학자이자 무장이었다. 그는 장영실과 함께 천문 기계를 제작하는 데 심혈을 기울였고 금속활자를 개발하여 인쇄 속도를 높이는 데 크게 기여했다. 세종시대에 많은 책들이 편찬될 수 있었던 것은 학자들의 공로라고 할 수 있으나 이천이 획기적으로 발전시킨 인쇄술이 아니면 불가능한 일이었다. 이천은 여진 정벌이 시작되자 평안도 절제사로 북변에 머물면서 여진 정벌에 앞장섰다. 세종은 이천이 여진 정벌에 실패했음에도 불구하고 계속 여진 정벌의 임무를 맡겼다. 이는 세종이 한 번 일을 맡기면 끝까지 일을 맡기는 성품에 기인했다.

세종시대를 말할 때 빼놓을 수 없는 인물들이 황희와 맹사성이다. 황희는 양녕대군의 폐세자를 반대하여 태종에 의해 귀양을 갔다가 태종이 죽음에 임박해서야 유배에서 풀려나 한양으로 돌아와 중용됐다.

황희는 고려말인 1389년에 급제하여 조선에 들어서 아흔 살에 죽었다. 조선시대를 통틀어 최고의 명재상이고 어진 인물이라는 평가답게 모든 관청의 아전과 노예들까지 그의 죽음을 슬퍼했다.

"경이 비록 공신은 아니지만 나는 경을 공신으로 대우하여 하루라도 좌우를 떠나지 못하게 하려고 하였다. 그러나 이제 대신과 대간들이 경에게 죄주기를 청해 마지않으니, 양경(兩京 : 개성과 서경) 사이에는 둘 수 없다. 경의 본관인 장수(長水)에 가까운 남원(南原)으로 옮기게 할 것이니 경은 어머니를 모시고 편하게 같이 가라."

양녕대군를 폐세자 할 때 태종은 대신과 대간들이 모두 황희에게 죄를 주기를 청했으나 오히려 그의 조카 오치선(吳致善)을 보내 위로했다.

"그가 갈 때 관리가 압송하지 말라."

태종은 사헌부에 황희를 죄인처럼 압송하지 말고 스스로 말을 타고 유배지로 가게 하라고 지시했다.

"황희가 무어라 하던가."

오치선이 돌아와 복명(復命)하자 태종이 물었다.

"살과 뼈는 부모께서 주신 것이지만, 의식이나 쓰는 것은 모두

임금의 은혜였으니 신이 어찌 은덕을 배반하겠습니까. 실로 다른 마음이 없었습니다, 하고는 울면서 어쩔 줄을 몰라 했습니다."

오치선이 아뢰자 태종은 더 이상 말하지 않았다. 세종 4년, 태종이 죽음에 임박하여 불렀을 때 황희는 통이 높은 갓을 쓰고, 푸른색 거친 베로 만든 단령(團領 : 조선시대 깃을 둥글게 만든 관복)을 입고, 남색 조알(絛兒 : 실로 땋아 만들어 매던 띠)을 하고 승정원에 들어왔다. 황희는 시골에서 상경했기 때문에 몸집만 큼직할 뿐이어서 사람들이 특이하게 여기지 않았다.

"황희의 예전 일은 어쩌다가 그릇된 것이니, 이 사람을 끝내 버릴 수 없다. 나라를 다스리려면 이 사람이 없어서는 안 된다."

태종이 세종에게 일러 예조 판서를 제수하게 했다. 때마침 흉년이 들어 황희는 강원도 관찰사로 나갔다. 그는 마음이 넓고 모가 나지 않았으며, 윗사람이나 아랫사람에게 한결같이 예의로써 대하고 국사를 의논할 때에는 전례를 잘 지켜 고치고 바꾸는 것을 좋아하지 않았다. 황희는 정성을 다하여 강원도의 흉년을 구제했기 때문에 백성들이 크게 괴로워하지 않았다.

황희가 영의정이 되었을 때 김종서가 공조 판서가 되었다. 황희가 대신들과 의정부에서 공무를 보고 있을 때 김종서가 공조에게 지시하여 약간의 주과(酒果)를 마련하여 올렸다.

"국가에서 예빈시(禮賓寺)를 정부의 옆에 설치한 것은 삼공(三公)을 접대하기 위해서이다. 만일 시장하다면 의당 예빈시로 하여금 장만해 오게 할 것이지 어찌 사사로이 제공한단 말인가."

황희는 김종서를 앞에 불러 놓고 준절하게 꾸짖었다. 김종서는 여러 차례 병조와 호조의 판서가 되었는데 한 가지 일이라도 실수한 것이 있을 때마다 황희가 눈물이 나올 정도로 꾸지람을 했다. 황희는 차마 대신인 김종서를 매질할 수 없어서 종을 매질하기도 하고 때로는 구사(丘史 : 임금이 종친과 공신에게 준 관노비)를 가두기도 하였다. 판서의 반열에 있는 사람들이 황희의 처사가 지나치다고 웅성거리고 김종서도 괴로워했다.

"김종서는 당대의 명경(名卿)인데 대감은 어찌 그렇게도 허물을 잡으시오."

하루는 맹사성이 황희에게 물었다.

"이것은 곧 내가 김종서를 아껴서 큰 인물을 만들려는 것이오. 김종서의 성격이 고항(高亢 : 뜻이 높아 남에게 굽실거리지 않음)하고 기운이 날래어 일을 과감하게 하니 뒷날 우리의 자리에 있게 되어 모든 일을 신중하게 처리하지 않는다면 일을 허물어뜨릴 염려가 있소. 미리 그의 기운을 꺾고 경계하여 그로 하여금 뜻을 가다듬고 신중하게 하여 혹시 일을 당해서 가벼이 하지 않도록 하려는 것이지 결코 그에게 곤란을 주려는 것이 아니오."

황희가 말했다. 맹사성이 그제야 황희의 참뜻을 알고 크게 감복했다. 황희는 벼슬에서 물러날 때 김종서를 추천하여 자기의 자리를 대신하게 했다.

"영의정 황희가 교하 수령에게 둔전을 청하여 사사로이 농장을 삼으려 하였으니 백관의 수반인 정승의 자리에 둘 수 없습니다."

사간원에서 황희를 탄핵했다.

"황희는 국정을 맡은 대신이고, 또 태종께서 신임하시던 사람이

니 내 어찌 경솔히 버리겠는가. 태종께서 일찍이 나에게 이르기를, '양녕이 세자가 되었을 때에 종수(宗秀)의 무리가 그에게 아부하여 불의를 행해서 양녕으로 하여금 도리어 어긋나게 하였을 때에, 황희에게 묻기를 '어떻게 처리하였으면 좋을까' 하였더니, 황희가 대답하기를, '세자는 나이가 어리고 또 그의 과실이란 사냥을 좋아한 것에 불과합니다' 하였다. 당시에는 황희가 중립하여 사태를 관망한다고 생각하였으나, 이제 생각하니, 황희는 실로 죄가 없다' 하시면서, 이내 눈물지으며 말씀하던 것이 아직도 내 귀에 남아 있으니 내 이제 어찌 함부로 그를 버리겠는가."

세종이 안숭선(安崇善)에게 말했다.

황희는 재상으로 있은 지 27년이나 되었는데 태조와 태종대에 개혁한 제도를 변경하지 않았다. 업무를 처리할 때는 철저하게 원칙에 따라서 하고 민심을 요동하게 하지 않았다. 세종은 황희의 견식과 도량이 크고 깊어서 그를 중량을 다는 저울에 비교하고는 했다. 그는 결코 어느 한쪽에 치우치지 않고 공정하게 일을 처리했다. 작은 일은 너그럽게 용인하고 국가적인 대사는 시비를 분명히 하면서 자신의 소신을 굽히지 않았다.

황희는 80세가 되자 관직에서 은퇴했다. 노쇠했으나 쇠퇴하지 않아서 90세가 될 때까지 책을 읽었다.

황희는 평시에 거처가 담박하였고, 비록 아이들이 앞에서 울부짖고 희롱하여도 조금도 꾸짖지 않았다. 심지어 수염을 뽑는가 하면 뺨을 때리는 아이들이 있어도 역시 제멋대로 하게 두었다.

어느 날 창 밖에 복숭아가 무르익어서 이웃 아이들이 왁자하게 매달려 따먹고 있었다.
"다 따먹지 말아라. 나도 좀 맛보자."
황희는 창밖을 내다보면서 아이들에게 낮은 목소리로 타일렀다. 나무에 가득하던 복숭아가 다 없어져도 아이들을 꾸짖지 않았다. 아침저녁으로 밥을 먹을 때에 아이들이 모여들어 그가 밥을 덜어 주면 다투어 먹고는 했는데 황희는 웃기만 할 뿐이었다.
하루는 사간원의 정언 이석형(李石亨)이 집으로 찾아 갔더니, 그가 강목(綱目)과 통감(通鑑)을 꺼내어 책 표지에 제목을 쓰게 했다. 얼마 안 되어 추하게 생긴 여종 한 사람이 약간의 안주를 갖고 뒤에 서서 이석형을 내려다보며 눈을 흘겼다.
"곧 술을 올릴까요?"
여종이 짜증스러운 듯이 황희에게 물었다.
"조금 있다가."
황희가 부드러운 목소리로 조용히 말했다.
"어쩌면 그리도 꾸물거리누?"
여종이 한참을 기다리다가 투덜거렸다.
"그럼 들여오려무나."
황희가 웃으면서 말했다. 여종이 술상을 들여오자 아이들이 모두 남루한 차림에다 맨발로 들어와서 혹은 공의 수염을 잡아당기기도 하고, 공의 옷을 밟고 안주를 다 집어 먹고 공을 두들기곤 했다. 황희는 그저 "아야 아야" 하고 소리를 지르면서 놀았다. 그 아이들은 모두 노비의 자식들이었다.
얼핏 살피면 황희는 어진 인물이라는 것 외에 특별한 공적이 없는 것으로도 보인다. 그러나 오랫동안 영의정을 지내면서 국가의 정책이 흔들리지 않도록 균형을 잡았고 세종시대의 국방 정책, 외교와 문물제도의 정비, 집현전을 중심으로 한 세종의 실용정책이 효과를 발휘할 수 있도록 지휘하고 감독했다.

　세종은 사람을 쓰는 일에도 공과 사가 분경한 인물이었다. 사적으로는 어느 정도 문제가 있다고 하더라도 공적으로 비리나 부패를 저지르지 않고 능력이 출중하면 반드시 중용했다. 그러나 공적으로 문제가 있는 인물은 반드시 도태시켰다. 세종은 고리대금업자인 유정현, 여종을 학대하여 죽게 만든 권채를 중용하여 그의 용인술에 원칙이 없는 것이 아닌가 의아할 때가 있다. 그러나 그는 공적으로는 철저한 인물이었다. 유정현이나 권채 모두 사적으로는 문제가 있었으나 공적으로는 문제가 없었다. 오히려 그들은 타의 추종을 불허할 정도로 관리로서 뛰어난 인물이었기 때문에 중용되었다. 김점(金漸)은 태종의 장인으로 권력자였다. 세종이 보위에 오르고 불과 1년밖에 되지 않았을 때 세종을 분노하게 만드는 사건이 일어났다.

　　인정전에 나아가 조회를 받고 편전에서 정사를 보는데, 김점이 갑자기 자리를 떠나 땅에 엎드려 말하기를,
　　"신에게 자식 하나가 있는데 지금 감기에 걸려 있습니다. 내약방에 입직한 의원 조청(曹聽)에게 병을 보아 주도록 명하시기를 원합니다."
　　하니, 임금이 정색하면서 말하기를,
　　"조회하는 전당은 신하를 맞이하여 정사를 논의하는 곳인데, 이에 공공연하게 자기의 사정(私情)을 말하여 부끄러워하지 않으니, 점(漸)

은 본디 말할 것도 못되거니와, 대간의 관원이 옆에 있으면서 듣고서도 감히 규탄하지 못하니 그 또한 비겁한 것이로다."
하였다.

세종 1년이면 태종이 상왕정치를 하던 시절이고 세종의 장인 심온을 비롯하여 여러 명이 목숨을 잃은 지 얼마 되지 않았을 때였다. 그러나 세종은 사사로운 청을 하는 김점을 비난하면서 이를 탄핵하지 않는 대간들까지 비겁한 소인배들이라고 비난한 것이다. 공과 사를 구별하지 못한 김점은 세종시대에 중용되지 못했다.

세종의 용인술의 특징은 원로들을 예우했다는 사실이다. 이는 단순하게 나이 많은 대신들을 예우한 것이 아니라 경륜이 있는 대신들에게 국정의 큰 틀을 이끌어 나가게 하고 신진 사대부들에게 개혁을 맡겨 신구의 조화를 이루면서 화합의 정치, 상생의 정치를 해나간 것이다. 태종의 이러한 용인술로 변계량, 유정현, 유관, 황희, 맹사성, 김종서, 황보인 같은 당대의 명재상들이 배출되었고 이들도 신진 세력을 배척하지 않아 정인지, 최윤덕, 신숙주, 성삼문 등 쟁쟁한 인물들이 등장할 수 있었다.

맹사성은 조선시대 청백리의 표상이다. 그는 한성윤을 지낸 맹희도(孟希道)의 아들로 태어났는데 맹희도는 최영(崔瑩)의 사위였다. 맹사성은 고려에서 문과에서 장원하였고, 세종시대에 정승이 되어 좌의정에 이르렀다.

맹사성은 천성적으로 효성이 깊고 청백한 인물이었다. 그가 사는 집은 비바람을 가리지 못할 정도로 초라했으며 매양 출입할 때에 소

를 타는 것을 좋아했기 때문에 이웃 사람들은 그가 재상인 줄 알지 못했다. 성품이 청결하고 검소하며 살림살이를 늘리지 않고, 식량은 늘 녹미(祿米)로 했다. 하루는 부인이 햅쌀로 밥을 지어 드렸다.

"어디에서 쌀을 얻어왔소?"

맹사성이 의아하여 물었다.

"녹미가 오래 묵어서 먹을 수 없기에 이웃집에서 빌렸습니다."

부인이 송구스러운 듯이 말하자 맹사성의 눈빛이 변했다.

"이미 녹을 받았으니, 그 녹미를 먹는 것이 당연한 일인데 무엇 때문에 빌렸소? 다음부터는 그리하지 마시오.'

맹사성이 부인에게 점잖게 말했다. 맹사성은 음률을 잘 알아서 항상 피리를 갖고 다니며 날마다 서너 곡을 불었다. 문을 닫은 채 찾아오는 손님을 맞이하지 않다가 공무에 관한 일을 여쭈러 오는 자가 있으면 문을 열고 맞이하였는데, 여름이면 소나무 그늘에 앉고 겨울이면 방 안 포단(蒲團)에 앉되, 좌우에는 다른 물건이 없었으며 일을 여쭌 자가 가고 나면 곧 문을 닫았다. 일을 여쭈러 오는 자는 동구에 이르러서 피리 소리가 들리면 맹사성이 집에 있다는 것을 알았다.

맹사성은 부모를 찾아갈 때는 민폐를 끼치지 않기 위해 결코 관가에 들리지 않고 늘 간소하게 행차하고 때르는 소를 타기도 했다. 양성(陽城)과 진위(振威) 두 고을 원이 그가 내려온다는 말을 듣고 장호원에서 기다렸다.

"무엄하다. 한양에서 재상이 내려오시는데 어찌 시골 늙은이가 먼저 길을 가느냐?"

수령들은 허름한 농부 차림의 맹사성이 소를 타고 지나가자 하인을 시켜 꾸짖었다.

"가서 온양에 사는 맹고불(孟古佛)이라 일러라."

맹사성이 빙긋이 웃으면서 하인에게 말했다. 하인이 돌아와 고하자 두 고을 원이 놀라서 달아나다가 언덕 밑 깊은 못에 인(印)을 떨어뜨렸다.

맹사성의 집이 매우 초라했기 때문에 병조 판서가 일을 여쭈러 찾아 갔다가 마침 소낙비가 내리는 바람에 곳곳에서 비가 새어 의관이 모두 젖었다.

"정승의 집이 그러한데, 내 어찌 바깥 행랑채가 필요하리요."

병조 판서가 집에 돌아와 탄식하고는 마침내 짓던 바깥 행랑채를 철거했다.

하루는 맹사성이 온양에서 한양으로 돌아오는 도중에 비를 만나서 용인 여원(旅院)의 정자에 이르렀다. 행차를 성대하게 꾸민 어떤 이가 먼저 정자에 앉아 있어서 맹사성은 한쪽 모퉁이에 앉았다. 정자에 오른 자는 영남에 사는 사람으로 의정부 녹사(錄事 : 수행원) 시험에 응하러 상경하는 자였다. 그는 맹사성을 불러서 가까이 오게 하여 함께 이야기하며 장기도 두었다. 또 농으로 문답하는 말끝에 반드시 '공', '당' 하는 토를 달기로 했다.

"무엇하러 서울로 올라가는공?"

맹사성이 장난삼아 물었다.

"벼슬을 구하러 올라간당."

시골선비가 대답했다.

"무슨 벼슬인공?"

"녹사 취재란당."

"내가 마땅히 시켜주겠공."

"에이, 그러지 못할 거당."

여러 날이 지나서 맹사성이 의정부에 앉아 있는데 영남인이 녹사 시험을 보기 위해 들어와 인사를 올렸다.

"어떠한공? 잘 지냈는공?"

맹사성은 문득 여원에서의 일이 생각나 영남인에게 물었다.

"죽었지당."

영남인은 비로소 맹사성을 알아보고 웃으던서 대답했다. 그 자리에 있던 사람들이 어리둥절하여 괴이하게 생각했다. 맹사성이 그 까닭을 얘기하자 재상들이 한바탕 크게 웃었다. 맹사성은 영남인을 녹사로 임명했다. 후인들이 이를 일러, '공당 문답' 이라고 불렀다.

창녕 부원군 성석린(成石璘)이 맹사성의 선배가 되는데 그의 집이 맹사성의 집 아래에 있었다. 맹사성은 성석린의 집을 지나갈 때마다 반드시 말에서 내려 지나가기를 그가 죽을 때까지 계속했다.

맹사성은 음률에 능하여 박연이 아악에 치우쳤을 때 향악을 중요하게 생각한 세종의 뜻을 받들어 양쪽을 같이 발전시켰고 손수 악기를 만들기도 했다. 성품이 온화하여 관대했다. 황희는 맹사성처럼 청렴했으나 과단성이 있는 인물이었다. 그는 국방과 외교에 치중하여 세종의 충실한 자문역을 했고, 맹사성은 음악과 과학 등에 치중하여 세종을 보좌했다. 세종은 두 사람의 뛰어난 정승에게 역할 분담을 시킨 것이다.

세종의 집념

세종은 집념의 인물이었다. 세종의 치적 중에 가장 훌륭한 업적이라고 할 수 있는 한글 창제도 하루아침에 이루어 낸 일은 아니었다. 그는 한글 창제를 위해 중국어도 배우고 자학(字學)에 대한 공부도 했다. 설총이 만든 이두에 대해서도 연구했다. 최만리와 정창손 등이 한글 창제를 반대하자 신랄하게 반박한 실록의 기록이 그가 얼마나 집념을 가지고 한글 창제에 몰두했는지 알 수 있는 대목이다. 그는 오랫동안 준비했고 그에 대해 스스로 공부를 했다.

실록에는 한글 창제의 일화가 전혀 나오지 않는다. 그 까닭으로 한글 창제를 위하여 세종과 성삼문이 얼마나 노심초사했는지, 한글 창제의 참뜻이 어디에 있는지 정확히 알 길이 없다.

우리 동방의 예악과 문물이 중국과 어깨를 겨룰만 했으나 다만 방언(方言)과 이어(俚語)만이 같지 않으므로, 글을 배우는 사람은 그 취지를 이해하기 어렵고, 옥사를 다스리는 사람은 그 곡절(曲折)을 통하기 어려움을 괴로워하였다. 옛날에 신라의 설총이 처음으로 이두를 만들어 관부와 민간에서 지금까지 이를 행하고 있지마는, 그러나 모두 글

자를 빌려서 쓰기 때문에 언어가 그 만분의 일도 통할 수 없었다.

정인지의 훈민정음 서문으로 세종이 한글을 창제한 참뜻을 짐작할 수 있을 뿐이었다. 한글 창제에 얼마나 오래 걸렸는지도 정확하게 확인할 길이 없다. 세종은 재위 기간 동안에 많은 살인사건의 사형을 결재했다. 사형수에 이르면 반드시 삼복이라는 3심 제도를 거치게 했으나 그럼에도 사형을 시키라는 판부를 내리는 것도 괴로운 일이었다.

세종은 백성들이 살인이나 절도를 세 번 이상 저질러 사형을 당하는 현실을 나름대로 괴로워했다. 그는 백성들이 법으로 금지하는 것을 몰라 사형을 당해야 하는 것을 막아야 한다고 생각했고 그러기 위해서는 백성들도 글을 알아야 한다고 생각했다.

> 비록 사리를 아는 사람이라 할지라도, 율문(律文)에 의거하여 판단이 내린 뒤에야 죄의 경중을 알게 되거늘, 하물며 어리석은 백성이야 어찌 범죄한 바가 크고 작음을 알아서 스스로 고치겠는가. 비록 백성들로 하여금 다 율문을 알게 할 수는 없을지나, 따로 큰 죄의 조항만이라도 뽑아 적고, 이를 이두문(吏文)으로 번역하여서 민간에게 반포하여 보여, 우부우부(愚夫愚婦)들로 하여금 범죄를 피할 줄 알게 함이 어떻겠는가.

세종 14년 11월 7일, 세종은 어리석은 백성들이 법률을 읽게 되면 범죄를 저지르는 것이 줄어들 것이라는 우민론(愚民論)을 내세웠다.

신은 폐단이 일어나지 않을까 두렵습니다. 간악한 백성이 진실로 율문을 알게 되오면, 죄의 크고 작은 것을 헤아려서 두려워하고 꺼리는 바가 없이 법을 제 마음대로 농간하는 무리가 이로부터 일어날 것입니다.

이조 판서 허조(許稠)는 백성들이 법률을 알게 되면 이를 역이용하는 폐단이 일어날 것이라고 간민론(奸民論)을 내세워 반대했다. 세종은 이를 정면으로 반박했다.

백성으로 하여금 알지 못하고 죄를 범하게 하는 것이 옳겠느냐. 백성에게 법을 알지 못하게 하고, 그 범법한 자를 벌주게 되면, 조삼모사(朝三暮四)의 술책에 가깝지 않겠는가. 더욱이 조종께서 율문을 읽게 하는 법을 세우신 것은 사람마다 모두 알게 하고자 함이니, 경 등은 고전을 상고하고 의논하여 아뢰라.

한글 창제는 사실상 이때부터 시작되었다고 보아야 하는 것이다. 그러나 한글 창제는 세종 25년에 이루어졌으므로 꼬박 10년이 걸린 셈이었다. 전통적으로 사대를 하는 것을 미덕으로 아는 조선의 선비들이고 중국의 공자를 최고의 성인으로 받드는 고루한 유학자들의 치열한 반대로 한글 창제는 처음에 비밀리에 시작되어 창제가 완성된 뒤에야 실록에 기록되었다. 13회에 걸친 성삼문의 요동 방문만 생각해 보더라도 한글 창제가 얼마나 어렵게 진행되었는지 알 수 있을 것이다. 그러나 세종은 집념으로 이를 성취한 것이다.

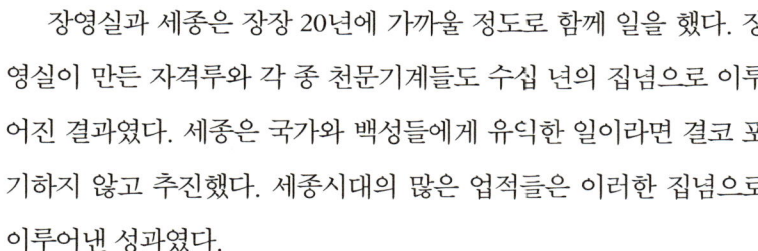

　장영실과 세종은 장장 20년에 가까울 정도로 함께 일을 했다. 장영실이 만든 자격루와 각 종 천문기계들도 수십 년의 집념으로 이루어진 결과였다. 세종은 국가와 백성들에게 유익한 일이라면 결코 포기하지 않고 추진했다. 세종시대의 많은 업적들은 이러한 집념으로 이루어낸 성과였다.

　박연 역시 전 생애를 음악에 바쳤다. 이러한 일은 봉건시대의 군주가 하기 어려운 일이었다. 여진을 정벌하고 4군 6진을 개척하는데도 장장 20여 년이 걸렸다.

세종의 일생

1397년(태조6)에 태어난 세종은 22세에 세자가 되고 바로 그해에 국왕이 되었다. 태어나서 세자가 될 때까지 세종의 일생은 지극히 평범한 왕자의 일생이었다. 그동안의 생애 중에서 가장 눈여겨 볼만한 것이 있다면 12세에 심씨와 결혼을 했다는 사실이었다. 그 외에는 학문을 좋아하고 거문고와 비파를 타는 것을 좋아했다는 사실 외에는 특별히 기록할 것이 없다. 22세에 세자가 되고 국왕이 되었으나 태종이 상왕정치를 했기 때문에 경연에 참석하여 공부를 하는 일이 주요 일과였다. 학문은 일취월장했으나 오랫동안 책을 본 탓에 눈이 나빠졌다.

세종은 몸이 비중했다. 대궐에 들어앉아 책이나 읽고 연구에 몰두하니 젊은 나이부터 살이 찔 수밖에 없었다. 태조 이성계와 태종 이방원은 전형적인 무인들로 전쟁터에서 몸을 단련했다. 그러나 세종은 어릴 때부터 귀하게 자라 활쏘기와 말타기를 하면서 몸을 단련하지 않았다. 대신 그는 책을 읽고 거문고와 비파를 연주했다. 무인 기질보다 문사 기질이 월등히 강했다. 운동을 좋아하지 않으니 자연히 비만 체질이 되었고 30대 때부터 각종 성인병에 시달리기 시작했

다. 세종이 특별히 황음(荒淫)하지는 않았으나 6명의 부인들에게서 18남4녀를 낳았다. 이는 물론 공식적인 기록이고 승은만 내린 궁녀들도 적지 않았을 것이다. 지나친 성생활도 그의 건강에 유익하지는 않았을 것이다.

"내가 젊어서부터 한쪽 다리가 치우치게 아파서 10여 년에 이르러 조금 나았는데, 또 등에 부종(浮腫)으로 아픈 적이 오래다. 아플 때면 마음대로 돌아눕지도 못하여 그 고통을 참을 수가 없다. 지난 계축년 봄에 온정에 목욕하러 가고자 하였으나, 대간(臺諫)에서 폐가 백성에게 미친다고 말하고, 대신도 그 불가함을 말하는 이가 있었다. 내가 두세 사람의 청하는 바로 인하여 온정에서 목욕하였더니 과연 효험이 있었다. 그 뒤에 간혹 다시 발병할 때가 있으나, 그 아픔은 전보다 덜하다."

세종 21년 김돈에게 말하였다. 세종은 자신의 몸이 아픈데도 백성들에게 민폐를 끼친다는 신하들의 반대로 온천에 가는 것을 포기했다. 이 기록으로 보아 세종은 30대 초부터 병마에 시달리기 시작했다. 40대가 되면서 세종은 거의 종합병원 수준에 이르렀다. 그러면서도 왕비 심씨와의 사이에 여러 아들을 낳았다. 훗날 문종이 되는 세자 이향(李珦), 수양대군, 안평대군 등이 모두 드물게 총명했다.

"또 소갈증(消渴症)을 앓기 시작한 지 열서너 해가 되었다. 그러나 이제는 역시 조금 나았다. 지난해 여름에 또 임질을 앓아 오래 정사를 보지 못하다가 가을 겨울에 이르러 조금 나았다. 지난봄 강무한 뒤에는 왼쪽 눈이 아파 안막(眼膜)을 가리는 데 이르고, 오른쪽 눈도 어두워서 한 걸음 사이에서도 사람이 있는 것만 알겠으나 누구인지를 알지 못하겠으니, 지난봄에 강무한 것을 후회한다. 한 가지 병이 겨우 나으면 한 가지 병이 또 생기니 나의 쇠로(衰老)함이 심하다. 나는 큰 일만 처결하고 작은 일은 세자로 하여금 처결하게 하고자 하나, 너희들과 대신들이 모두 말리기에 내가 다시 생각하매, 내가 비록 병이 많을지라도 나이가 아직 늙지 아니하였으니, 내가 가볍게 말을 낸 것을 후회한다."

세종 24년에는 눈병이 심하여 서무를 세자에게 대신 처리하게 하려고 하기까지 했다. 그러나 대신들이 완강하게 반대하여 세종은 오히려 말을 꺼낸 것을 후회했다. 대신들의 입장에서 보면 임금이 세자에게 대리청정을 하거나 서무를 맡기는 것은 예사로운 일이 아니었다. 잘못하면 태종 때처럼 많은 사람들의 목숨이 오간다. 태종은 전위 파동을 일으키면서 민무구 형제들을 숙청하고 살해했다. 대신들은 그러한 결과를 우려하여 세자의 서무 처결을 반대했다. 그러나 세종의 결심은 이미 확고했다. 그는 한 걸음 앞에 있는 사람의 얼굴조차 알아볼 수 없을 정도로 시력이 악화되어 있었다.

"나의 눈병이 날로 심하여 친히 기무(機務)를 결단할 수 없으므로, 세자로 하여금 서무를 처결하게 하고자 한다."

세종은 영의정 황희, 우의정 신개, 좌찬성 하연, 좌참찬 황보인, 예조 판서 김종서, 도승지 조서강(趙瑞康)을 불러 지시했다.

"임금께서 비록 눈병을 앓으시지만 연세가 한창이신데 갑자기 세자에게 서무를 대신 처결하게 하신다면, 온 나라 신민들이 실망할 뿐 아니라, 후세에서 모범이 되기도 어렵습니다. 또 중국 조정이나 남북의 이웃나라가 이를 듣는다면 어떻겠습니까? 신등은 옳지 못하

다고 생각합니다."

황희와 대신들이 일제히 반대했다. 대신들은 세종의 나이가 아직 46세에 지나지 않고 훗날 다른 왕들이 이를 전통으로 삼아 불미스러운 일을 저지를지도 모른다는 이유로 한사코 탄대했다.

"경 등의 말이 이와 같으니, 내가 다시 말하지 않겠다."

세종은 한숨을 내쉬고 물러가라고 지시했다.

"내가 눈병을 앓은 지는 지금 벌써 10년이나 되었으며, 근래 5년 동안은 더욱 심하니 그 처음 병이 났을 때에 이와 같이 극도에 이르게 될 줄은 알지 못하고 잘 휴양하지 않았던 것을, 내가 지금에 와서 이를 후회한다. 몇 해 전에 온양에서 목욕을 한 후에는 병의 증후가 조금 나았으므로, 내 생각에는 이로부터는 완전히 나을 것이라고 여겼는데, 10월 이후로는 또 다시 그 전과 같으니, 비록 종묘에 친히 제사를 지내고자 하여도 벌써 희망이 없게 되었다. 문소전은 내가 실행하는 것이 이미 익숙해졌으니, 오르고 내리기가 비록 어렵겠지마는 친히 제사를 지낼 때도 있을 것이나, 지금부터 이후에는 종묘의 제사와 무예를 연습하는 일은 진실로 친히 실행하기가 어렵겠는데, 대신들이 어찌 내 병이 이러한지 알겠는가. 정사를 보는 것을 줄이고 시력(視力)을 휴양하기를 2, 3년만 연장시킨다면, 그래도 낫지 않겠는가. 그대가 이 뜻으로써 대신에게 자세히 알려서 그들로 하여금 이를 알게 하라."

세종이 도승지 조서강에게 영을 내렸다. 그러나 대신들이 일제히 반대하여 뜻을 이룰 수 없었다.

"근년 이래로 내가 소갈증과 풍습병을 앓게 되어 모든 정령과 시위(施爲)가 능히 처음과 같지 못한데, 온정에 목욕한 이후에는 소갈증과 풍습병이 조금 나은 것 같다. 그러나 눈병이 더 심하게 되니, 이로 인하여 여러 병증이 번갈아 괴롭히므로 능히 정치에 부지런히 할 수가 없다. 무릇 사람의 몸에서는 귀와 눈이 간절한 것인데 눈병이 생긴 이후에는 시력이 미치지 못한 것이 있으니, 비록 정치에 부지런 하고자 하지마는 되겠는가. 의방(醫方)에도 또한 일찍 일어나서 몸을 움직이는 것을 기(忌)하다고 한 까닭으로, 무릇 중국과의 외교관계와 군정 이외의 나머지 모든 사무는 세자로 하여금 처결하고자 하나, 대신들이 모두 말하기를, '옳지 않습니다' 하고, 그대들도 또한 '옳지 않습니다' 고 하니, 나는 그 옳지 않다고 하는 뜻을 알지 못하겠다. 내가 이 일을 하고자 하는 것은 스스로 평안히 지낼 계책으로 하는 것이 아니라, 나의 병세를 보건대, 쉽게 낫지 않을 것 같으므로 휴가를 얻어 정신을 화락하게 하고 병을 휴양하기를 원하는 것이 나의 진정이니, 신자(臣子)의 마음도 또한 어찌 나로 하여금 병을 참아가면서 정치에 부지런히 매진하여 병이 더 심한 데에 이르게 하려고 하겠는가."

    세종은 몸이 아픈데도 억지로 일을 하라고 요구하는 대신들을 원망했다. 세종은 대신들의 반대에도 불구하고 첨사원(詹事院)을 설치하여 세자에게 대리청정을 하게 했다. 대신들은 한 달이 넘도록 치열하게 반대했으나 거인 세종은 병마와 싸워 이길 자신이 없었다.

    세종의 말년은 병마와 싸우는 것으로 점철되어 있었다. 그러나 병마와 싸우면서도 그는 많은 일을 했다. 국난이나 옥사는 없었으나 시급한 과제는 많았다. 세종의 큰아들인 세자 이향은 세종과 흡사한

인물이었다. 그는 몸이 뚱뚱했고 학문을 좋아했다. 수양대군과 안평대군은 문무에 능했으나 그는 오로지 학문을 좋아하여 집현전 학자들과 자주 어울렸다.

세자 이향은 결혼 생활이 불행했다. 세종은 며느리인 세자빈을 자신이 손수 간택했으면서도 두 번이나 폐출했다. 이는 조선 왕실에서 예를 찾아볼 수 없는 드문 일이었다. 첫 번째 세자빈 김씨는 세자 이향의 사랑을 얻기 위해 뱀의 정액을 말린 가루를 비방과 함께 사타구니에 차고 다닌다고 하여 폐출되었다.

> 호초가 또 말하기를, 그 뒤에 세자빈께서 다시 묻기를, '그 밖에 또 무슨 술법이 있느냐'고 하기에 비(婢)가 또 가르쳐 말하기를, '두 뱀[兩蛇]이 교접(交接)할 때 흘린 정기(精氣)를 수건으로 닦아서 차고 있으면, 반드시 남자의 사랑을 받는다'하였습니다.

세종이 궁녀들을 추궁하자 세자빈 김씨의 비행을 자백했다는 말이다. 세자빈 김씨의 폐출은 억울한 면이 있다. 동궁전에서 여인의 투기는 극심했고 세자의 사랑을 얻기 위해 세자빈이 된 지 불과 2년 만에 이런 일을 저질렀다는 것은 믿기 어렵다. 오히려 세자빈 김씨는 궁중 법도를 배우기도 벅찬 시간이었기 때문에 세자 후궁들의 모함을 받았을 가능성이 높은 것이다.

세자 이향의 두 번째 부인은 창녕 현감을 지낸 봉여(奉礪)의 딸이었다. 그러나 그녀는 문종의 사랑을 얻지 못하자 동성애 사건을 일으켜 폐출되었다.

세자빈을 불러서 이 사실을 물으니, 대답하기를, '소쌍이 단지와 더불어 항상 사랑하고 좋아하여, 밤에만 같이 잘 뿐 아니라 낮에도 목을 맞대고 혓바닥을 빨았습니다. 이것은 곧 그녀들이 하는 짓이오며 저는 처음부터 동숙한 일이 없었습니다' 하였다. 그러나 여러 가지 증거가 매우 명백하니 어찌 끝까지 숨길 수 있겠는가. 또 저들의 목을 맞대고 혓바닥을 빨았던 일을 또한 어찌 세자빈이 알 수 있었겠는가. 항상 그 일을 보고 부러워하게 되면 그 형세가 반드시 본받아 이를 하게 되는 것은 더욱 의심할 여지가 없다.

세종이 동부승지 권채(權採)를 불러 한 말이다. 이는 세종의 불행일 수도 있고 세자 이향의 불행일 수도 있다.

세종 28년 소헌왕후 심씨가 수양대군의 집에서 운명했다. 세종은 왕비를 위하여 불경을 이룩할 것을 지시했다.

"어제 사헌부와 사간원과 집현전에 전지하시어, 왕비를 위하여 불경을 이룩해야 되겠다는 뜻으로써 유시하셨사오니, 신등은 영을 듣자옵고, 황공함을 견딜 수 없사옵니다. 불씨(佛氏)의 해독은 전하께서 진실로 이미 그 옳고 그른 것을 환하게 알고 계시오니, 어찌 신등의 말씀을 기다리겠습니까. 지금 불경을 이룩하고자 하심은 비록 슬픔이 절박한 지정(至情)에서 나왔지마는, 오늘 불경을 이루게 되면 내일은 반드시 불경을 읽는 법석(法席)을 설치하게 될 것입니다. 하물며 불사(佛事)는 다만 한때의 일이지만, 만약 불경을 이룩한다면, 만세(萬世)에 유전(流傳)하여 후세의 자손들이 아무 조종의 한 일이라고 일컫게 될 것이오니, 이로 인하여 불법(佛法)을 크게 일으킬 것

은 필연적인 사실입니다."

집현전에서 왕비를 위하여 불사를 일으키는 것을 반대했다.

"그대들은 고금의 사리를 통달하여 불교를 배척하니 현명한 신하라 할 수 있으며, 나는 의리는 알지 못하고 불법만을 존중하여 믿으니, 무지한 인군이라 할 수 있겠다. 그대들이 비록 번거롭게 굳이 청하지마는 현명한 신하의 말이 반드시 무지한 인군에게는 합하지 않을 것이며, 무지한 인군의 말이 현명한 신하의 귀에는 들어가지 않을 것이다. 하물며 내가 근년에 병이 많아서 궁중에 앉아 있으면서 다만 죽을 날만 기다릴 뿐인데, 그대들은 나를 시종한 지가 오래되었으니, 내가 불교를 믿는가 안 믿는가를 알 것이다. 그대들이 비록 고집하여 다시 청하지마는 내가 접견하지 않으므로 개설하고 변명하기가 어려울 것이다. 그대들이 만약 혹시 장소(章疏)를 올리더라도, 내가 친히 보지 않으므로, 그대들의 뜻을 환하게 알기가 어려울 것이니 번거롭게 다시 청하지 말라."

세종이 강경하게 선언했다. 세종은 신하들에게 너희들은 현명하고 나는 무식하다고 반발한다. 세종의 이러한 비난은 전례가 없는 것이다. 세종은 젊었을 때부터 불교에 심취해 있었다. 원경왕후 민씨가 죽었을 때도 태종과 대신들의 반대를 하는데도 건원릉에 절을 설치했다. 세종은 이에 그치지 않고 소헌왕후 심씨가 죽었을 때도 내불당을 지었는데, 대신이 간했으나 듣지 않았고 집현전 학사들이 간해도 역시 듣지 않았다. 학사들이 모두 물러나 집으로 돌아가서 집현전은 텅 비었다.

"집현전의 여러 선비들이 나를 버리고 가버렸으니, 장차 어떻게 해야하는가."

　세종이 집현전을 둘러보고 황희를 불러 눈물을 흘리며 말했다. 세종으로서는 자신이 평생 사랑하면서도 함께 학문을 연구했던 집현전 학사들의 반발이 슬펐다.

　"신이 가서 달래겠습니다."

　황희는 집현전 학사들의 집을 찾아가 간청해서 돌아오게 했다. 세종은 소헌왕후 심씨가 죽은 지 4년만인 1450년, 2월 17일 영응대군 집 동별궁(東別宮)에서 54세의 나이로 훙(薨)하였다. 사관이 그의 죽음에 이르러 다음과 같이 평했다.

　즉위함에 이르러 매일 사야(四夜: 새벽 1시에서 3시 사이)면 옷을 입고, 날이 환하게 밝으면 조회를 받고, 다음에 정사를 보고, 다음에는 윤대(輪對)를 행하고, 다음 경연에 나아가기를 한 번도 조금도 게으르지 않았다. 또 처음으로 집현전을 두고 글 잘하는 선비를 뽑아 고문(顧問)으로 하고, 경서와 역사를 열람할 때는 즐거워하여 싫어할 줄을 모르고, 희귀한 문적이나 옛사람이 남기고 간 글을 한 번 보면 잊지 않으며, 증빙(證憑)과 원용(援用)을 살펴 조사하여 힘써 다스려 처음과 나중이 한결같아 문과 무의 정치가 빠짐없이 잘 되었고, 예악의 문을 모두 일으켰으며, 종률(鍾律)과 역상(曆象)의 법 같은 것은 우리나라에서는 옛날에는 알지도 못하던 것인데, 모두 임금이 발명한 것이고, 구족(九族)과 두텁게 화목하였으며, 두 형에게 우애하니, 사람이 이간질하는 말을 못하였다. 신하를 부리기를 예도로써 하고, 간(諫)하는 말을 어기지 않았으며, 이웃나라를 사귀기를 신의로써

하였다. 인륜에 밝았고 모든 사물에 자상하니, 남쪽과 북녘이 복종하여 나라 안이 편안하여, 백성이 살아가기를 즐겨한 지 무릇 30여 년이다. 거룩한 덕이 높고 높으매, 사람들이 이름을 짓지 못하여 당시에 해동요순(海東堯舜)이라 불렀다.

에필로그
아아, 갈 길은 먼데 해는 짧구나

한줄기 빛조차 스며들지 않는 캄캄한 어둠 속이었다. 혼미한 의식 속에서 어머니 원경왕후의 얼굴이 가뭇하게 떠오르고 세자 이향(李珦)의 수심에 잠긴 얼굴이 떠올랐다가 아득하게 사라져갔다. 소리는 하나도 없었다. 그저 누군가 자신의 생애를 거울에 반추해 되풀이하여 보여 주듯이 지나간 일들이 뇌리에서 주마등처럼 스쳐가고 스쳐왔다. 때때로 대군의 사저에서 공부를 가르치던 엄격한 스승 이수(李隨)의 얼굴도 떠올라왔다. 아아, 이제는 얼굴조차 기억하지 못하는데 죽음이 임박해서야 그의 얼굴이 뚜렷이 떠오르는 것은 무슨 까닭인가. 저승에서 만났을 때 그를 기억해 내지 못할까봐 하늘이 미리 보여 주는 것인가. 이수에게 학문을 배우던 어린 시절을 생각하자 가슴 한구석이 까맣게 타들어 가는 것 같았다.

"스승님, 왕자는 벼슬을 할 수도 없고 정치를 해서도 안 되는데 어찌 학문을 하라고 하십니까?"

소학을 백 번 읽으라는 스승 이수에게 대들 듯이 항변을 했었다. 지금 생각하면 목숨을 잃었을지도 모를 치기 어린 항변이었다.

"왕자라고 해서 백성을 스승으로 삼지 말라는 법은 없습니다."

이수는 양미간에 깊은 주름살을 그렸다.

"백성을 스승으로 삼다니요? 그것은 군주가 할 일이 아닙니까?"

"백성을 섬기는 것은 진정한 성인의 도리입니다. 나는 대군께 군주가 되는 것을 가르치는 것이 아니라 성인이 되는 길을 가르치고 있는 것입니다."

스승 이수의 말을 깨닫는 데는 오랜 세월이 걸렸다. 공부를 누가 즐겨하겠는가. 그러나 스승 이수는 《소학》을 백 번씩 읽게 가르치고 예(禮)의 완성을 요구했다. 성현의 길에 이르는 것은 주공(周公)의 주례(周禮)를 배우는 것이라고 그가 누누이 당부하지 않았는가. 학문의 세계에 깊이 빠져 들자 대신들이 스스로 찾아와 머리를 조아렸다. 책을 읽을수록 눈빛이 깊어지고 사유의 세계가 넓어졌다. 처음부터 군주가 되고자 했던 것이 아니었는데 군주가 되어 조선을 어깨에 짊어졌다. 내 것이 아니라 형 양녕대군의 것이었던 조선이기에 더욱 무거웠다. 평생을 어깨에 짊어진 조선 때문에 하루도 안온하게 지낸 날이 없었다.

비가 온다. 어둠 속에서 빗소리가 들린다. 해마다 봄이면 경회루의 버드나무에도 연둣빛으로 물이 오르고 봄꽃들은 잎잎이 화사하게 피고는 했었다. 빗소리가 가지런하게 들리니 봄이로구나. 내가 누워 있는 사이에 친경(親耕)을 하는 날이 지났는가. 해마다 봄이 오면 선농단에 제사를 지내고 손수 농사를 지으면서 권농을 했는데 올해는 시기를 놓쳤구나. 나는 이제 저 무명의 암흑 속으로 떠나야 하지 않는가. 일모도원(日暮途遠), 아아 갈 길은 먼데 해는 짧구나.

먹는 것은 백성에게 으뜸이 되고 농사는 정치의 근본인 까닭으로, 수령들의 백성에게 가까이 하는 직책은 권농(勸農)보다 중한 것이 없다. 만약에 수재, 한재나 충재(蟲災), 황재(蝗災) 같은 재변은 하늘의 운수에서 나오는 것이니 어찌할 수가 없으나, 그 사람의 힘으로 할 수 있는 일이라면 의당 마음을 다 써야 할 것이다.

대신 정초(鄭招)와 함께 《농사직설(農事直說)》을 펴내던 일도 떠올랐다. 아버지 태종 이방원이 일으킨 피바람의 죄업을 씻어 내고자 오로지 성인을 규범 삼아 태평성대를 이루려고 했다. 하루도 거르지 않고 새벽 사야(四夜 : 사경)면 옷을 입고, 날이 환하게 밝으면 조회를 받고, 다음에 정사를 보고, 다음에는 윤대(輪對 : 업무 보고)를 행하고, 다음 경연에 나아가기를 한 번도 게으르지 않고 정사를 돌보았는데 천심이 따르지 않아 흉년이 계속되었다. 흉년이 드는 것이 천심만이 아니라 인재도 있다고 생각했다. 백성들이 근면하지 않고 농사법을 제대로 몰라 흉년이 드는 것이라고 생각했다. 8도관찰사에 영을 내려 각 도의 우수한 농사법을 배워 올리게 했다. 전국에서 가장 뛰어난 농사법을 적어 올리게 한 뒤에 대궐에서 실제로 그 방법을 시험했다. 서속〔粟 : 볍씨〕 씨앗 2홉을 후원에 뿌리고 손수 거름을 져 나르고 김을 맸다. 가뭄이 들면 물을 대고 비가 오면 물꼬를 텄다. 그렇게 자식을 키우듯이 애지중지 벼를 돌보자 볍씨 2홉이 가을에 한 섬의 소출을 올릴 수 있었다.

꽃보다 농사를 더 좋아했다. 백성을 걱정하는 것은 백성을 섬기는 것이라고 했기 때문에 백성에게 이로운 일이 아니면 하려고 하지

않았다.

아아 그런데 저 꽃 사이에 서 있는 여인은 소헌왕후 심씨인가 신빈(愼嬪) 김씨인가. 사과처럼 붉은 볼에 보조개가 패인 것을 보니 신빈이로구나. 내가 보위에 올랐을 때 열세 살 어린 나이로 중궁전에 왔었지. 어머니께서 내자시(內資寺)의 여종인 신빈을 중궁전에 보냈을 때 그림 속의 미인이 걸어 나온 듯이 아름다웠다. 취하여 궁인을 삼아 딸 둘에 여섯 아들을 낳았다.

전하.

그녀의 목소리는 천상의 목소리처럼 아름다웠지. 머리는 칠윤처럼 까맣고 다홍치마는 풍성했다.

문득 눈을 뜬다. 방 안이 어둠침침한 것은 안질 때문인가 의식이 사라져 가고 있기 때문인가. 이대로 잠이 들면 다시는 눈을 뜨지 못할 것 같아 불안하고 두렵다.

전하.

눈앞에 어른거리는 것은 누구인가. 목소리로 미루어 짐작한다면 신빈일 터였다. 갑자기 눈앞이 환하게 밝아지면서 앞에 부복해 있는 세자와 수양대군, 안평대군, 그리고 신빈의 모습이 차례로 눈에 들어왔다.

"왔느냐?"

허공으로 눈을 더듬어 간신히 입술을 달싹거려 물었다.

경오년(1450년) 2월 17일. 보위에 오른 지 33년, 춘추 54세. 조선의 제4대 국왕 세종의 명이 경각에 달려 있어 조야가 팽팽한 긴장감에 휩싸여 있었다. 국운이 불행한 것인가. 장년에 이른 세자 이향마저 자주 병을 앓아 왕실에 어두운 그림자가 드리워져 있었다. 국본이 흔들리고 있었다. 세자 이향이 보위에 오른다고 해도 언제 죽을지 모르고 왕세손은 아직 혼례도 올리지 않은 어린아이였다.

치적이 많은 임금이었다. 사대부들을 아껴서 한 번도 죽음에 이르게 한 일이 없어서 어진 임금이라는 말을 들었다. 나라에 중대사가 있을 때면 한 번도 독단으로 결정하지 않고 대신들의 의견을 물어 결정하고 옛일을 상고하여 시행했다.

"왔느냐?"

세종이 짓무른 눈으로 수양대군을 바라보았을 때 그는 굵은 눈썹을 꿈틀했다. 세종은 며칠째 눈만 뜨면 왔느냐를 반복하여 물었다. 사람들은 그가 누구를 불렀는지 알지 못했다. 세종이 머물고 있는 영응대군의 동별궁에는 세자 이향과 수양대군, 안평대군, 영응대군, 신빈이 침전에 부복하고 있었다. 침전 밖에는 종친들과 의정부, 육조판서들이 비상한 상황에 대비하여 모여 있었다. 그의 눈길이 대군들을 살피다가 다시 세자 이향에게 머물렀다. 기구한지고. 저 당당한 체구에 관운장처럼 아름다운 수염을 가졌건만 어찌하여 병마가 몹쓸 심술을 부리고 있는 것인가. 세자는 1월에 종기가 극심하여 부자가 함께 병을 앓다가 죽는 것이 아닌가했는데 다행히 이향의 병이 거반 나은 듯하여 안심이 되었다. 세종의 눈이 수양대군과 안평대군에게 머물렀다.

"왔느냐?"

세종이 거듭하여 묻고 있는 것은 평안도 도절제사 김종서(金宗瑞)였다. 김종서에게 우찬성을 제수하고 군사를 이끌고 도성으로 올라오라는 영을 내렸었다. 세종은 눈을 뜰 때마다 김종서가 도착했는지 묻고 있는 것이다. 방안에는 탕약냄새가 코를 찔렀고 신빈과 궁녀들로 인해 지분냄새가 진동하고 있었다.

'악업일 것이야.'

세종은 수양과 안평을 흐릿한 눈으로 바라보다가 눈을 감았다. 수양이 한명회와 권람을 중심으로 사람을 모으고 있고, 안평이 또한 이현로를 중심으로 사람을 모으고 있었다. 양녕과 효령, 두 분 형님을 끝까지 보호하면서 우애를 나누어 온 것은 자식들이 부왕과 같은 권력 싸움을 하지 않기를 간절하게 바랐기 때문이었다. 세종이 눈을 감는다면 어떤 일이 일어날지 예측할 수 없었다. 평안도 절제사인 김종서를 군사와 함께 부른 것은 도성을 장악하여 수양과 안평이 변란을 도모하지 못하도록 유배를 보내기 위해서였다.

'가지를 잘라버려야 한다.'

세종은 수양과 안평이 사람들을 모으기 시작하자 외숙인 민무구 형제가 죽임을 당했던 전제론(剪除論)이 떠올랐다. 전제론은 민무구 형제가 세자인 양녕대군만 놔두고 나머지 왕자들은 제거해야 한다고 말한 데서 비롯되었다. 그때 민무구의 주장대로 부왕이 고개를 끄덕거렸다면 살아 있을 수 없을 것이었다.

> 최선의 지도자는 백성의 마음에 따라 다스리고, 차선의 지도자는 백성의 이익을 미끼로 다스리고, 다음의 지도자는 도덕으로 백성을 다스리고, 그 다음의 지도자는 형벌로 다스리고, 최악의 지도자는 백성들과 다툰다.

중국 한나라의 역사학자 사마천이 《화식열전》에서 한 말이다. 얼마나 명쾌한 말인가. 정치가 안정되어야 세상이 평온해 진다.

'김종서가 오면 수양과 안평을 멀리 제주도로 유배를 보내야 돼.'

김종서가 올 때까지 살아 있어야 했다.

"세자와 신빈은 남고 모두 물러가라."

세종이 손을 내저었다. 수양과 안평은 서로의 얼굴을 살피다가 조심스럽게 침전을 물러나왔다. 군주는 부녀자의 품에서 죽지 않는다고 하여 임금이 죽을 때가 되면 설사 대비나 왕비라고 하여도 침전에 출입하지 못한다. 그러나 세종은 신빈을 가까이 두고 있었다. 법도대로야 신빈에게 물러나오라고 주청을 드려야 옳지만 효성이 지극한 세자 이향은 그렇게 하지 못했다.

비가 오고 있다. 어두운 잿빛 하늘에서 뭉근 알갱이 같은 빗방울이 추연하게 내리고 있다. 2월이고 버드나무가지가 연둣빛으로 물이 오르고 있기는 하나 빗발은 아직도 차갑다. 동별궁 침전에서 물러나온 수양은 처마 밑에서 웅성거리고 있는 대신들을 쓸어보았다. 영의정 하연(河演), 좌의정 황보인(皇甫仁), 도승지 이사철(李思哲) 등을 비롯하여 조정대신들이 빗속에서 떨고 있었다.

"전하께서 위독하시니 조정의 업무는 일체 고하여 올리지 마시오."

수양이 의정부 대신들과 승정원의 승지들에게 지시했다. 평안도 절제사 김종서가 군사를 끌고 온다고 해도 세종을 만나지 못하게 하려는 고육책이었다. 세종이 왔느냐고 거듭 물어보고 있는 인물이 김종서라는 것을 수양은 간파하고 있었다.

"전하께서 그리 말씀하셨소이까?"

좌의정 황보인이 눈살을 찌푸리면서 물었다.

"그렇소이다."

"오늘 술시초(戌時初)에 평안도 절제사 김종서가 군사들과 함께 도착할 것이오. 전하께서 인견하지 않는다는 말씀이오?"

"전하의 명운이 한 호흡 사이에 있는데 어찌 그를 인견한다는 말이오?"

수양의 눈이 불을 뿜었다. 평소에는 지극히 무심한 눈이지만 부릅뜨면 서슬이 뿜어진다고 하여 아버지 세종보다 할아버지 태종을 더욱 닮았다는 수양이었다. 황보인은 입을 다물어 버렸다.

어둠이 검실검실 내렸다. 어둠은 북악산 산자락을 휘어감고 검은 장막처럼 동별궁을 덮었다. 내관들이 분주히 오가면서 등롱을 밝혔다. 그때 동별궁의 침전에서 갑자기 통곡을 하는 울음소리가 들렸다. 대군들과 대신들은 깜짝 놀라서 동별궁의 침전을 바라보았다. 행랑에 있던 내관들과 상궁들이 일제히 웅성거리다가 무릎을 꿇고 곡을 했다. 기어이…… 기어이…… 명줄을 놓으셨구나. 황보인은 다리에 맥이 탁 풀리면서 눈물이 왈칵 쏟아져 곡을 하기 시작했다.

1450년 2월 17일 술시.

조선의 제4대 국왕 세종이 수(壽)를 다하여 영응대군의 동별궁 침전에서 훙(薨)하였다.

평안도 도절제사 김종서는 2월 17일에 도착할 예정을 어기고 2월 24일에야 대궐에 도착하여 빈전(殯殿)에 들어가 곡(哭)을 했다.

태조의 가계도

| 제1대 태조 (1335~1408) | 재위기간 | 1392.7~1398.9 |
| 부인 | 6명 자녀 | 8남 5녀 |

신의왕후 한씨 ──── 6남 2녀
- 진안대군 (방우)
- 영안대군 (방과) ─ 제2대 정종
- 익안대군 (방의)
- 회안대군 (방간)
- 정안대군 (방원) ─ 제3대 태종
- 덕안대군 (방연)
- 경신공주
- 경선공주

신덕왕후 강씨 ──── 2남 1녀
- 무안대군 (방번)
- 의안대군 (방석)
- 경순공주

⋮

태종의 가계도

제3대 태종 (1367~1422) 재위기간 | 1400.11~1418.8
부인 | 10명 자녀 | 12남 17녀

원경왕후 민씨 ──── 4남 4녀
- 양녕대군
- 효령대군
- 충녕대군 ─ 제4대 세종
- 성녕대군
- 정순공주
- 경정공주
- 경안공주
- 정선공주

효빈 김씨 ──── 1남
- 경녕군

신빈 신씨 ──── 3남 7녀
- 함녕군
- 온녕군
- 근녕군
- 정신옹주
- 정정옹주
- 숙정옹주
- 소신옹주
- 숙녕옹주
- 숙경옹주
- 숙근옹주

⋮

참고 문헌

사료

《조선왕조실록(朝鮮王朝實錄)》
《국조보감(國朝寶鑑)》
《신증동국여지승람(新增東國輿地勝覽)》
《연려실기술(燃藜室記述)》
《임하필기(林下筆記)》
《춘정집(春亭集)》
《삼봉집(三峯集)》
《용재총화(慵齋叢話)》

단행본

이규경 지음 / 민족문화추진회 편, 《오주연문장전산고》1~20 민족문화추진회, 1981.
사마천(司馬遷), 《사기열전(史記列傳)》, 삼성출판사, 1989.
임용한, 《조선국왕 이야기》, 혜안, 1998.
왕여 지음/김호 옮김, 《신주무원록》, 사계절출판사, 2003.

국사편찬위원회 홈페이지(http//www.history.go.kr),
민족문화추진회 홈페이지(http//www.itkc.or.kr)에서 많은 도움을 받았습니다.

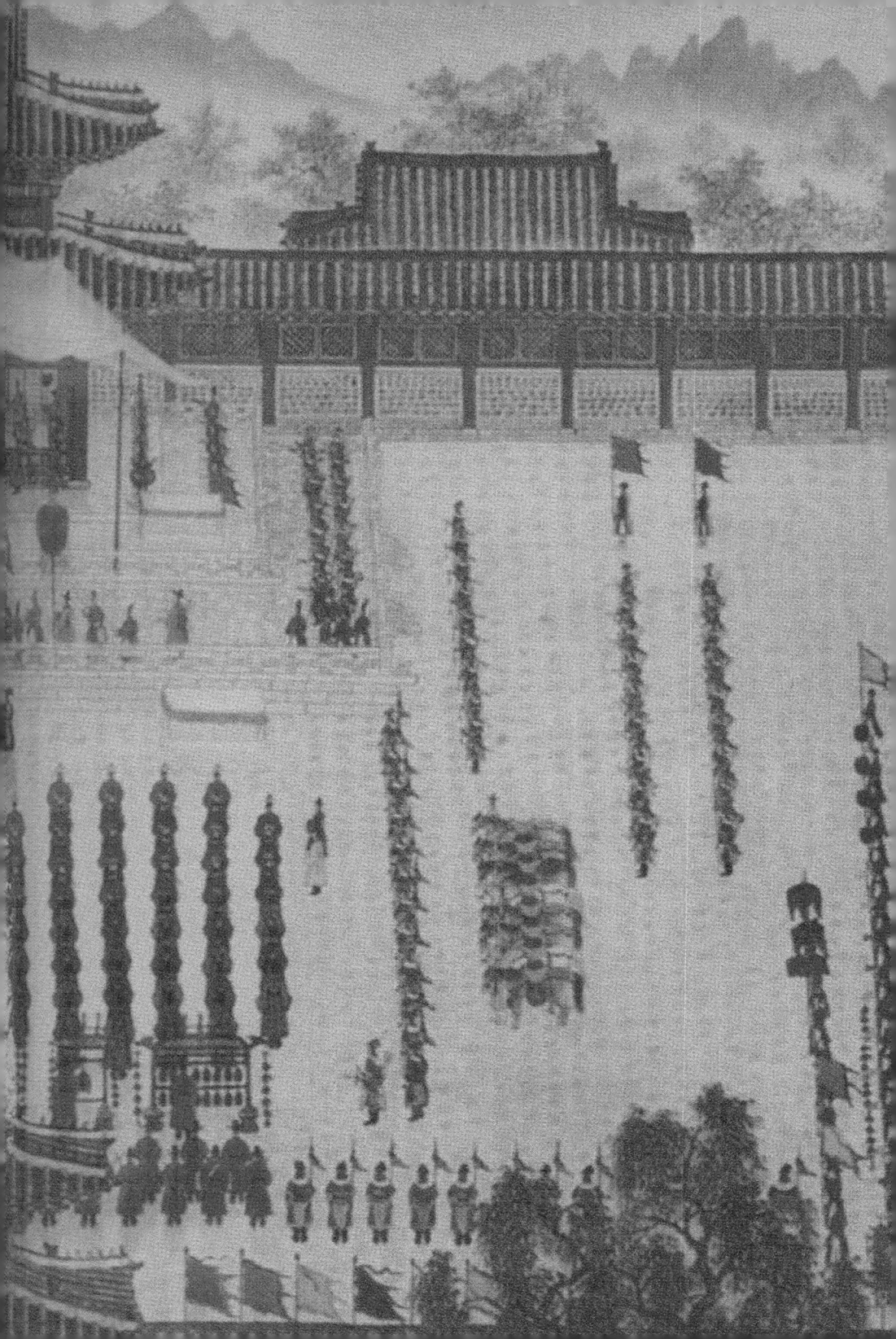

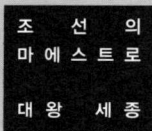

조 선 의
마에스트로
대 왕 세 종

2008년 1월 23일 초판 1쇄 인쇄
2008년 1월 28일 초판 1쇄 발행

지은이 이수광
펴낸이 김성구

편집장 홍승범
책임편집 박성근
디자인 이경진 | **제작** 신태섭
마케팅 이택수 | **관리** 김현영

펴낸 곳 (주)샘터사 | **등록** 2001년 10월 15일 제1-2923호 | **주소** 서울시 종로구 동숭동 1-115 (110-809)
내용 문의 02-763-8965(출판사업부) | **구입 문의** 02-742-4929(영업마케팅부) | **팩스** 02-3672-1873
홈페이지 www.isamtoh.com | **이메일** book@isamtoh.com

ⓒ 이수광, 2008, Printed in Korea.

ISBN 978-89-464-1711-3 03900

이 책은 저작권법에 따라 보호를 받는 저작물이므로 무단 전재와 무단 복제를 금지하며,
이 책의 내용의 전부 또는 일부를 이용하려면 반드시 저작권자와 (주)샘터사의 서면 동의를 받아야 합니다.

이 책에 실린 일부 자료는 저작권자 확인 불가로 부득이하게 허가를 받지 못하고 사용하였습니다.
추후 저작권이 확인되는 대로 절차에 따라 적법한 저작권료를 지불하겠습니다.

이 도서의 국립중앙도서관 출판시도서목록(CIP)은 e-CIP 홈페이지
(http://www.nl.go.kr/cip.php)에서 이용하실 수 있습니다(CIP제어번호: 2008000264).